DÉCADE

HISTORIQUE

ou

TABLEAU POLITIQUE

DE L'EUROPE,

DEPUIS 1786 JUSQU'EN 1796.

DÉCADE

HISTORIQUE

OU

TABLEAU POLITIQUE

DE L'EUROPE,

DEPUIS 1786 JUSQU'EN 1796,

CONTENANT

UN PRÉCIS DES RÉVOLUTIONS DE FRANCE, DE BRABANT,
DE HOLLANDE ET DE POLOGNE;

Par M. LE COMTE DE SÉGUR,

DE L'ACADÉMIE FRANÇAISE, PAIR DE FRANCE.

QUATRIÈME ÉDITION,

REVUE, CORRIGÉE ET AUGMENTÉE.

TOME TROISIÈME.

BRUXELLES,

ARNOLD LACROSSE, IMPRIMEUR-LIBRAIRE,
RUE DE LA MONTAGNE, N° 1015.

1824.

AVIS.

Au moment de satisfaire l'attente de nos souscripteurs, en leur fournissant notre troisième livraison, M. de Ségur nous a donné une pièce importante, publiée en 1788, et d'autant plus curieuse qu'elle a été rédigée par l'impératrice de Russie elle-même, pour répondre à une note diplomatique qui se trouve à la fin du tome Ier de la Décade historique.

L'impression du tome III étant entièrement terminée lorsque M. de Ségur nous a remis cette pièce, nous avons préféré la placer après la table générale plutôt que d'en priver nos lecteurs.

Nota. *Cet avis doit être mis avant les titres du tome III de la* Décade historique.

DÉCADE

HISTORIQUE,

OU

TABLEAU POLITIQUE

DE L'EUROPE,

DEPUIS 1786 JUSQU'EN 1796.

MÉMOIRE

SUR

LA RÉVOLUTION DE HOLLANDE,

PAR ANT. BERN. CAILLARD,

Ci-devant chargé des affaires de France à Copenhague, Pétersbourg, la Haye, et ministre plénipotentiaire de la république française à Ratisbonne et à Berlin.

On ne pourrait se faire une idée nette de la révolution de Hollande, qui se termina en 1787, par le court triomphe du stathouder et l'anéantissement momentané du parti patriotique, si on ne remontait pas un peu plus haut pour connaitre avec quelque précision les empiétemens successifs, mais continuels, de l'autorité stathoudérienne sur celle de la république, dont les états-généraux étaient les organes ; empiétemens qui amenèrent cette lutte opiniâtre et soutenue entre l'esprit de despotisme et l'esprit de liberté, et bientôt après les fureurs de la guerre civile qui désola, pendant quelque temps, ces paisibles contrées.

Il est donc nécessaire de rappeler sommairement ici les principes fondamentaux de l'ancienne constitution batave, pour savoir quelles étaient les limites du stathoudérat, jusqu'à quel point elles avaient été franchies, et combien peu d'espace il lui restait à parcourir pour arriver enfin au pouvoir absolu, éternel objet de son ambition.

Qu'on se représente une fédération de sept provinces absolument indépendantes l'une de l'autre, en tout ce qui pouvait concerner leur régime intérieur, leurs affaires particulières, et réunies seulement sur les points qui intéressaient l'universalité, tels que la guerre et la paix, les finances dans leur seul rapport avec la fédération, l'assiette et la levée des contributions pour subvenir aux dépenses de l'armée, de la marine, etc. Ces points étaient discutés dans l'assemblée qu'on appelait *états-généraux*.

Les états-généraux, assemblés communément à la Haye, se formaient d'un seul député de chacune des sept provinces; non qu'elles ne fussent maîtresses d'envoyer une députation plus nombreuse, mais chaque députation ne formait qu'une seule voix, et chaque province, sans égard à sa richesse, à sa population, à la quotité de ses contributions publiques, ne participait à l'exercice de la souveraineté que dans le rapport invariable d'un à sept. Les pays conquis, c'est-à-dire le Brabant hollandais, la Flandre hollandaise, tout ce qui se trouvait au-delà de la Meuse, Bréda, Bois-le-Duc, Maëstricht, Namur, etc.; tout ce pays confondu sous la dénomination de *pays de la généralité*, ou simplement *généralité*, n'entrait pour rien dans la hiérarchie politique : elle n'était donc jamais consultée, pas même sur ce qui la concernait en particulier : la discussion et la décision de ses affaires appartenaient exclusivement aux états-généraux, et ne formaient pas la branche la moins importante de leur autorité.

Chaque province se gouvernait par ses états particuliers, qui se composaient des députés qu'un certain nombre de villes de cette province avaient le droit d'y envoyer. Ce que les états-généraux étaient par rapport aux provinces, les états des provinces l'étaient par rapport à leurs villes, c'est-à-dire qu'ils délibéraient et décidaient sur tout ce qui pouvait concerner l'universalité de leur province, sans avoir le droit d'entrer dans ce qui ne regardait que les affaires intérieures de chaque ville en particulier.

Les villes étaient gouvernées chacune par une régence, dont elles choisissaient elles-mêmes les membres parmi leurs citoyens, et c'est de ces régences que se tiraient les députés qui s'envoyaient aux états provinciaux, comme on tirait de ceux-ci les députés qui s'envoyaient aux états-généraux. Mais ce droit d'envoyer des députés aux états provinciaux n'appartenait pas indistinctement à toutes les villes des provinces; il était réservé à quelques-unes d'entre elles qui, par cette raison, se distinguaient par la dénomination particulière de *villes votantes*.

L'origine de cette différence dans les droits politiques des villes se trouve dans leur inégalité primitive en richesses et en population. Lorsque cette constitution remplaça le régime et la domination des Espagnols, plusieurs villes ne voulurent ou ne purent pas envoyer de dé-

putés aux états provinciaux, faute de moyens
pour les y entretenir. Ce qui n'était alors
qu'une simple suspension de l'exercice de leurs
droits, fut envisagé, à la longue, comme une
renonciation formelle, et tellement consacrée
par l'espèce de prescription amenée par le
temps, que si ces mêmes villes avaient voulu,
dans la suite, faire revivre leurs droits, cette
prétention eût été regardée comme une inno-
vation et rejetée unanimement par les états
provinciaux.

Ainsi, les villes non votantes se rangeaient
dans la classe des villages, et formaient avec
eux ce qu'on appelait *plat pays*. Sans représentation quelconque, le plat pays était aux
états de la province à laquelle il appartenait,
précisément dans le rapport où se trouvait le
pays de la généralité avec les états-généraux.

Indépendamment des députés des villes,
dont la réunion composait les états provinciaux, il entrait encore dans la formation de
ceux-ci un autre élément tout-à-fait étranger
à la chose, et, par cela seul, extrêmement embarrassant dans les détails de l'administration:
c'était une députation de la noblesse de chaque province, qu'on désignait sous le nom
d'*ordre équestre*, et qui avait sa voix dans
toutes les délibérations. Quelques publicistes

ont prétendu que, dans l'origine, ils n'avaient été admis que pour représenter le plat pays. J'ignore si jamais il eut cette destination; mais il est certain du moins qu'il était parvenu à l'oublier totalement, et à se regarder comme partie intégrante du pouvoir législatif, uniquement par le prétendu privilége inhérent à la noblesse de son origine.

Ajoutons encore que chacun des états provinciaux avait une institution qui leur était particulière. Comme ils n'étaient point assemblés d'une manière permanente, aussitôt qu'ils se séparaient, ils se faisaient, jusqu'à leur prochaine réunion, représenter par une commission tirée de leur propre sein et nommée *gecomiteerde-raad*, conseil-comité, qui ne désemparait jamais, et avait le pouvoir de prendre, dans les cas urgens, les résolutions qu'exigeaient les circonstances.

Ainsi, l'échelle législative ne renfermait que trois degrés : les régences des villes, les états provinciaux et les états-généraux. Les affaires se décidaient à la pluralité absolue, mais souvent aussi à une sorte de pluralité relative; car aux états-généraux, par exemple, composés de sept voix donnant quatre pour majorité absolue, deux députations pouvaient s'abstenir de délibérer, et alors la question ne s'en décidait pas moins à la pluralité de trois contre deux. Mais toute affaire concernant les finances exigeait absolument l'unanimité constitutionnellement décidée.

Tel est, en raccourci, le tableau de cette puissance législative, qui renfermait en elle-même le principe très actif de sa propre destruction. La multiplicité des ressorts qui devaient imprimer le mouvement à la machine, leur indépendance mutuelle, l'extrême difficulté de diriger leur action dans un seul et même sens, l'extrême probabilité qu'ils agiraient le plus souvent en sens contraire, au milieu de tant d'intérêts divergens, ainsi que l'a surabondamment prouvé l'expérience de tous les temps, firent sentir de bonne heure la nécessité d'appliquer à cette machine si compliquée un agent très puissant, capable d'en diriger et d'en soutenir le mouvement.

Cet agent, ce fut un stathouder qui fut choisi dans la maison des princes de Nassau. Les états, jaloux de leur autorité, ne lui donnèrent d'abord qu'un pouvoir assez limité : sans doute on prévoyait dès-lors l'abus qu'il en serait fait un jour; mais il suffisait au stathoudérat d'être institué; c'était ensuite sa propre affaire d'étendre au loin sa puissance, jusqu'à ce qu'il atteignit enfin à la domination universelle, et la constitution même lui en fournissait des moyens qu'il sut bien mettre à profit.

Pour peu qu'on réfléchisse sur cette constitution telle qu'elle vient d'être exposée, on n'a pas de peine à se convaincre que toutes les autorités avaient leur source dans les régences des villes, puisque leurs députations composaient les états provinciaux, comme les députations de ceux-ci composaient les états-généraux. Il était donc très clair qu'en exerçant une puissante influence sur la nomination des magistrats dans les villes, on pouvait avoir des régences, et, par conséquent, des états provinciaux et des états-généraux entièrement à sa disposition, c'est-à-dire envahir le pouvoir législatif, après avoir été déjà investi des parties les plus importantes du pouvoir exécutif.

Telle fut, en effet, la politique constante des stathouders, depuis Guillaume Ier jusqu'à Guillaume V, sans exception; et si elle éprouva quelques obstacles dans ces âmes nobles, vertueuses et dignes des beaux temps de la république romaine, telles que les Barnweldt et les de Witt, le massacre ou un assassinat juridique les en délivra, et leur laissa la liberté de suivre leur système avec plus de constance et de succès qu'auparavant.

Capitaine-général, amiral-général, c'est-à-dire maître de la flotte et de l'armée; maître de siéger en qualité de stathouder aux états-généraux, à ceux de chaque province, et d'y ouvrir son avis; comblé de richesses et de dignités, qui mettaient à sa disposition les plus beaux et les meilleurs emplois de l'armée, dans la marine et dans l'état civil : que de moyens de séduction, de corruption entre les mains d'un stathouder ! et comment les empêcher de réussir, à la longue, dans un ordre de choses où les individus, chargés de l'autorité législative, étaient soumis à une mutabilité perpétuelle, tandis que l'autorité stathoudérienne en permanence pouvait, à son gré, accélérer ou suspendre sa marche, suivant les circonstances, s'arrêter au terme où la composition des assemblées politiques ne lui aurait présenté aucune espérance de succès, et attendre que le temps constitutionnel ramenât sur la scène des personnages plus favorables à ses vues ?

Guillaume III fit un pas de géant dans cette carrière. On sait avec quelle rapidité Louis XIV avait fait, en 1672, la conquête d'une partie des Provinces-Unies. Le stathoudérat, précédemment aboli par l'influence du célèbre et malheureux de Witt, avait été rétabli par la force des circonstances, en faveur de Guillaume III, et ce prince avait bientôt mis Louis XIV dans la nécessité d'évacuer les provinces envahies, et de rendre la république à sa tranquillité.

Le nouveau stathouder avait en cela rendu un service éminent à sa patrie; mais il ne voulut pas donner à la reconnaissance publique le temps de se refroidir, ni laisser échapper cette occasion d'étendre sa prérogative. Sous prétexte de punir celles des sept provinces qui avaient laissé pénétrer les Français presque sans résistance, il parvint, à force d'intrigues et de violence, à les dépouiller du droit d'élire leurs magistrats et à s'en faire attribuer exclusivement la nomination. Ces provinces étaient au nombre de trois, celles de Gueldre, d'Utrecht et d'Over-Yssel; ainsi cette opération mit entre les mains des stathouders la véritable souveraineté sur les trois septièmes de la république. C'est en 1674 que cet arrangement fut conclu, et il a été connu depuis sous le nom particulier de *réglement de 1674*. On verra bientôt combien il acquit de célébrité dans l'histoire de la révolution de 1787.

La guerre de la succession d'Espagne fournit encore à Guillaume III le moyen de s'emparer d'un privilége peut-être plus redoutable encore que le réglement de 1674. On sait quel rôle joua la Hollande dans cette guerre si fameuse : son armée était commandée par le stathouder, et, suivant l'esprit de la constitution, le capitaine-général n'était le maître des mouvemens importans des troupes qu'autant que ces mouvemens avaient l'approbation des états-généraux. Ainsi, fallait-il mettre en campagne des troupes cantonnées dans une province, mettre garnison dans une ville qui n'en avait pas, ou la fortifier dans celles qui n'étaient pas suffisamment garnies, il était nécessaire d'en rendre compte aux états-généraux pour en obtenir la permission. La guerre présente une foule de cas où un pareil système devenait prodigieusement incommode et vicieux. Guillaume III sut bien relever ce vice et dans son principe et dans ses conséquences, et les états-généraux lui accordèrent le pouvoir de disposer de l'armée, de lui faire exécuter tous les mouvemens qu'il jugerait à propos, et de la distribuer de la manière qu'il trouverait convenir le mieux au bien de l'État, et cela sur ses simples ordres, et sans en référer préalablement aux états-généraux.

Cette permission fut accordée *pour une campagne seulement*, comme on peut le prouver sans réplique par la résolution que prirent, dans le temps, les états-généraux ; mais Guillaume III, une fois en possession de cette prérogative, se garda bien de s'en dessaisir. La permission, avec le temps, devint un droit qu'il appela *droit de patentes*, et qui resta attaché au stathoudérat jusqu'à l'extinction totale de cette dignité dans la personne de Guillaume V. Ainsi, les stathouders se trouvèrent munis de l'arme la plus dangereuse contre le véritable souverain, et en possession du pouvoir de répartir l'armée suivant le plan qui convenait le mieux à leurs intérêts, de renforcer les garnisons dans les villes où ils étaient le moins assurés, et d'y assurer leur domination par ce moyen. C'est ainsi qu'ils faisaient passer dans leurs mains tout ce que la souveraineté avait de réel, et n'en laissaient que l'ombre aux états, dont ils n'étaient que les premiers officiers.

Et remarquez que cette ombre même du pouvoir absolu, laissée aux états-généraux, servait encore merveilleusement les desseins des stathouders, en dérobant aux yeux de l'Europe l'étendue de leur puissance réelle, et en leur fournissant, dans tous les cas possibles, cette réponse hypocrite : « Les états ont
» voulu, ou les états n'ont pas voulu; un
» simple stathouder n'est pas le maître, il n'est
» que le premier serviteur de la république. »

Ainsi, à l'avantage de faire perpétuellement exécuter leur volonté propre, ils joignaient encore celui de ne se trouver jamais responsables des événemens.

Il faut avouer cependant que la province de Hollande, en particulier, fit une longue et vigoureuse résistance contre l'exercice de ce *droit de patentes*, et que surtout la ville d'Amsterdam ne voulut jamais souffrir de troupes dans son enceinte, jusqu'à ce que, la révolution de 1787 ayant brisé tous les obstacles, le torrent du despotisme stathoudérien déborda de toutes parts, et força cette ville superbe à subir enfin la loi commune et à partager le malheur général.

Les belles époques de la république hollandaise se trouvent aux seizième et dix-septième siècles, et à la première moitié du dix-huitième. La nécessité de défendre continuellement le sol contre les invasions de la mer et des rivières, exigeait non-seulement des frais énormes, mais encore une prodigieuse industrie; cette circonstance portait naturellement les Hollandais vers l'étude des sciences exactes et naturelles, et ces connaissances, extrêmement répandues, étaient, pour ainsi dire, popularisées parmi eux : les besoins journaliers du commerce et l'esprit d'économie leur inspiraient toutes les idées tendantes à porter ou leurs machines ou leurs procédés au degré de simplicité dont ils étaient susceptibles, et, en général, à opérer les plus grands effets par les plus petits moyens. Cet esprit de combinaison et d'application avait rendu la nation hollandaise certainement la plus industrieuse et l'une des plus éclairées de toute l'Europe. La liberté de la presse, en multipliant les écrits périodiques qui se débitaient à très bas prix, avait porté jusque dans les dernières classes de la société la connaissance des vrais intérêts de la république : chacun s'instruisait des opérations du pouvoir suprême, dans des journaux écrits avec la simplicité et la modestie propres au caractère hollandais, et cette habitude avait formé un esprit public très puissant, dont l'énergie était fortifiée encore par des mœurs pures, que les séductions du pouvoir stathoudérien n'avaient pu jusqu'alors dépouiller de leur antique simplicité.

Les yeux ne se fermèrent donc point sur les dangers qui menaçaient la liberté publique; et, à la mort de Guillaume III, on ne crut pas pouvoir les détourner plus sûrement qu'en ne lui donnant pas de successeur. Ainsi, la dignité stathoudérienne resta sans titulaire; et la république, malgré tous les vices de sa constitution, n'en devint pas moins florissante, n'en fit pas moins affluer dans son intérieur les richesses des deux mondes, enfin ne parvint pas moins à ce haut degré de prospérité qui, parmi les nations de l'Europe, fut un objet d'admiration pour les unes, de désespoir et de jalousie pour les autres.

Cet état de choses aurait pu subsister long-temps, si, au milieu des orages politiques qui troublaient si souvent la paix de l'Europe, il eût été possible que la Hollande conservât toujours la tranquillité extérieure dont elle avait besoin, et cette exacte neutralité qui, loin de nuire à ses intérêts et à son commerce, en favorisait, au contraire, le développement et les accroissemens. Mais sa position géographique, la nature de ses rapports avec diverses puissances, le poids qu'elle pouvait mettre dans la balance par ses troupes, ses vaisseaux, ses richesses, toutes ces circonstances appelèrent bientôt l'attention des puissances belligérantes, qui ne lui permettaient plus de rester neutre; son bonheur était attaqué dans sa source, c'est-à-dire dans son commerce : il fallait alors qu'elle se choisît un ami et un ennemi, et elle se trouvait ainsi entraînée malgré elle dans des démêlés qui, le plus souvent, lui étaient absolument étrangers.

C'est ce qui arriva dans la guerre de 1741, qui vit la Hollande réunir ses armes avec celles de l'Angleterre contre la France, en dépit de ses propres intérêts : on sait quel en fut le succès. La paix se fit en 1748; mais les partisans du régime stathoudérien n'avaient pas laissé échapper cette occasion d'agiter et d'aigrir les esprits contre le gouvernement auquel ils attribuaient exclusivement les revers que la république avait essuyés dans cette guerre. « Ce n'est pas ainsi, disaient-ils, que les
» Hollandais s'étaient montrés dans la guerre
» de 1672, et dans celle de la succession d'Es-
» pagne. Mais alors Guillaume III commandait
» les armées, et la république avait été cou-
» verte de gloire. On a voulu supprimer le
» stathoudérat, la seule institution propre à
» sauver la république dans les cas pressans,
» tels que l'état de guerre; on en voit le suc-
» cès. Et comment en effet espérer que des ma-
» gistrats, consommés peut-être dans l'étude
» des lois et très éclairés sur les combinaisons
» les plus avantageuses au commerce général
» et particulier, seront également propres à
» diriger des opérations militaires, et à con-
» duire une guerre à laquelle, cependant, se
» trouve attachée la gloire ou la honte de la
» république? »

Cette doctrine se prêchait avec ardeur dans la province de Zélande, où le stathoudérat avait conservé un grand nombre de partisans. Elle se répandit avec un succès sans exemple. La petite ville de Ter-Vere donna le signal en demandant un stathouder à grands cris. La province entière suivit aussitôt cette impulsion ; l'esprit d'enthousiasme et de révolution fila dans les provinces d'Utrecht, de Hollande, etc., avec la rapidité de l'éclair, et un espace de moins de quinze jours fut suffisant pour consommer la révolution et rétablir le stathoudérat.

Dans un délire aussi universel, il était difficile que les esprits restassent dans les mesures de la saine raison. La voix impérieuse de la populace et de la noblesse étouffa celle des républicains sages et modérés ; et, le stathoudérat une fois rétabli dans la personne de Guillaume IV, on ne se disputait plus que l'honneur de lui donner les plus grandes marques de dévouement et de capter sa bienveillance, en ouvrant les avis les plus favorables au maintien de ses droits constitutionnels et à l'extension de sa prérogative. Ainsi furent conservés et confirmés les droits, indistinctement avec les abus, sans en excepter même ni le droit de patentes ni le réglement de 1674.

Ce ne fut pas tout : le stathoudérat avait été supprimé à la mort de Guillaume III; on ne voulut pas exposer une seconde fois la république au même risque; et, pour le prévenir d'une manière plus efficace, cette dignité fut déclarée héréditaire dans la maison des princes de Nassau-Orange, affectée d'abord à la branche aînée, et, à son défaut, à la branche cadette la plus voisine, et enfin aux femmes, dans le cas d'extinction de la ligne masculine.

Ce serait faire injure au lecteur que de lui indiquer les conséquences d'un changement si important dans la nature du stathoudérat, par l'indépendance qu'il lui procurait, et l'atteinte funeste qu'il portait à la liberté des Bataves.

Les stathouders de Hollande prirent dès-lors, en quelque sorte, rang parmi les princes souverains ; les plus grands rois ne dédaignèrent pas de contracter avec eux des liaisons de parenté ; et telle était l'idée qu'ils se formaient de leur pouvoir, que lorsque le grand Frédéric donna sa nièce pour épouse à Guillaume V, il se sépara d'elle en lui disant : « Vous êtes
» heureuse, ma nièce; vous allez vous établir
» dans un pays où vous trouverez tous les
» avantages attachés à la royauté, sans aucun
» de ses inconvéniens. »

Le grand Frédéric avait raison ; sa cour

même était habituellement beaucoup moins brillante que celle de la Haye, où se trouvait réuni tout ce qui caractérise les cours des princes absolus, des grands officiers attachés chacun à des fonctions particulières, uniquement relatives au service personnel du prince ou de la princesse; des courtisans rampans aux pieds du dispensateur des grâces, un faste imposant, une étiquette sévère, en vertu de laquelle la sottise en place obtenait toutes les distinctions, lorsque le mérite sans grade ne pouvait parvenir à se faire remarquer.

Il ne conviendrait pas, dans cet écrit, de s'arrêter plus long-temps sur ces misérables détails de représentation extérieure, quoiqu'ils ne manquassent pas de produire à la longue, sur l'esprit du peuple, un effet qui minait insensiblement le principe de la liberté, en l'accoutumant par degrés à la domination d'un seul. Cependant ils offrent une particularité qui mérite de n'être pas oubliée, parce qu'elle a fourni un incident remarquable dans l'histoire de la révolution de 1677. Le palais qui avait été accordé par les états au stathouder, pour son logement et celui de sa cour, formait un grand carré dont le côté oriental contenait la salle d'assemblée des états de Hollande, et celle des états-généraux. La cour commune avait deux portes, l'une au nord, l'autre au midi. Le stathouder, de sa propre autorité, se réserva l'usage exclusif de celle du nord; et il fut défendu aux représentans légitimes du vrai souverain, lorsqu'ils arrivaient aux états ou qu'ils en sortaient, de passer en voiture par cette porte, qui fut nommée, par excellence, *la porte stathoudérienne*.

On pense bien qu'en s'occupant ainsi des intérêts de la vanité extérieure, le stathouder ne négligeait rien de ce qui pouvait étendre et consolider son pouvoir réel. Le réglement de 1674 mettait trois provinces entre ses mains; la Zélande même lui était entièrement dévouée; mais ce n'était qu'un dévouement libre, et par conséquent soumis à l'empire des circonstances. La province de Hollande, devenue créancière des six autres, jouissait, par ses richesses et en dépit de la constitution, d'une influence prépondérante; c'était là qu'il importait le plus au stathouder de se rendre maître du choix des régens dans les villes. Parmi les moyens qu'il imagina pour arriver à son but, il s'arrêta à celui d'écrire aux villes, vers le temps des élections, des lettres dans lesquelles il leur recommandait les sujets qu'il croyait les plus attachés à ses intérêts. L'usage de ces lettres de recommandation s'établit, et, après un certain nombre d'années, fut appelé, par le parti stathoudérien, le *droit* de recommandation.

Si ce prétendu droit avait produit son effet plein et entier, la république, déjà bien altérée dans ses principes, était anéantie pour toujours. Mais le plus grand nombre des villes de la province de Hollande, jalouses de leurs priviléges et de leur autorité, résistèrent courageusement; et, sans pouvoir totalement empêcher l'admission de quelques stathoudériens parmi les membres de la magistrature, on apporta un soin constant à ce qu'ils se trouvassent toujours dans une minorité qui ne pouvait plus causer d'alarme.

C'est ainsi que l'esprit d'opposition se forma et se maintint dans la province de Hollande, précisément par les efforts de l'autorité stathoudérienne pour étendre sa prérogative. Cette opposition était calme, et pendant long-temps ne se manifesta par aucune démarche éclatante; car il n'est pas dans le génie méthodique du Hollandais d'agir par des élans subits et imprévus: il faut que le temps et la réflexion mûrissent ses idées, auxquelles il ne s'abandonne que lorsque les événemens lui ont donné la première impulsion. Cependant, quelques magistrats d'Amsterdam avaient osé tenir un langage noble et ferme au stathouder, lui faire connaître qu'ils n'avaient pas perdu le sentiment de leur propre dignité, lui rappeler ses devoirs et le remettre à la véritable place qui lui était assignée par la constitution. Ce langage n'était peut-être pas dicté par un patriotisme bien pur et dégagé de toute considération personnelle; mais la cour stathoudérienne ne s'en trouva pas moins vivement offensée, tandis que les patriotes de toutes les provinces lui prodiguèrent leurs applaudissemens universels.

Le respect général qui avait environné la dignité stathoudérienne jusqu'alors, commença donc à s'affaiblir, et c'était déjà un symptôme de décadence d'autant plus grave, que Guillaume V n'avait pas reçu de la nature, comme quelques-uns de ses prédécesseurs, une de ces âmes fermes et énergiques, également exercées dans les travaux de la guerre et les combinaisons de la politique, qui maîtrise l'opinion publique et lui imprime un mouvement rétrograde, toutes les fois qu'elle veut s'écarter de la ligne qui lui a été prescrite.

Fausseté, faiblesse, entêtement, voilà les trois qualités dominantes dans le caractère de Guillaume V.

Hauteur, ambition démesurée, esprit de

vengeance implacable, voilà celles qui caractérisaient la princesse de Prusse, son épouse.

Ils avaient en commun une excessive médiocrité de talens.

Ces qualités étaient peu propres à faire estimer l'un et aimer l'autre, et bien moins encore à les tenir dans une mesure convenable, et les guider sûrement au milieu de l'orage qui se formait contre eux, et qui ne devait pas tarder long-temps à éclater.

Tous les deux croyaient trouver, dans la Prusse et l'Angleterre, un appui contre lequel les efforts du parti patriotique viendraient éternellement échouer; et, soutenus par les conseils du duc Louis de Brunswick, ils se crurent en état de ne plus rien ménager, et de réduire violemment au silence la voix d'une opposition plus formidable qu'ils ne pensaient.

L'événement ne répondit point à leur attente. Les patriotes, rebutés par les hauteurs de la princesse, et fatigués de négocier avec un prince qui promettait avec une extrême facilité, et manquait, sans le moindre scrupule, à tous ses engagemens, craignirent de compromettre la cause de la liberté batave s'ils restaient plus long-temps dans une entière inaction.

Il fallait d'abord écarter le duc Louis de

Brunswick, qui était devenu l'âme du parti stathoudérien. Ce prince avait été appelé à la Haye pendant la minorité de Guillaume V, pour présider à son éducation, l'instruire dans les affaires militaires et politiques, enfin guider ses premiers pas dans la carrière que la dignité stathoudérienne ouvrait devant lui. Le titre de lieutenant-général de la république lui avait été conféré, afin qu'il pût commander l'armée jusqu'au moment où le jeune stathouder pourrait en prendre le gouvernement lui-même. Ainsi la majorité de Guillaume était le terme naturel des fonctions et de l'autorité du prince; mais l'habitude du commandement, si aisée à contracter et si pénible à quitter, le retenait à la Haye, où le faible Guillaume le voyait avec plaisir, et ne demandait pas mieux que de se débarrasser sur lui des détails arides de l'administration militaire.

A la faible lumière d'une tradition obscure, les patriotes firent la découverte importante d'un engagement écrit, par lequel Guillaume V (déjà majeur) s'obligeait à se soumettre aux avis du prince, et à ne jamais prendre de lui-même ni exécuter aucune résolution qui ne fût revêtue de sa sanction expresse.

On sent l'avantage que donnait aux patriotes sur le duc de Brunswick cette pièce, dont cependant ils aimèrent mieux faire encore une espèce de mystère; car, dans la persuasion que ce mystère serait pénétré par tous ceux qui s'y trouvaient intéressés, ils pensaient, avec raison, que les stathoudériens eux-mêmes leur sauraient gré de leur réserve, et se rendraient moins difficiles sur le renvoi du duc, dans la crainte qu'un refus déterminé n'amenât la prompte publication de cette pièce fatale. Leur calcul se trouva parfaitement exact, et le duc fut renvoyé presque sans réclamation. Sa démission fut honorable sans doute; mais les patriotes ne voulaient que le fond, la forme leur était parfaitement indifférente.

Cependant ils avaient beaucoup trop d'esprit et de connaissance des hommes et des affaires, pour laisser cet acte éternellement inutile entre leurs mains. Il avait été minuté de la main même du grand pensionnaire de Hollande, Bleeswick. Ce Bleeswick était un homme d'un mérite supérieur, extrêmement versé dans les affaires et dans les sciences. Il était entre autres grand géomètre; car rien n'était moins rare alors que de trouver des magistrats cachant, sous l'extérieur le plus simple et le plus modeste, des connaissances profondes en mathématiques, en astronomie, dans la mécanique, les arts et toutes les branches de l'histoire naturelle. Mais Bleeswick, attaché dans le fond du cœur à la cour stathoudérienne, était un de ces hommes qui, dans les divisions politiques, veulent bien suivre un parti, sans trop offenser les autres, et qui ne négligent jamais de se ménager quelques ressources de tous les côtés, pour ne pas mettre contre eux les chances d'un trop grand nombre d'événemens.

Tel était Bleeswick. Un grand pensionnaire de Hollande était un personnage très important aux états de la province et aux états-généraux; et le poids qu'il mettait dans la balance rendait son acquisition extrêmement précieuse au parti patriotique. Aussi les patriotes qui, par le moyen de cet acte, pouvaient perdre Bleeswick sans ressource, aimèrent mieux le conserver pour l'avoir désormais à leur entière disposition. Ils eurent avec lui une conférence, et le sens de leur harangue se réduisit à peu près à ceci : « Nous sommes les » maîtres de votre vie : voyez cet acte minuté » de votre main. Si nous le publions et que » vous soyez mis en jugement, votre tête » tombe infailliblement. Si nous le gardons » pour nous, vous êtes sauvé. Choisissez. » Il n'y avait certes pas à balancer, et Bleeswick acheta le silence des patriotes au prix qu'ils voulurent bien y mettre. Ce prix fut un dévouement absolu au parti républicain, et la promesse de le servir en toute occasion, ainsi que celle de consulter en tout les chefs de ce parti, et de suivre l'impulsion qu'il recevrait d'eux. Cette promesse était d'autant plus sincère, qu'il voyait l'acte fatal comme un glaive perpétuellement suspendu au-dessus de sa tête, et qui menaçait son existence, au moment où il s'éloignerait de ses engagemens.

La conduite des patriotes, en cette occasion, ne pourrait sans doute se justifier aisément par les principes sévères de la morale universelle; mais il était question pour eux d'assurer le succès de leur cause, qui était celle de la liberté, et par conséquent celle de toutes les âmes pures, désintéressées, qui, exclusivement attachées au bien général, sentaient que la prospérité de la république était inconciliable avec la tyrannie d'un stathouder. Ce stathouder et ses adhérens employaient indistinctement tous les moyens qui se présentaient, et tout ce qui pouvait favoriser leurs desseins était suffisamment juste à leurs yeux. La crise commençait à devenir violente; la sûreté personnelle des chefs patriotes était éminemment compromise, si le combat ne se terminait pas en leur faveur;

et, dans ces circonstances, devaient-ils négliger une occasion aussi naturelle de se rendre maîtres absolus des opinions et de la conduite d'un personnage important, et de gagner le double avantage d'en priver le parti stathoudérien, et d'en fortifier celui des patriotes? Aussi ne s'en firent-ils aucun scrupule; et, lorsque Bleeswick fut à la fin de son *quinquennium*, terme fixé à l'exercice de la place de grand pensionnaire, ils eurent le crédit de le faire continuer dans cet emploi pour les cinq années suivantes.

L'animosité des partis l'un contre l'autre était devenue extrême; la conduite politique du stathouder jusqu'alors avait porté l'indignation des amis de la liberté à son comble, et il faut avouer que toute la raison était de leur côté. On n'a besoin, pour s'en convaincre, que d'un coup d'œil rapide sur quelques-uns des événemens de ce temps.

L'Angleterre était aux prises avec ses colonies de l'Amérique septentrionale, et venait de déclarer la guerre à la France. Elle voulut entraîner la Hollande dans sa querelle, en lui demandant les secours stipulés par les traités. Les Hollandais prétendirent que les traités n'avaient pas d'application dans le cas présent, puisque leur alliance était purement défensive et nullement offensive. Ils annoncèrent en même temps la résolution de se renfermer dans une exacte neutralité. Les Anglais, suivant leur coutume, répondirent en saisissant tous les vaisseaux hollandais que rencontrèrent leurs escadres ou leurs corsaires, et particulièrement ceux qui étaient chargés de munitions navales pour la France. En vain les états voulurent-ils s'appuyer d'un traité de commerce conclu entre les deux puissances vers 1674, par lequel il était convenu que, dans le cas où l'une d'entre elles aurait une guerre maritime à soutenir, l'autre pourrait librement porter à la puissance ennemie toute espèce de munitions navales, telles que bois de construction, mâts, cordages, chanvre, etc., tous objets désignés par leur nom dans le traité, qui n'exceptait que les munitions de guerre, comme poudre, salpêtre, canons, fusils, armes de toute espèce. L'Angleterre, qui avait profité de l'avantage du traité, lorsque les Hollandais s'étaient trouvés en guerre avec la France, ne voulut plus permettre aux Hollandais d'en profiter à leur tour, lorsque c'était elle-même qui se trouvait engagée dans une guerre contre les Français. On invoqua inutilement la réciprocité, base de tous les traités; on se récria vainement contre la mauvaise foi. Après quelques discussions, qui n'arrêtèrent pas le cours des déprédations, le cabinet de Saint-James fit déclarer sèchement aux Hollandais que le traité de 1674 devait être regardé comme non avenu.

Il est certain que la cour de Londres comptait sur la connivence du stathouder, et la suite a prouvé qu'elle ne s'était pas trompée dans ses espérances. Les grandes villes de commerce se réunirent pour demander des convois respectables, qui assurassent la liberté de leur navigation. Les états accueillirent ces réclamations, et ordonnèrent au stathouder, amiral-général, de prendre toutes les mesures nécessaires pour assurer le respect dû sur les mers au pavillon hollandais. Guillaume V dut au moins paraitre obéir; mais il mit tant de nonchalance et de mauvaise volonté dans ses préparatifs, les vaisseaux qu'il arma se trouvaient en si mauvais état et demandaient des réparations si longues, que le commerce hollandais eut tout le temps de faire des pertes énormes; et, lorsqu'enfin tout fut prêt, et que les convois sortirent des ports, les Anglais se trouvèrent là à point nommé, et saisirent tous les vaisseaux et convoyans et convoyés. Le succès des autres expéditions fut le même, et l'opinion publique accusait le stathouder d'une intelligence criminelle avec la cour de Londres, et de donner aux commandans des vaisseaux, toujours choisis parmi ses plus zélés partisans, des instructions secrètes, propres à faire échouer toutes ces expéditions.

Il est difficile de se représenter à quel degré d'exaspération les esprits étaient montés contre Guillaume V dans les grandes villes, et particulièrement dans Amsterdam. Un éclat terrible pouvait avoir lieu dans ce moment même; il fut suspendu par un événement important, qui rendit aux Hollandais quelque espérance sur les destinées futures de leur commerce.

Catherine II venait de conclure un traité de neutralité armée avec la Suède et le Danemarck. Ce traité, exactement calqué sur notre réglement de 1778, relatif à la navigation des neutres, contenait, parmi les objets dont le transport devait être entièrement libre, l'énumération explicite de tous ceux précisément qui se trouvaient énoncés dans le traité de 1674.

Rien ne pouvait mieux convenir aux Hollandais, dans la circonstance où ils se trouvaient, que d'unir leur cause à celle des nations maritimes du Nord, en accédant à ce traité de neutralité armée. La proposition en fut faite aux états, et bientôt adoptée. On envoya, pour cette négociation, deux ambassadeurs extraordinaires à Pétersbourg; mais Guillaume V avait réussi à faire tomber le choix sur deux personnages dont il connaissait le dévouement à sa personne et à ses intérêts.

C'était M. de Wassenaër-Starembourg et M. d'Heckeren-Brantzenbourg. Ils arrivèrent en 1680. M. de Wassenaër, qui paraissait le chef de l'ambassade et avoir le secret de la négociation, y apporta des lenteurs qui parurent affectées, et sembla même entraver l'ouvrage qu'il venait de conclure, en faisant inopinément paraître des demandes que personne ne jugeait pouvoir être admises, ni même souffrir un moment d'examen. Au reste, comme il eût été absurde de penser que Catherine aurait pu condescendre à faire un traité particulier pour la Hollande, il ne s'agissait que de savoir si cette puissance voulait ou non accéder au traité, tel qu'il avait été signé par la Suède et le Danemarck; et la question devenait si simple, que les ambassadeurs ne pouvaient, sans se couvrir de honte, tergiverser plus longtemps. Ils signèrent donc, et les ratifications furent échangées aussitôt que les distances purent le permettre.

Jamais la Hollande ne s'était aussi fermement crue assurée d'une neutralité qui mettrait son commerce à l'abri de toute vexation. Les Anglais raisonnèrent différemment. La navigation de la Baltique leur était trop nécessaire pour qu'ils osassent braver la coalition des puissances du Nord, qui devait venger les insultes qui auraient été faites au commerce des nations comprises dans le traité. D'un autre côté, ils étaient décidés à ne pas permettre à la Hollande de profiter des circonstances de la malheureuse guerre dans laquelle ils se trouvaient engagés, pour se livrer tranquillement, et sans concurrence, à une navigation qui devait gagner de l'étendue et multiplier les sources de sa prospérité. Il s'agissait d'accorder deux points de vue aussi différens; et, puisqu'ils n'avaient pu empêcher la république d'entrer dans cette coalition, ils ne virent d'autre parti à prendre que celui de l'en arracher avec violence. C'est ce qu'ils firent en lui déclarant la guerre si brusquement, que la nouvelle en arriva à Pétersbourg presqu'au moment où la négociation venait de se terminer.

Cette déclaration inattendue changeait essentiellement les rapports extérieurs de la république, en l'unissant d'intérêts avec la France et l'Amérique, et augmentait prodigieusement la force et l'influence du parti des patriotes, au détriment de l'autorité stathoudérienne. Les Anglais avaient senti cet inconvénient, et ne s'en étaient pas laissé effrayer. Ils connaissaient l'état déplorable où Guillaume V avait laissé tomber la marine militaire de la Hollande. Il fallait du temps pour la relever : jusque-là le poids qu'elle mettait contre eux dans la balance était absolument nul, et, lorsque sa restauration mettrait la république en état de former quelque entreprise, ils étaient bien assurés que le stathouder, amiral-général, adopterait un système de mesures propres à rendre les opérations de la flotte peu inquiétantes pour eux.

Ces dispositions personnelles du stathouder méritent qu'on s'y arrête un moment pour en donner la véritable explication, et prévenir le soupçon qui pourrait s'élever d'une partialité marquée contre ce prince de notre part. Nous ne cherchons point à empoisonner ses intentions, nous n'y avons aucun intérêt : nous voulons seulement offrir la vérité au lecteur sur un point historique peu connu en France, déjà assez éloigné, et qui ne se lie plus que par un chaînon extrêmement faible à la situation actuelle des affaires générales en Europe. Guillaume V a perdu sa dignité; le parti patriotique de ce temps est aujourd'hui dispersé; ses principes sont oubliés et remplacés par d'autres fort différens ; quelle raison pourrait donc nous engager à dissimuler ou altérer la vérité ?

Le projet d'arriver au pouvoir suprême a été celui de tous les stathouders, depuis Guillaume Ier ; le témoignage de l'histoire est unanime et irréfragable sur ce point. C'était également celui de Guillaume V et des mauvais conseillers qui l'entouraient. La France et le parti patriotique cherchaient à réprimer ce penchant à la domination générale ; l'Angleterre, au contraire, le favorisait de tout son pouvoir. La France voulait établir en Hollande des sentimens républicains, et désirait vivement que sa marine recouvrât sa splendeur antique, n'attachant qu'une importance très secondaire à l'armée de terre, dans un pays qui, au besoin, aurait été suffisamment défendu par des bataillons français. L'Angleterre cherchait à déraciner tout principe républicain pour y substituer ceux d'une autorité unique, et désirait vivement aussi que l'amiral-général ne s'occupât que très faiblement du soin de la marine militaire, sous prétexte qu'au besoin celle de la Grande-Bretagne défendrait suffisamment la Hollande ; mais elle voulait que le stathouder mît tous ses soins à l'armée de terre, source première de toute sa force, en dedans et au dehors, par le grand nombre d'emplois qu'elle mettait à sa disposition, ce qui augmentait indéfiniment le nombre de ses serviteurs, et par l'usage auquel il pouvait l'appliquer, soit contre un ennemi au dehors, soit pour en imposer aux états mêmes, et parvenir plus facilement à s'emparer de tout ce qu'il y a de réel dans la souveraineté.

Ainsi la France et le parti patriotique le contrariaient en tout, et l'Angleterre le favorisait en tout : doit-on s'étonner ensuite du penchant irrésistible par lequel Guillaume V s'abandonnait aveuglément à toutes les impulsions qu'il recevait du ministère de la Grande-Bretagne?

Malheureusement son intérêt personnel était en opposition directe avec l'intérêt général de la république. La jalousie commerciale était l'unique régulateur de la conduite de l'Angleterre dans toute cette affaire. Elle voulait priver les Hollandais de tout appui, surtout de celui de la France, et dominer exclusivement chez eux par un stathouder devenu absolu, dans le dessein de faire tomber leur marine militaire dans une entière décadence, pour détruire ensuite plus facilement leur commerce et s'emparer au moins de ses branches les plus importantes.

La France, au contraire, avait des vues très différentes sur la Hollande. Rivale bien moins dangereuse que l'Angleterre pour le commerce maritime et lointain, il lui importait que les Hollandais prospérassent; que leur commerce, loin de souffrir quelque diminution, acquît plutôt toute l'extension dont il était susceptible, et leur procurât des richesses qui les missent en état de porter leur marine militaire au plus haut degré de splendeur : car c'était l'unique moyen de les arracher au joug de l'Angleterre, et de les opposer un jour avec succès à l'ambition démesurée de cette puissance. Il était impossible que ces vues échappassent à une nation réfléchie et éclairée comme la nation hollandaise; et autant il était simple que le stathouder se livrât aux conseils et à l'influence des Anglais, autant il était naturel qu'il se formât un parti entièrement opposé et ouvertement déclaré en faveur de la France.

Guillaume V ne tarda pas à manifester ses véritables intentions. Après la déclaration de guerre de l'Angleterre, il fallait songer aux mesures de défense et équiper promptement les vaisseaux de la république. La marine se trouva dans le plus grand état de délabrement. Heureusement un homme de génie se trouva placé à la tête de l'amirauté de la Meuse. C'était le célèbre Paulus, qui, simple avocat, et ayant à peine atteint sa trentième année, avait été appelé à la place de fiscal de ce département. Il déploya dans son ministère des talens supérieurs et une étonnante activité; les réparations et les constructions furent poussées avec vigueur. Son exemple excita l'émulation de l'amirauté d'Amsterdam; en sorte que, dans un espace de temps fort limité, la république eut à sa disposition une flotte d'environ quarante vaisseaux de ligne, ou entièrement neufs ou solidement réparés.

On se concerta avec la France sur l'emploi le plus avantageux de ses forces, et il fut convenu que la plus considérable partie se rassemblerait au Texel, d'où elle viendrait joindre la flotte française à Brest. L'Angleterre était écrasée, si ce plan eût reçu son exécution. Il est généralement connu que Guillaume V le fit échouer, et sa qualité d'amiral-général lui en fournissait mille moyens, dont aucun ne fut négligé. Les vaisseaux furent confiés à des commandans choisis parmi les plus fougueux ennemis de la France, dont quelques-uns même ne craignaient pas de dire hautement qu'ils aimeraient mieux périr que de combattre pour les Français. Les approvisionnemens s'exécutaient avec une lenteur affectée; on arrachait difficilement des ordres de l'amiral-général, qui avait soin de laisser toujours quelque chose en arrière : et, au moment où l'escadre paraissait en état de mettre à la voile, il arrivait inopinément une nouvelle cause de retard de la part de quelques commandans qui représentaient que leurs vaisseaux manquaient encore de certains objets, sans lesquels il leur était impossible de partir. Toutes ces représentations étaient accueillies et soumises à un examen que le stathouder n'était jamais pressé de terminer. Pendant ces manœuvres, le temps s'écoulait, et la saison favorable, passa sans qu'on eût fait sortir une seule chaloupe du Texel, jusqu'à ce qu'enfin l'approche du mauvais temps détermina le stathouder à déclarer que l'escadre ne sortirait pas.

Chez une nation moins flegmatique, une conduite aussi criminelle aurait conduit l'amiral-général immédiatement à l'échafaud. Les Hollandais dissimulèrent et se bornèrent à rassembler soigneusement toutes les pièces du procès pour en faire usage en temps convenable.

La mauvaise volonté de Guillaume V ne laissait échapper aucune occasion de se montrer. Un grand nombre de navires destinés au commerce de la Baltique se rassemblait et avait besoin de se trouver protégé par une force d'autant plus considérable, qu'on savait que dix vaisseaux de ligne anglais, commandés par l'amiral Parker, se trouvaient alors au Sund. Guillaume fit armer quelques vaisseaux et en confia le commandement à l'amiral Zoutman. C'était un officier accablé par les années, que personne ne connaissait, parce que, depuis long-temps, il ne faisait plus aucun service, et on sentit bien que ce choix n'était pas sans dessein. Il représenta que les forces qu'on lui confiait n'étaient pas suffisantes; on l'apaisa en lui disant qu'il devait rencontrer l'amiral Kingsberg, qui croisait sur sa route avec quelques vaisseaux. Il partit avec son convoi. Effectivement il rencontra Kingsberg et le pria de se joindre à lui. Kingsberg lui montra ses instructions, qui ne laissaient plus que vingt-quatre heures à sa disposition, et lui enjoignaient de faire voile pour la Hollande à l'expiration de ce terme. Ainsi le malheureux Zoutman était trompé et sacrifié; car il n'était pas en état de résister seul et de sauver son convoi. Mais Kingsberg, le plus grand homme de mer de la Hollande, et peut-être de l'Europe, très attaché au stathouder, l'était encore plus à l'honneur. Il se joignit donc à Zoutman, et lui promit de l'accompagner quelques jours encore au-delà du terme prescrit par ses instructions.

De son côté, Parker, qui était parfaitement instruit, s'était hâté de quitter le Sund et de marcher à la rencontre du convoi hollandais, n'imaginant pas même qu'il dût éprouver la moindre difficulté pour s'en emparer. La rencontre se fit au Dogger-Bank, vers les côtes de Jutland, et l'Anglais fut très étonné de trouver des forces aussi peu disproportionnées aux siennes. La différence n'était que d'un ou de deux vaisseaux, et une grosse frégate hollandaise de quarante avait eu le courage d'entrer en ligne. Le combat s'engagea : Zoutman le soutint en héros, Kingsberg le seconda avec intrépidité ; et Parker, après d'inutiles efforts pour les entamer, se voyant lui-même extrêmement maltraité, jugea à propos de faire retraite avant que ses vaisseaux n'achevassent d'être désemparés et ne tombassent au pouvoir de l'ennemi.

La nouvelle de cette bataille fut reçue avec des transports d'allégresse à Amsterdam par tous les patriotes, et même par ceux du parti opposé qui n'avaient pas encore entièrement perdu tout sentiment de la dignité nationale. Il n'en fut pas de même à la cour stathoudérienne, où elle fut accueillie avec un silence morne, qui ne manifestait que trop des espérances trompées. On assura même dans le temps que Guillaume V, au premier moment, fut assez peu le maître de son dépit pour trahir lui-même le secret de sa pensée, en laissant échapper ces paroles : « J'espère au moins que les Anglais n'ont rien perdu. » Cette phrase porte un caractère si révoltant, que nous nous refusons à la garantir. Il est très certain néanmoins que la consternation fut générale à la cour, où personne n'osait parler d'un événement aussi honorable pour la marine hollandaise ; et, lorsque le vainqueur de Dogger-Bank fut de retour de son expédition, il fut reçu sans aucune marque de distinction, avec le froid qui accompagne la plus entière indifférence*; et le brave Zoutman, sans sortir de sa simplicité et de sa modestie, rentra dans sa première obscurité, à laquelle l'amiral-général ne fut plus tenté de l'arracher.

On peut dire que la bataille du Dogger-Bank était une victoire que les patriotes avaient remportée sur le stathouder ; et leur parti en reçut un grand accroissement de force et d'étendue. Ils profitèrent du moment pour porter

---

* *Exceptus brevi osculo nulloque sermone, turbæ servientium se immiscuit.*

Tacit. *in Agric.*

un coup décisif à l'autorité stathoudérienne, se rendre les maîtres dans les délibérations sur les plus grandes affaires, et assurer à leur parti une incontestable supériorité sur celui qui leur était opposé.

La guerre avec l'Angleterre avait été terminée par la paix de 1783. Il en avait coûté aux Hollandais leur établissement de Négapatnam, à la côte de Coromandel. Ce sacrifice n'était pas fort important ; mais les stathoudériens en exagéraient la valeur, et en prenaient l'occasion de se livrer à des déclamations contre la France, lorsqu'il était évident que le mal avait sa source dans les manœuvres criminelles par lesquelles le stathouder avait empêché la jonction de la flotte hollandaise à celle de Brest, plan qui aurait infailliblement conduit à une paix fort différente.

C'était le moment d'établir en Hollande une politique toute nouvelle, et de la fonder sur une alliance avec la France. On la désirait à Versailles, parce qu'on s'en promettait beaucoup d'avantages lorsque le parti républicain aurait gagné l'influence majeure dans les affaires. Les patriotes la souhaitaient ardemment, parce qu'elle leur procurait un appui formidable au dehors, en leur fournissant au dedans de grands moyens pour rendre inutile toute la mauvaise volonté de leur stathouder. Guillaume V. était le seul qui, dans le secret de son âme, éprouvât une répugnance invincible contre cette mesure; mais il n'aurait pu la traverser ouvertement sans donner aux patriotes des armes trop dangereuses contre lui. La négociation se suivit donc avec toute l'activité que pouvait permettre l'embarras des formes prescrites par la constitution hollandaise, et le traité, signé à Versailles le 8 novembre 1785, fut ratifié par les états-généraux le 12 décembre suivant.

Cet événement, que l'insouciance et la timidité de la cour de France devaient rendre bientôt entièrement inutile, fut célébré par les patriotes de toutes les provinces, et même consacré par des médailles frappées à Amsterdam, à Roterdam et à Ziric-Zée, petite ville de Zélande, extrêmement distinguée par l'esprit de liberté qui l'animait.

Ce fut, sans contredit, une des plus importantes opérations politiques du comte de Vergennes, alors ministre des affaires étrangères, qui, après avoir arraché l'Amérique septentrionale à la domination des Anglais, et leur enlevant ensuite l'alliance de la Hollande, diminuait considérablement leur force relative, en augmentant celle de la France dans la même proportion.

La négociation avait été fort épineuse ; car dans le temps qu'on traitait de l'alliance, on traitait également de la paix entre la Hollande et la cour de Vienne, et la France avait accepté la médiation entre les deux puissances. On sait que Joseph II avait brusquement formé, sur la propriété de la ville de Maestricht, des prétentions qui ne présentaient pas l'ombre même de la justice : puis, changeant d'objet, il avait cédé sur Maestricht, et demandé la libre navigation sur l'Escaut ; et enfin, rencontrant des difficultés insurmontables, non-seulement du côté des Hollandais, mais aussi de la part de la France même, il se réduisait à demander de l'argent.

Il est évident qu'on ne lui devait absolument rien ; mais l'amour de la paix et les suggestions de la France déterminèrent les Hollandais à ne pas fermer l'oreille aux propositions impériales. La médiation fut déférée au cabinet de Versailles. C'était un marché plutôt qu'une négociation, puisque la paix se trouvait entre les contractans comme une marchandise que l'empereur voulait vendre dix millions, tandis que les Hollandais n'en offraient que cinq. C'était là effectivement le prix réciproque. Les demandes de l'empereur, d'abord exorbitantes, avaient baissé à neuf millions cinq cent mille florins; mais les Hollandais restaient opiniâtrément à leur première offre de cinq*. Le médiateur trancha noblement la difficulté, et termina ce combat honteux de l'avarice contre l'esprit d'équité et d'économie, en se chargeant de payer à l'empereur les quatre millions et demi qui restaient en débat ; en sorte que le traité de paix entre Vienne et la Hollande fut signé le même jour que celui de l'alliance avec les Provinces-Unies.

Les deux traités, arrivant à la fois en Hollande, devaient produire et produisirent en effet une sensation qui fut tout entière à l'avantage des patriotes, et il était temps qu'un événement aussi important leur rendît des forces qui les missent en état de soutenir la cause de la liberté contre les attaques de tout genre qu'elle avait à essuyer de la part des stathoudériens.

Ceux-ci disposaient, et principalement à la Haye, de la dernière classe du peuple, par laquelle ils excitaient des émeutes populaires à

---

* C'était ainsi que le grand Frédéric avait prévu que cette querelle se terminerait. Un jour, en s'égayant avec le ministre hollandais, qui était à sa cour, sur les prétentions de Joseph, relatives à Maestricht et à l'Escaut, il lui dit en riant : « Je vois » déjà comment se finira toute cette affaire. Vous donnerez un » *pour-boire* à l'empereur, et il ne sera plus question de rien. » On prétend que Joseph II n'a pas ignoré ce bon mot.

volonté. Cet abominable moyen était et avait toujours été, entre les mains des stathouders, une arme très dangereuse dont ils se servaient pour faire périr, sans paraître y prendre part, ceux de leurs adversaires dont ils croyaient ne pouvoir pas se délivrer autrement ; et, pour en citer un exemple, le fanatisme stathoudérien avait opéré l'émeute qui se termina par l'horrible massacre des vertueux et infortunés de Witt. On pense bien que cette ressource ne fut pas négligée dans la crise où était arrivée l'autorité de Guillaume V.

Nous sommes fort éloigné de vouloir nous livrer au récit fastidieux de chacune de ces émeutes; mais nous ne pouvons passer sous silence celle du 8 septembre 1785, parce qu'elle fut importante dans son objet et dans ses suites, donna naissance à la question célèbre du commandement de la Haye, et amena la première intervention de la cour de Berlin dans le gouvernement intérieur de la république.

Les principaux chefs du parti patriotique étaient Van-Berkel, Gislaer, Zeeberg, le premier, pensionnaire de la ville d'Amsterdam, le second de Dort, et le troisième de Harlem. Ils étaient ce jour-là partis pour la campagne, avec quelques amis qui jouaient un rôle important dans le parti. C'était un dimanche, jour où les Hollandais, en général très religieux, s'abstiennent de toute affaire, et suspendent l'assemblée des états de la province, ainsi que celle des états-généraux. Ils devaient revenir le soir en yacht, et le lieu de leur débarquement était connu. Dans la matinée, la fermentation commença à se manifester parmi la populace. Elle augmenta dans le courant de la journée, et vers la fin elle devint extrêmement menaçante. Mille indices en désignaient clairement l'origine; et le lieu de la scène, qui se fixait principalement vers le lieu où l'yacht devait aborder, ne laissait pas de doute sur le véritable objet de l'émeute. Le stathouder était retiré à une maison de plaisance, appelée *la maison du Bois*, située à un fort quart de lieue de la Haye. La sédition en était au point de ne pouvoir plus être apaisée que par le secours de la force armée, et l'urgence de la chose ne permettait pas qu'on s'adressât au capitaine-général pour en obtenir un ordre qui mit la garnison de la Haye en mouvement. D'ailleurs, dans la persuasion où l'on était que Guillaume V était le premier moteur de la sédition, on ne doutait pas que les ordres ne fussent donnés à la garnison, de manière que les séditieux auraient eu tout le temps qui leur était nécessaire pour l'exécution de leur dessein.

Dans une crise aussi pressante, ce *gecomi-teerde-raad*, ou *conseil-comité*, dont nous avons indiqué plus haut les fonctions, prit, en sa qualité de représentant-légat du souverain, la résolution de donner immédiatement des ordres à la garnison, sans passer par l'intermédiaire du capitaine-général. La force militaire se porta sur-le-champ à la place qui lui était indiquée; elle exécuta avec promptitude et loyauté les ordres qu'elle avait reçus, arrêta les progrès de l'émeute, s'empara du local où les patriotes devaient descendre, les protégea à leur arrivée, et leur facilita les moyens de rentrer dans leur habitation, sans éprouver aucun accident. La nuit, des patrouilles nombreuses furent établies. Les séditieux, dont cette vigilance déconcertait entièrement les mesures, prirent aussi le parti de se retirer; et alors tout fut tranquille.

Mais Guillaume V ne l'était pas. Dès le lendemain, les états de Hollande, frappés de ce qui s'était passé la veille, avaient délibéré, dans leur assemblée, sur les moyens de prévenir de semblables événemens à l'avenir; et comme la tranquillité dépendait de la précision des ordres à donner aux troupes pour la maintenir, trop peu sûrs de la bonne volonté du stathouder, ils avaient confié ce soin au *conseil-*

comité, et, ce qui était fort remarquable, à l'unanimité de dix-huit villes votantes, parmi lesquelles, d'ailleurs, plusieurs étaient très attachées à la cause stathoudérienne; tant la persuasion était universelle, que Guillaume n'était point du tout étranger à ces mouvemens séditieux. Ce prince parut donc à l'assemblée, se plaignit de la résolution qui venait d'être prise, pria qu'on lui laissât, au moins dans ce moment, la disposition des troupes, avec promesse de donner les ordres les plus propres à empêcher toute espèce de tumulte. Il se retira tandis qu'on délibérait sur sa demande; mais les états persistèrent dans leur résolution à la même unanimité, et l'ordre de la noblesse fut le seul qui refusa son assentiment, en accompagnant son refus d'une protestation.

Repoussé dans ses demandes, Guillaume en conçut le plus vif ressentiment, et les démarches auxquelles il se livra furent la source première de tous les maux qui suivirent, et de la guerre civile qui ne tarda pas à éclater. Cependant, en fixant avec précision l'état de la question, elle se réduisait, en dernière analyse, à savoir « si le souverain, dans le
» lieu même de sa résidence, avait le droit de
» donner immédiatement ses ordres à la gar-
» nison sans l'intervention de son capitaine-

» général, ou si le capitaine-général était *le*
» *seul* dont la garnison *pût* recevoir des or-
» dres ? » On conçoit difficilement qu'une pareille question puisse même être élevée, puisque
le commandement suprême n'aurait pu appartenir exclusivement au capitaine-général, sans
que le souverain ne se fût trouvé dans la dépendance absolue de son premier fonction-
naire ; ce qui répugne à la nature des choses.
Aussi les états-généraux n'avaient accordé ce
commandement au stathouder, que pour être
exercé par lui, *sous leur bon plaisir*; clause
par laquelle ils se réservaient leur suprématie,
pour en reprendre l'exercice aussitôt que les
circonstances leur auraient paru l'exiger.

Guillaume V envisageait les choses sous un
point de vue très différent. Humilié de la décision des états de Hollande, il commença par
quitter son uniforme, comme si cette résolution l'eût dépouillé de sa charge de capitaine-
général, partit ensuite pour Bréda, d'où il
alla se confiner dans son château de Loo en
Gueldre, à quinze lieues de la Haye. C'est de
là qu'il rendit compte à la cour de Berlin de
tout ce qui venait de se passer, dans l'espérance
que le roi de Prusse en ferait une affaire de
famille, et qu'il adressa aux états de Hollande
un mémoire dans lequel il *exigeait* qu'on lui

rendit le commandement de la Haye, comme un *droit inhérent à sa dignité*, menaçant de ne plus reparaître dans cette résidence, s'il éprouvait un refus.

Il faut remarquer encore que la résolution des états de Hollande n'ôtait pas au prince la grande direction de la garnison de la Haye dans tout ce qui pouvait concerner l'économie et la discipline : c'était une mesure du moment, et, dans des circonstances plus calmes, tout serait infailliblement rentré dans l'ordre accoutumé. Guillaume ne fit donc alors qu'une suite de démarches fausses et inconsidérées; et, en voulant forcer son souverain à capituler honteusement, il est clair qu'il fermait volontairement la voie à toute conciliation. Mais peut-être aussi voulait-il porter les choses à l'extrême, uniquement pour obliger la Prusse à intervenir, et profiter de ce moyen pour écraser entièrement le parti qui lui était opposé.

Ce calcul fut long-temps sans effet. Le grand Frédéric vivait encore, et s'embarrassait assez médiocrement de sa nièce; et quant au stathouder, accoutumé à ne juger les hommes que sur leur valeur intrinsèque, il ne lui accordait aucune espèce d'estime, et surtout il était bien loin de vouloir déranger la moindre de ses combinaisons politiques pour un objet aussi peu important que le commandement de la Haye. Les tentatives de Guillaume seraient donc totalement tombées à Berlin, si Hertzberg ne se fût pas alors trouvé dans le ministère. Dévoué à la princesse d'Orange, et dévoré de la petite vanité de faire parler de lui, il présenta l'affaire à Frédéric de manière à ce que ce prince consentit à y entrer, mais par la voie seule de la persuasion : patriotes ou stathoudériens, tout cela était fort égal à ses yeux. Son intervention se borna donc à quelques démarches officielles et à quelques mémoires présentés à la France et aux états de Hollande, par ses ministres à la Haye et à Paris. On répondit de Versailles que le commandement de la Haye était une question qui appartenait au régime intérieur de la province de Hollande, et dans laquelle le ministère français ne croyait pas devoir entrer, pour ne pas porter atteinte à la liberté d'une puissance alliée. La Hollande répondit avec une simplicité noble, en se bornant à rétablir les faits et le véritable état de la question, et n'eut pas de peine à démontrer combien les prétentions du prince étaient insoutenables, et l'affaire, dès-lors, prit le caractère plutôt d'une intrigue que d'une négociation.

Cependant le mémoire par lequel le prince réclamait le commandement de la garnison de la Haye, comme un droit inhérent à sa dignité, exigeait une résolution formelle des états de Hollande. Le pensionnaire d'Amsterdam, Van-Berkel, avait rédigé et présenté un rapport qui combattait les prétentions stathoudériennes, et ce rapport, pris *ad referendum*, circulait dans les villes, où il formait l'objet des délibérations des régences. Sur les dix-huit villes votantes, les patriotes en avaient ordinairement quatorze de leur côté, parmi lesquelles était Amsterdam, regardée comme la plus fidèle à la cause de la liberté. En cette occasion l'intrigue parvint à égarer le conseil de cette ville, et le rapport de Van-Berkel fut rejeté. La défection d'Amsterdam entraîna celle de quelques petites villes, auxquelles elle donnait l'impulsion dans tous les temps, et en ébranla quelques autres. Ce changement dans les esprits rendait la solution de la question plus problématique, et les patriotes furent obligés de travailler de nouveau pour s'assurer de la majorité. Il ne leur restait que cinq villes sur lesquelles ils pussent compter; six balançaient encore, sept étaient dans l'opposition.

Dans cette situation critique, les patriotes eurent besoin de toute leur constance pour regagner le terrain qu'ils avaient perdu, et faire tomber Amsterdam en minorité. Ils y parvinrent, et aussitôt qu'ils furent assurés de la pluralité des suffrages, la question de commandement de la Haye fut portée aux états de Hollande, où elle fut décidée contre le stathouder, à la majorité de dix voix contre neuf. Cette résolution fut prise le 27 juillet 1786. C'était une majorité bien faible pour une résolution à laquelle on attachait de part et d'autre une aussi grande importance ; mais, si l'on réfléchit que des dix-neuf voix dont se composaient les états de Hollande, dix ôtaient décidément le commandement au prince, trois seulement le lui conservaient entièrement, et les six autres ne le lui accordaient qu'avec des restrictions auxquelles il se refusait absolument, on verra que Guillaume était réellement dans une minorité de seize contre trois.

Ainsi se termina une affaire beaucoup plus célèbre qu'importante, et que le stathouder aurait arrêtée dans son origine, s'il avait su se prêter aux circonstances du moment ; mais, soit par l'effet de son opiniâtreté naturelle, soit seulement par les mauvais conseils de ceux qui l'entouraient, il voulut tout ou rien ; et, en poussant ainsi les choses à l'extrême, il amena les états de Hollande à la nécessité de prendre des résolutions d'une toute autre conséquence, et qui attaquaient sa prérogative sur des points bien plus chers à son cœur.

Tandis que cette affaire se traitait et que les deux partis déployaient tous leurs moyens, l'un pour en assurer le succès, l'autre pour la faire échouer, les patriotes s'occupaient de quelques autres objets, que des esprits superficiels pouvaient trouver minutieux, mais qui devaient paraître graves aux yeux de tous ceux qui connaissent l'effet des apparences extérieures sur l'esprit d'une multitude dont il est très important de redresser en tout temps les idées, mais plus particulièrement encore en temps de révolution.

Les honneurs militaires se rendaient exclusivement au stathouder, même par le régiment des gardes hollandaises, uniquement affecté à la garde des états de Hollande. Ses drapeaux portaient, à la vérité, les armes de la province ; mais elles étaient accolées à celles du prince, de manière que l'écusson stathoudérien se déployait en grand et frappait les yeux, qui distinguaient à peine celui de la province. Il en était de même du hausse-col des officiers. Enfin, cette porte stathoudérienne, dont nous avons fait mention plus haut, cette porte, insulte de tous les jours à la dignité du souverain, était encore interdite aux députés, tant de la province que des états-généraux. La journée du 27 février vit disparaître ces abus. Les honneurs militaires furent rendus aux états, à l'entrée des députés à l'assemblée et à leur sortie. Le régiment des gardes hollandaises reçut de nouveaux drapeaux, qui ne portaient plus les armes du prince, mais seulement le lion belgique. Enfin, la porte stathoudérienne fut ouverte, non-seulement aux députés, mais à tous les citoyens indistinctement.

Et qu'on ne croie pas qu'il ne fût question ici que de blesser l'amour-propre du prince ou de satisfaire un mouvement de vanité, en s'attribuant quelques marques de distinction que l'usage n'avait pas autorisées jusqu'alors. La simplicité républicaine était au-dessus de ces misères, et les patriotes se conduisaient par des vues plus saines et plus profondes. Ils savaient que la populace, si importante à ménager, instrument de tant de révolutions en Hollande, était presque irrésistiblement portée à confondre l'appareil extérieur de la souveraineté avec la souveraineté même, et que c'était là la source de son attachement aveugle à la maison d'Orange; que lorsqu'elle voyait, d'un côté, les membres des états dans leur modeste costume entrer à l'assemblée et en sortir sans exciter la moindre attention sur leur personne, et de l'autre, le stathouder, environné d'une pompe vraiment royale, fixant tous les regards, recevant les honneurs extérieurs à chaque pas, elle ne pouvait imaginer que le pouvoir ne fût pas là où elle voyait la magnificence; en un mot, qu'ayant le souverain et le sujet sous les yeux, elle appliquait ces deux dénominations précisément dans le sens conforme aux apparences et contraire à la réalité.

Il en était à peu près de même par rapport aux régimens : les officiers, voyant sur leurs drapeaux et leurs hausse-cols l'écusson du prince auprès duquel figurait à peine celui de la province, s'accoutumaient insensiblement à se regarder comme appartenant au stathouder plutôt qu'aux états, et adoptaient d'autant plus volontiers ce sentiment qui flattait davantage leur amour-propre. De là une disposition générale à obéir au prince avec plus d'empressement qu'aux états, disposition pernicieuse, qui, dans des circonstances difficiles, pouvait devenir funeste au repos intérieur de l'État.

Il était donc très important d'éclairer le soldat et la populace, de leur apprendre de quel côté résidait la puissance souveraine, de manière à ne plus s'y méprendre ; et, puisque la multitude ne fondait ses jugemens que sur les honneurs extérieurs, sous ce rapport les deux résolutions des états de Hollande étaient d'une politique très sage et très motivée.

Elles ne reçurent leur exécution que le 17 mars suivant ; et la scène qui se passa ce même jour, en prouvant l'importance que le peuple attachait à ces changemens, prouva également combien il était urgent de rectifier ses idées. La scandaleuse porte stathoudérienne était restée ouverte dès le 15. Au détail local que nous avons déjà donné, il faut, pour l'intelligence de ce qui suit, ajouter que cette porte se prolonge en voûte sous un espace de vingt à trente pas. Cette voûte est jointe par un pont jeté sur un canal large et profond qui entoure le palais, et garni d'un petit parapet à hauteur d'appui. Ce pont se lie à une espèce de place ou vaste cour extérieure, qui ce jour-là se trouva, ainsi que la cour intérieure, remplie d'une multitude immense de populace, attirée par le désir de voir la cérémonie des honneurs militaires rendus aux états souverains dans la personne de leurs membres. Jusque-là aucun n'avait jugé à propos de faire usage de la prérogative de traverser la porte stathoudérienne ; et, sous divers prétextes, ils continuaient à sortir par le côté opposé. Il est probable que personne d'eux n'osait frayer le chemin aux autres, et s'exposer aux événemens au milieu d'une populace dont ils connaissaient les mauvaises intentions.

Gislaer, jeune et certainement très courageux, sentit combien cette timidité pouvait devenir funeste par le ridicule qu'elle jetterait nécessairement sur les états en général, et sur chacun des membres en particulier; et il se dévoua lui-même au soutien de sa cause. Accompagné de Gaeverts, bourgmestre de Dort, il s'avance vers la porte stathoudérienne. Elle était encombrée par la populace. Le cocher s'effraie et n'ose avancer; Gislaer se montre à la portière, et lui ordonne de marcher et de franchir tous les obstacles : sa voiture se trouve engagée sous la voûte. Alors des scélérats se jettent dessus et l'arrêtent dans sa marche, tandis qu'un autre fanatique se rend maître des chevaux. Il était clair que le dénouement de la scène ne se serait pas fait attendre longtemps; s'il n'eût été prévenu par la garde à cheval, qui accourut aussitôt, dissipa facilement cette multitude, et s'empara de celui qui paraissait le plus furieux. Gislaer passa victorieux et tranquille, et tous ses collègues y passèrent également depuis ce jour.

Au reste, le complot ne fut pas exécuté comme il avait été conçu. Les scélérats devaient attendre que la voiture, ayant dépassé la porte, se fût trouvée sur le pont, qui n'est pas fort large. Alors, tandis que les uns auraient coupé les traits des chevaux avec des couteaux qu'ils avaient fait faire exprès, d'autres devaient se jeter sur la voiture et la renverser dans le canal. Leur précipitation fit manquer le plan, et Gislaer ne fut point noyé; mais il eût été infailliblement égorgé, s'il n'eût été promptement secouru. Le criminel arrêté se trouva être un perruquier établi auprès d'un M. Bigot, chambellan du prince, ennemi personnel et déclaré de Gislaer; et une circonstance qui ne pouvait échapper, est que ce perruquier était arrivé de Loo précisément deux jours avant la scène. On juge aisément à quelles conjectures donna lieu ce concours, au moins singulier s'il était fortuit.

Le procès du criminel fut déféré au conseil-comité pour être jugé prévôtalement. La sentence suivit de près : elle était à la peine de mort. Lorsqu'elle fut présentée aux états de Hollande, Gislaer et Gaeverts se récusèrent d'abord comme parties au procès. Puis, dépouillant leur caractère de représentans pour ne se montrer que comme particuliers offensés, ils demandèrent et obtinrent la commutation de peine en faveur du coupable. Cependant les apprêts du supplice se firent dès le lendemain avec beaucoup d'appareil. Le criminel fut conduit, à travers une double haie formée par la garnison, de sa prison jusqu'au pied de l'échafaud, où il entendit la lecture de sa sentence. Elle portait qu'il avait été condamné à mort à l'unanimité de ses juges, mais qu'à la sollicitation expresse de ceux même qu'il avait eu le dessein de massacrer, les états de Hollande lui faisaient grâce de la vie, et bornaient sa peine à une prison perpétuelle. Il fut ensuite reconduit dans sa prison avec le même appareil.

Dans les temps de troubles et de divisions, toute entreprise d'un parti, lorsqu'elle échoue, ne manque pas d'ajouter une force nouvelle au parti opposé. C'est ce qui arriva dans cette occasion. Le danger que venait de courir Gislaer, le plus ardent comme le plus actif des chefs du parti patriotique, jeta sur sa personne et sur son nom un intérêt marqué, et même une sorte de vénération, à la faveur de laquelle on fit recevoir sans contradiction des mesures qui n'avaient d'autre but que de renforcer le parti, et de comprimer de plus en plus l'esprit stathoudérien. C'est ainsi que les corps francs, formés par des associations libres des bourgeoisies patriotiques, qui s'exerçaient, à des jours marqués, au maniement des armes et autres exercices militaires, mais qui, jusqu'alors, n'avaient point eu d'existence légale, furent autorisés et établis par une résolution expresse, et placés sous l'inspection et la protection immédiate des états de Hollande; tandis que ceux que la populace stathoudérienne avait formés à l'imitation des bourgeoisies, furent dissous par la même résolution, et proscrits avec flétrissure. Ces mesures contribuèrent beaucoup à assurer la tranquillité publique, et les corps ainsi autorisés par la loi rendirent par la suite des services importans au parti républicain, dans l'intérieur de la province de Hollande.

Tandis que ces choses se passaient à la Haye, l'autorité stathoudérienne était attaquée dans l'une de ses usurpations que l'esprit de liberté supportait avec le plus d'impatience. C'était le réglement de 1674 qui pesait, comme nous l'avons dit, sur les provinces de Gueldre, d'Utrecht et d'Over-Yssel. Cette affaire était étrangère à la province de Hollande; mais si la constitution ne lui permettait pas d'y intervenir directement, l'abolition de ce réglement était une partie trop essentielle du système républicain, pour que les patriotes hollandais ne cherchassent point à la favoriser par tous les moyens que la constitution laissait à leur disposition.

La première impulsion fut donnée à Utrecht, dès le mois de décembre 1785. Depuis longtemps la bourgeoisie de cette ville employait tous ses efforts pour obtenir la suppression du réglement de 1674, dans l'intention de lui en substituer un nouveau, dont tous les points avaient été convenus, et qu'on avait même livré à l'impression pour le traduire au tribunal de l'opinion publique. Une magistrature presque entièrement aristocratique ne pouvait guère le consacrer par son approbation, et on s'y était attendu. La bourgeoisie, ferme dans son dessein, se rassembla au nombre de cinq mille sur la grande place, devant l'hôtel-de-ville, pour demander l'acceptation du nouveau réglement. Toute cette multitude était sans armes, et attendait la réponse des magistrats avec un repos et un calme dont il n'y a peut-être que la nation batave qui puisse fournir l'exemple. Les magistrats, convaincus par leurs propres yeux que le vœu qui leur était présenté était véritablement le vœu général, l'acceptèrent après une longue délibération, sous la condition que ce nouveau réglement serait sanctionné par les états de la province, qui devaient se rassembler trois mois après. Les cinq mille pétitionnaires, après être restés assemblés pendant treize heures entières dans la plus profonde paix, se séparèrent avec le même flegme, sans tumulte et sans avoir occasioné la moindre plainte.

Le terme fatal arriva : c'était le 20 mars 1786. Mais, dès le 6, la magistrature avait déjà rétracté tout ce qu'elle avait accordé le 20 décembre précédent, et, à ce sujet, donna une proclamation qui excita une fermentation universelle dans les villes. La bourgeoisie se rassembla sur la même place et de la même manière qu'elle l'avait fait trois mois auparavant. Le conseil était assemblé au nombre de trente-un membres, dont la majorité protégeait le réglement de 1674, et les autres le nouveau. La bourgeoisie, toujours sans armes, tint ferme, décidée à ne se séparer que lorsque ses demandes auraient été acceptées. Cette constance déconcerta les conseillers réfractaires, qui se retirèrent en laissant le champ libre à leurs adversaires. Ceux-ci députèrent sur-le-champ trois d'entre eux, pour recevoir, au nom du conseil, le serment de la bourgeoisie sur le nouveau règlement : eux-mêmes, étant liés à l'ancien par un serment qui les engageait jusqu'au 12 octobre suivant, promirent de jurer, à cette époque, sur celui qu'on venait d'établir.

En attendant, la bourgeoisie fit deux démarches d'éclat : elle créa un collége de commissaires, destiné spécialement à veiller à ses intérêts, au maintien de ses droits; c'étaient de véritables tribuns du peuple; et, dans les premiers jours de juillet, elle publia un manifeste dans lequel elle annonça l'irrévocable résolution d'abolir le réglement de 1674.

Ce manifeste la conduisit bientôt à une opération plus décisive encore, et, le 2 août suivant, elle se forma de nouveau, sur la grande place, en huit compagnies rangées en cercle. Les magistrats qui composaient l'ancienne régence furent requis d'entrer dans ce cercle. On savait d'avance que sur trente-sept, trente refuseraient : cinq seulement se présentèrent; les deux autres alléguèrent la religion du serment qui les liait jusqu'au 12 octobre, mais assurèrent qu'ils n'en approuvaient pas moins tout ce qui se passait, et qu'ils y accéderaient avec empressement au moment qu'ils seraient dégagés de leur serment.

Alors la bourgeoisie destitua les trente conseillers refusans, en leur conservant néanmoins les autres emplois dont ils pouvaient être revêtus, et qui n'avaient pas un rapport direct avec les affaires générales. Elle voulait par-là mettre dans le plus grand jour la pureté de ses vues, et écarter tout soupçon que sa conduite eût été dictée par une animosité de parti. Le collége des commissaires fut installé solennellement dans le lieu de ses assemblées. La bourgeoisie se sépara au milieu d'une foule immense de peuple et d'étrangers que la curiosité et la nouveauté du spectacle y avaient attirés de toutes les parties de la république, et qui retournèrent fort étonnés de l'ordre et du calme profond que rien n'avait pu interrompre dans toute la durée de cette grande opération.

Enfin, le 12 d'octobre arriva : les choses se passèrent avec la tranquillité qui s'était déjà fait remarquer dans les précédentes assemblées. La nouvelle régence, qu'on avait complétée dans l'intervalle, fut installée en grande cérémonie; elle prêta serment sur le nouveau réglement, et l'abolition irrévocable de celui de 1674 mit le sceau à la révolution d'Utrecht.

On pense bien que, dans le cours de cette révolution, la voie de la négociation n'avait pas été négligée de la part d'un peuple accoutumé à ne rien faire qu'avec beaucoup de mesure et de méthode. Des députés de part et d'autre avaient été nommés; mais ceux du prince ne purent produire aucuns pouvoirs en forme, et ceux d'Utrecht s'aperçurent bientôt qu'on ne voulait qu'endormir leur vigilance et leur faire perdre un temps précieux; en sorte que ces conférences, rompues presque aussitôt qu'elles avaient été nouées, étaient restées absolument sans effet.

On s'était également attendu que les états de la province refuseraient leur sanction à l'abolition de l'ancien réglement. Ces états avaient une composition extrêmement vicieuse : ils étaient formés de l'ordre équestre, du clergé et des villes. Les villes, au nombre de cinq, savoir Utrecht, Amersfort, Wyck, Rheenen et Montfort, ne formaient qu'une seule voix; chacun des deux ordres avait la sienne : ainsi, les états se formant de trois voix, il suffisait que les deux ordres privilégiés fussent d'accord (et ils l'étaient toujours), pour gouverner la province à leur gré. Le vice de cette forme se rend bien plus sensible encore, quand on songe que l'ordre équestre se réduisait à une douzaine de nobles, et celui du clergé à un nombre au moins aussi faible. Ces deux ordres quittèrent Utrecht à cette époque et se retirèrent à Amersfort, sous la protection de quelques troupes que le prince avait placées dans cette ville, et ils continuèrent à se regarder comme états d'Utrecht, quoique l'absence des députés des villes rendit leur assemblée absolument inconstitutionnelle.

Malgré cette séparation, l'ancien réglement n'en était pas moins aboli, et l'exemple donné par la province d'Utrecht ne pouvait pas rester sans effet dans les deux autres qui restaient soumises à ce réglement oppressif. Ce fut la Gueldre même qui entra d'abord dans la carrière, et ses efforts pour se soustraire à la tyrannie amenèrent des scènes sérieuses dans lesquelles le stathouder, substituant, pour la première fois, la violence ouverte à la raison, donna, en quelque sorte, le signal de la guerre civile, et provoqua, de la part des états de Hollande, des résolutions qui, suivant toutes les probabilités, devaient le conduire à sa perte.

La Gueldre alors était devenue le vrai siége de la puissance stathoudérienne. Une noblesse nombreuse, et en général peu riche, avait besoin de la faveur du prince pour se procurer les richesses et la distinction : aussi la cour du prince en était peuplée; les charges et places lucratives lui étaient dévolues; Guillaume ne savait rien lui refuser, et ses grâces lui étaient payées par un dévouement servile qui ne connaissait pas de bornes, et, dans l'occasion, allait au fanatisme le plus insensé. On peut juger de l'étendue et de la solidité du pouvoir stathoudérien sur les états d'une province où il avait de pareils soutiens.

Cependant cette excessive partialité n'était pas tellement universelle qu'il ne se trouvât encore parmi les régens quelques âmes généreuses qui, refusant de fléchir le genou devant l'idole, et mandataires fidèles du peuple qu'ils représentaient, osaient soutenir ses droits avec le courage et l'intrépidité de la vertu, et faire entendre la voix de la justice au milieu de la corruption, sans s'effrayer des dangers auxquels leur noble conduite les exposait contre une nombreuse et violente majorité. La famille des Capellen était distinguée, entre toutes les autres, par son incorruptible fermeté : le peuple n'eut jamais un défenseur plus constant, toutes les fois que ses réclamations étaient justes, ni le stathouder un adversaire plus inflexible, toutes les fois que ses prétentions dépassaient la ligne de la constitution.

D'un autre côté, l'esprit de patriotisme et de liberté se montrait dans les villes, parmi la saine bourgeoisie, avec d'autant plus de force, qu'il était plus tyranniquement comprimé. On écrivait, on faisait parvenir aux états des adresses signées par des milliers de bourgeois, et qui ne permettaient pas de douter qu'elles ne fussent l'expression du vœu général de la province. Elles se succédaient avec une telle rapidité, et arrivaient de tant de côtés à la fois, que les états, sans doute embarrassés, et craignant de ne pouvoir résister à la longue, publièrent enfin une résolution qui supprimait la liberté de la presse et défendait aux bourgeoisies d'adresser en corps des requêtes au souverain.

C'était une violation ouverte des droits les plus inaliénables de la nation; c'était le comble du despotisme : mais telle était la puissance absolue de Guillaume V dans cette province, que sa volonté n'y trouvait que rarement une résistance le plus souvent inutile.

Cependant, à cette époque, elle en éprouva de la part des deux villes d'Elbourg et d'Hattem : la première refusa absolument de publier la résolution des états contre la liberté de la presse, et la faculté des bourgeoisies de s'adresser en corps, par des requêtes, au souverain; celle de Hattem résista à un ordre émané plus directement encore du stathouder. Ce prince avait conféré à un simple soldat de ses gardes-du-corps la place de bourgmestre de cette ville, qui se crut outragée par un pareil choix. Elle n'y aperçut que le plus insigne abus de l'autorité, une marque du plus intolérable mépris, et rien ne put la déterminer à recevoir un semblable personnage pour le premier de ses magistrats.

C'étaient deux fort petites villes qu'Elbourg et Hattem; mais il n'y a pas de villes petites dans un état libre par sa constitution. Les états se trouvèrent très offensés et partagèrent le ressentiment personnel du prince, qui, sur leur réquisition, se disposa à envoyer, sans délai, des troupes contre les deux villes réfractaires.

Cette nouvelle arriva promptement à la Haye, où elle éveilla une très vive sollicitude, et provoqua une séance extraordinaire, dont l'objet devait être de délibérer sur le danger qui menaçait la liberté publique. Un sujet aussi grave maintenait l'assemblée dans un silence profond. Elle reçut encore un caractère plus auguste d'une forme qui s'employa ce jour-là, qui ne s'employait que rarement et dans des cas urgens, et qui annonçait toujours qu'on allait s'occuper d'objets grands et immédiatement relatifs au salut de la république : c'était la lecture d'une résolution prise en 1663 par le grand-pensionnaire de Witt, par laquelle chaque membre était autorisé à émettre franchement et librement son vœu, quel qu'il fût, sans qu'il fût permis de l'inquiéter ensuite sur ce fait, sous peine de se rendre coupable envers le souverain.

Après cette formalité, Gislaer prit la parole, et, dans un discours éloquent et étendu, présenta le tableau de la conduite du stathouder depuis 1766, et démontra que la crise violente où se trouvait la république était entièrement l'ouvrage de ce prince ; il prouvait également que les troubles actuels de la province de Gueldre n'avaient pas une autre source, par la composition des états dont les membres étaient presque tous des officiers de sa cour, ou des gens attachés à sa personne par les places qu'ils tenaient de lui, tandis que les régences des villes étaient toujours et partout des magistrats de son choix, etc., etc., etc., et il conclut par trois propositions :

1° D'écrire aux états de Gueldre pour les exhorter à se désister de toute mesure de violence, et prévenir la nécessité où se verrait la province de Hollande de s'occuper des moyens de défendre la liberté publique ;

2° D'écrire aux quatre autres provinces pour les engager à se joindre à la Hollande, dans les mesures communes relatives au maintien de la tranquillité publique, et surtout à empêcher, par des ordres précis, que les troupes à leur répartition * fussent employées contre les citoyens de la république;

3° D'écrire au prince pour l'exhorter à mériter les applaudissemens de la nation, en mettant aux agitations de la patrie un terme qui dépendait uniquement de sa volonté; en lui déclarant que, s'il persistait dans les moyens de force, au risque d'entraîner l'État dans une guerre civile, les états de Hollande se verraient dans la nécessité de le suspendre de l'exercice de toutes ses charges et dignités dans leur province.

De ces trois points, les deux premiers furent adoptés sur-le-champ à l'unanimité. Le troisième le fut également par quinze villes, et pris *ad referéndum* par les trois autres, qui furent Amsterdam, Delft et la Brille, dont le

---

* L'usage était alors d'assigner à chaque province en particulier, à raison de sa population et de sa richesse, un certain nombre de régimens de toutes armes qui composaient la totalité de l'armée. Les états-généraux faisaient cette répartition, en vertu de laquelle chaque province restait exclusivement chargée du paiement des régimens qui lui étaient échus : de là l'expression que tel régiment était à la répartition de telle province. La plus forte de ces répartitions était celle de la Hollande, qui, dans la masse des dépenses de l'union, contribuait dans le rapport de 60 pour 100. Chaque province se trouvait par-là maîtresse des troupes à sa répartition, puisque c'était elle qui payait; sans quoi le pouvoir du capitaine-général n'aurait point connu de limites.

consentement arriva dès le lendemain, et la résolution fut prise immédiatement.

Quelque promptitude qu'on eût apportée dans cette délibération, la résolution fut encore trop tardive, et tout était consommé dans le temps même qu'on était occupé à rédiger la lettre au prince : elle avait été projetée le 4 septembre, et dès le 6 les nouvelles désastreuses de la Gueldre arrivèrent à la Haye.

Guillaume V avait fait partir de son château de Loo quelques régimens qui s'avancèrent sur Elbourg, avec l'artillerie nécessaire pour en former le siège; mais l'événement rendit cet appareil inutile. Au premier avis qui parvint à cette ville de la marche des troupes, les habitans, hors d'état de résister à la force, et cependant trop animés de l'enthousiasme de la liberté pour courber lâchement la tête sous le joug, prirent unanimement la résolution d'abandonner la ville. Ce parti, extrême et généreux, reçut son exécution sur-le-champ. Femmes, enfans, vieillards et soldats, tous abandonnèrent leur sol natal, tous s'embarquèrent avec leurs effets et se réfugièrent à Campen, ville de l'Over-Yssel, située de l'autre côté de l'Yssel; en sorte que les régimens ne trouvèrent à leur arrivée que la solitude profonde et le silence du désert.

Qu'on se représente, si on le peut, l'effet terrible que dut produire cet événement, accompagné de toutes ses circonstances, sur des esprits républicains que la cause de la liberté tenait en fermentation déjà depuis si longtemps; le degré d'intérêt et de commisération qu'inspirait cette foule déplorable d'habitans de tout âge et de tout sexe qui venaient présenter le spectacle de leur misère à leurs voisins et confédérés, en leur demandant un asile contre la persécution; et enfin le mouvement d'indignation qui dut être excité et ressenti de toutes parts contre un prince qu'on voyait soutenir les prétentions de l'orgueil par les moyens de la violence, et déployer lâchement l'appareil de la guerre contre deux malheureuses petites villes dont il connaissait la faiblesse et le dénuement absolu de tout moyen de résistance!

Après l'occupation d'Elbourg, les troupes stathoudériennes se portèrent sur Hattem. Les habitans de cette ville ne suivirent pas l'exemple de ceux d'Elbourg, et voulurent tenter une défense impossible sous tous les rapports. Le général stathoudérien, Spengler, fit pointer le canon sur la porte, qui sauta bientôt, et la ville fut prise après une courte résistance, dans laquelle périrent quelques habitans et quelques soldats stathoudériens. On eut le temps cependant de sauver les femmes, les enfans, les vieillards, et même un grand nombre d'habitans, avec d'autant plus de facilité, que la ville n'est séparée de la province d'Over-Yssel que par la rivière d'Yssel qui baigne ses murs.

Ces événemens influèrent sur la forme à donner à la lettre qui devait être adressée au prince suivant la résolution. Les circonstances n'étant plus les mêmes, les états de Hollande prirent un langage différent, et se bornèrent à le requérir de se désister incessamment des mesures violentes qu'il avait prises contre les citoyens de la république, et à le prévenir que, s'il refusait, les états le suspendraient de l'exercice de toutes ses charges dans leur province. On lui fixa le terme de vingt-quatre heures pour se déterminer et répondre. Cette réponse ne se fit pas attendre long-temps, et fut telle qu'on l'avait prévue. Le prince disait que ses sentimens sur les moyens de violence et ceux de conciliation étaient assez connus, ainsi que la préférence qu'il donnerait toujours aux derniers sur les premiers, auxquels il n'avait recours que dans les cas où les voies conciliatrices étaient devenues insuffisantes; qu'il n'avait fait marcher qu'à regret des troupes contre Elbourg et Hattem, mais qu'il en avait reçu l'ordre des états de Gueldre, et qu'en sa qualité de capitaine-général de cette province, il n'avait pu se dispenser d'obéir.

Ainsi le prince était extérieurement couvert par les formes constitutionnelles, et les puissances étrangères qui n'auraient pas bien connu les abus et la véritable situation des affaires, pouvaient s'y méprendre et croire que la raison était entièrement de son côté. Mais ceux qui connaissaient la composition des états de Gueldre, et la dépendance étroite où l'amour des places et de l'argent les mettait de la cour stathoudérienne, ceux-là jugeaient fort différemment, et savaient bien que, par une collusion scandaleuse, lorsque les états ordonnaient au prince, c'était le prince qui ordonnait au prince.

Cette pétition de principe pouvait égarer les patriotes hollandais moins que les autres, et les stathoudériens eux-mêmes connaissaient très bien le vice intérieur de la réponse; mais il leur suffisait qu'elle eût une simple apparence de régularité, pour persévérer dans leur système. Ainsi, la démarche de la province de Hollande se trouvant éludée de la part du prince, elle se vit dans la nécessité de suivre des mesures de sévérité, et de chercher tous les moyens d'arrêter le cours des entreprises du prince contre la liberté de la république.

La connaissance qu'on avait du caractère et des intentions du stathouder n'avait pas permis à la Hollande d'attendre au dernier moment pour prendre ses précautions contre le danger qui la menaçait. Ce n'était pas assez d'avoir défendu au prince d'employer les régimens à sa répartition contre les citoyens, exemple qui avait été suivi par l'Over-Yssel, la Groningue, et même la Zélande, province de tout temps dévouée aux stathouders ; elle sentit le besoin de retirer dans son intérieur toutes ses troupes disséminées dans les autres provinces et dans la généralité. Elle avait donc ordonné au prince de leur envoyer les patentes nécessaires pour les faire entrer sur le territoire de la Hollande ; et Guillaume, après avoir tenté de se soustraire à cet ordre, s'était vu dans la nécessité de s'y conformer.

Bientôt après l'affaire des villes d'Elbourg et de Hattem était arrivée ; et le prince ne montrant aucune disposition de renoncer aux moyens de force, toutes les apparences faisant craindre, au contraire, que les scènes de Gueldre ne se renouvelassent contre les petites villes de la province d'Utrecht, les états de Hollande procédèrent enfin à la suspension provisoire du prince dans ses fonctions de capitaine-général.

La proposition en fut faite à la séance du 22 septembre, et les délibérations ne furent pas longues. Elle passa à la majorité de seize villes contre deux, savoir, Hoorn et la Brille ; encore celle-ci se borna-t-elle à déclarer simplement qu'elle ne concourait point à la résolution, et qu'elle voulait rester dans une exacte neutralité. Amsterdam, dont la défection avait embarrassé les patriotes, quelques mois auparavant, dans l'affaire du commandement de la Haye, avait bien changé depuis cette époque. Cette ville importante, revenue à ses premiers principes, se montra, dans cette occasion, beaucoup plus ardente que les autres, et demandait que la résolution fût motivée *sur les attentats sans exemple du prince et l'emploi détestable qu'il faisait de la force armée*. Les autres villes, plus calmes, rejetèrent cet amendement.

Ainsi l'épée se trouva tirée des deux côtés, et la Hollande commença à se couvrir du côté de la Gueldre et d'Utrecht, en établissant un cordon dont le quartier-général était à la forteresse de Woerden, précisément à la frontière, et éloignée seulement de quelques lieues de la ville d'Utrecht.

Le grand Frédéric n'était plus. Sa mort, qui

fut une calamité pour la Prusse et pour l'Europe, devint un événement heureux pour le parti stathoudérien. On savait que ce grand homme, uniquement occupé de rendre son pays florissant au dedans et respecté au dehors, n'attachait aucune importance aux querelles qui divisaient la Hollande, ni aux prétentions du stathouder, son neveu. Il se bornait aux bons offices, à quelques représentations faites de temps en temps aux états, et il est probable que, fatigué de ces tracasseries, il aurait lui-même concerté avec la France un arrangement quelconque, auquel le prince aurait été obligé de se soumettre.

Son successeur ouvrait un champ nouveau aux espérances stathoudériennes. La princesse, négligée par son oncle, se flattait d'un crédit infiniment plus étendu auprès de son frère, et ne se trompait pas. Hertzberg, dont l'importance était à peu près nulle auprès d'un roi qui ne laissait rien à faire à ses ministres, entrait dans une carrière nouvelle, et devenait un personnage principal auprès d'un prince ennemi des affaires, livré entièrement à ses plaisirs, et qui ne demandait pas mieux que de se débarrasser sur un ministre du poids des occupations attachées à la royauté.

L'intervention de la cour de Berlin, dans les

troubles de la république hollandaise, changea donc entièrement de caractère à cette époque, et Hertzberg essaya sa nouvelle autorité par l'envoi d'un ministre extraordinaire à la Haye. Son choix se fixa sur le comte de Goërtz, négociateur expérimenté, connu depuis longtemps par des missions délicates et difficiles qui lui avaient été confiées par le grand Frédéric, et qu'il avait remplies à la satisfaction de ce prince, homme d'une imagination trop ardente peut-être, mais irréprochable dans ses mœurs, noble dans son caractère, vertueux par principes, et scrupuleusement attaché à ses devoirs.

Ce ministre, accoutumé de longue main à ne régler sa conduite politique que sur les ordres exprès de sa cour, débuta, dans sa mission, d'une manière qui décela promptement aux observateurs la nature des instructions dont il était chargé, et des intentions du cabinet où elles avaient été rédigées. Communément les lettres de créance ne sont qu'une pièce de forme, nécessaire sans doute pour constater authentiquement, aux yeux d'une puissance, le caractère public dont on a revêtu le personnage qu'on lui envoie, mais qui d'ailleurs se borne à cette annonce, et ne renferme aucun détail ni discussion sur l'objet même de la mission. Celle du comte de Goërtz s'écartait beaucoup de cette simplicité, et devint, à la Haye, l'objet d'une censure amère et d'un mécontentement universel de la part des républicains. Ils se trouvèrent scandalisés de l'espèce de violence que le nouveau monarque paraissait vouloir faire à la république, en entrant si avant, et sans y être invité, dans des discussions qui n'appartenaient qu'à son régime intérieur. Ils étaient choqués que la cour de Berlin offrît sa *médiation*, lorsqu'il est de principe qu'une *médiation* n'a lieu qu'entre deux souverains, et que la république ne pouvait en reconnaître entre elle et son premier sujet. Ils étaient révoltés que les résolutions sévères provoquées par les égaremens du prince, fussent appelées dans la créditive des *oppressions inouïes innocemment souffertes par le prince*, et ils demandaient comment, dans le cas même où il serait possible d'admettre une médiation, on aurait pu la déférer au roi de Prusse, qui commençait par trancher la question, en mettant d'avance tout le tort du côté de la république, et toute la raison du côté du prince.

Il est probable qu'Hertzberg, dont le mérite réel n'égalait pas la vanité, s'était fait un point d'honneur de s'écarter des voies du grand Frédéric, regardait au fond les provinces patriotes comme des rebelles qu'il voulait faire rentrer dans le devoir, et auxquelles il fallait faire entendre le langage comminatoire plutôt que celui de la conciliation. Il est également probable que c'est sur ces principes qu'il prescrivit au comte de Goërtz la conduite qu'il devait tenir en Hollande, et rédigea ses instructions, auxquelles celui-ci se conforma avec la plus grande exactitude.

Avec un pareil guide, il ne pouvait faire que des fautes : ainsi le prétendu conciliateur se livra sur-le-champ au chevalier Harris (aujourd'hui lord Malmesbury), homme aimable et séduisant, mais ennemi décidé de la France, ennemi des républicains hollandais, par la seule raison qu'ils étaient protégés par elle, âme et appui du parti stathoudérien; par la seule raison que ce parti lui était diamétralement opposé. Ce sentiment d'aversion contre la France était donc le régulateur de toutes ses affections; indifférent, au fond de son âme, entre les deux partis qui divisaient la république, il se serait infailliblement réuni aux patriotes contre le stathouder, si ceux-ci lui avaient laissé l'espérance de le seconder dans ses sentimens contre la France, et de se conduire par son impulsion : du reste, fécond en ressources et très indifférent sur le choix de ses moyens. Tel était le chevalier Harris, devenu le confident et le conseil du comte de Goërtz. Il s'abstint de toute liaison avec les patriotes, pour se livrer aux stathoudériens exclusivement; et si, en arrivant, il avait fait une visite au grand-pensionnaire, c'avait été une simple visite commandée par l'étiquette, et depuis ce temps il n'y était pas retourné. Son langage était sans mesure, et il se rendait tellement propres les intérêts du prince, et les liait tellement à l'honneur de la Prusse, qu'il traitait d'insulte faite au roi la résolution qui suspendait Guillaume V dans ses fonctions de capitaine-général de la province de Hollande. Ainsi, pendant long-temps, sa présence en Hollande ne produisit d'autre effet que d'embrouiller les affaires de plus en plus.

Si la cour de Berlin fût restée simple spectatrice, ou que son intervention, dépouillée de tout esprit de partialité, se fût bornée, envers le prince, à une déclaration qu'on l'appuierait puissamment dans le cas où il serait attaqué dans les prérogatives du stathoudérat accordées par la constitution et reconnues par sa commission, mais qu'on l'abandonnerait à lui-même dans toutes les prétentions abusives qui n'avaient en leur faveur qu'un usage plus ou moins ancien, il est certain que les choses se seraient arrangées d'elles-mêmes par le besoin général du repos, et l'insuffisance des moyens qui restaient au stathouder pour le troubler.

En effet, la province de Hollande avait à sa disposition les troupes à sa répartition. Le prince avait reçu des provinces de Frise, Groningue, Over-Yssel, et même de la Zélande, défense d'employer les leurs contre les citoyens de la république ; en sorte qu'il ne pouvait disposer que de celles de la Gueldre et de l'Utrecht ; encore est-il à remarquer, par rapport à cette dernière province, que, depuis la scission des états, et l'établissement des ordres du clergé et de la noblesse à Amersfort, la ville d'Utrecht avait fermé sa caisse et ne payait plus les troupes de la province ; et comme elle contribuait aux dépenses publiques à raison de 80 pour 100, le fardeau retombait en entier sur ces ordres et sur la ville d'Amersfort, qui devaient bientôt se trouver dans la nécessité de licencier ces régimens, faute de moyens pour les solder.

L'armée stathoudérienne, ainsi réduite aux régimens gueldrois, ne s'élevait pas à plus de quatre à cinq mille hommes, et ne pouvait balancer un instant la force de la province de

Hollande, dont les troupes étaient encore fortifiées par de nombreux corps francs. Guillaume aurait pu fonder quelques espérances sur les régimens suisses qui se trouvaient au service de la république, et lui auraient fourni d'excellentes troupes ; mais les patriotes avaient prévu le cas, et, à la sollicitation de la France, le canton de Berne, auquel appartenait la plus grande partie de ces corps, voulut qu'ils restassent neutres dans la querelle ; et, en leur ordonnant de n'obéir qu'aux états-généraux, et non à ceux d'une province en particulier, il leur défendit d'agir dans les dissensions intérieures de la république. Dès-lors ils ne purent être considérés comme un appui du stathouder et de son parti.

Guillaume, de son côté, avait cherché à diminuer les forces de la province de Hollande, en faisant licencier la légion de Salm. Quelques mois auparavant, l'esprit d'économie avait porté la Hollande à demander le licenciement d'un certain nombre de légions étrangères qui étaient au service de la république, parmi lesquelles était celle de Maillebois, et cette réforme n'avait souffert aucune difficulté ; mais on avait fait une exception en faveur de la légion de Salm, ouvertement déclarée pour le parti républicain. Guillaume, qui n'ignorait pas ces dispositions, revint contre l'exception, demanda qu'elle fût réformée comme les autres, et les états-généraux accueillirent cette demande. Mais comme les quatre cinquièmes de ce corps se trouvaient à la répartition de la Hollande, elle les conserva à sa solde, et la réforme ne put tomber que sur l'autre cinquième. Ainsi la somme des forces, de l'un et de l'autre côté, restait toujours sensiblement dans le même rapport, et la cause stathoudérienne ne pouvait réussir si la Prusse ne l'appuyait par des moyens violens. De là tous les efforts pour égarer la cour de Berlin par des rapports infidèles, exagérés ou atténués, et le soin de confondre perpétuellement les prérogatives accidentelles, révocables à la volonté de la Hollande, mais que Guillaume voulait conserver avec les prérogatives constitutionnelles et véritablement inhérentes à sa dignité; que les républicains ne songeaient pas à détruire. Hertzberg, qui paraît avoir bien peu connu la constitution hollandaise, croyait fermement que toutes ces prérogatives, sans exception, appartenaient également à l'essence du stathoudérat; et il avait tellement inculqué cette idée au comte de Goërtz, que celui-ci, de très bonne foi, demandait si on pensait que le grand Frédéric eût jamais consenti à donner une princesse de Prusse en mariage à un simple stathouder de Hollande, si l'autorité de celui-ci n'avait pas été relevée par le privilége résultant du réglement de 1674.

Il était absolument impossible que la cour de Berlin, en restant ainsi dans l'extrême, pût jamais amener les choses à des termes de conciliation. Il fallait négocier avec Utrecht, qui, après l'abolition du réglement de 1674, s'était mise en état de défense, sur l'avis que le prince songeait à le rétablir par la voie des armes, et avec Amersfort, où le prince avait envoyé deux régimens pour protéger l'ordre équestre et l'ordre du clergé, qui s'y étaient retirés. On consentait bien, de part et d'autre, à renvoyer le même jour, Amersfort ses régimens, et Utrecht les corps francs, qui avaient accouru en foule à sa défense; mais Amersfort exigeait, pour second point préliminaire, et avant d'entamer aucune discussion, qu'Utrecht déposât ses nouveaux magistrats, et cette ville s'y refusait absolument.

Il fallait négocier avec la province de Hollande sur le commandement de la Haye et le réglement de 1674, et encore sur un autre point extrêmement délicat. Le prince, dans des écrits adressés aux états de Hollande mêmes, avait solennellement déclaré qu'il regardait comme *illégales* et *non avenues* les résolutions prises contre lui. Ces résolutions étaient en règle, puisque une résolution supposait nécessairement la majorité, et d'ailleurs on a vu que quelques-unes avaient passé à l'unanimité des villes, et beaucoup d'autres à la majorité de seize contre deux. Ainsi le prince, en frappant de nullité les résolutions du souverain par un acte simple de sa volonté propre, remettait évidemment en problème la souveraineté de la province de Hollande, ou se plaçait au-dessus d'elle. Les états étaient violemment irrités de cette injurieuse déclaration, et paraissaient déterminés à n'entendre aucune proposition, si le prince ne s'expliquait pas nettement sur ce point par une reconnaissance expresse de la souveraineté de la province. L'affaire était d'autant plus grave, qu'elle avait été précédée par celle des malheureuses villes d'Elbourg et Hattem, dont le souvenir, sans cesse rappelé par les secours journaliers que la Hollande fournissait à ses habitans, soulevait la république entière d'indignation. Mais, d'un autre côté, comment espérer de ployer à une démarche humiliante pour son amour-propre un prince qui, jusqu'alors, n'avait admis aucun tempérament sur aucun des points en contestation?

Stathoudériens et républicains, tous étaient dans un mouvement perpétuel; les propositions se succédaient avec autant de rapidité que peu d'effet. Les régens de Gueldre montraient quelques dispositions à s'entendre sur le réglement. Chacun d'eux, pris en particulier, convenait franchement qu'il était radicalement vicieux; mais lorsqu'ils étaient rassemblés, l'inflexibilité connue de Guillaume les arrêtait; aucun n'osait faire la première proposition, pour ne pas attirer sur sa tête le courroux d'un prince dont leur fortune actuelle dépendait entièrement.

La confusion s'augmentait encore par la position singulière des états-généraux. La Hollande, l'Over-Yssel et la Groningue formaient un parti. La Gueldre, la Frise et la Zélande soutenaient le stathouder. C'étaient donc trois voix contre trois. Restait la province d'Utrecht, qui aurait mis la majorité d'un côté ou de l'autre; mais cette province n'avait plus d'états ni à Amersfort, où se trouvaient les deux ordres, sans les députations de la majorité des villes, ni dans Utrecht, où se trouvait la majorité des députations des villes, mais sans les deux ordres. La députation de la province aux états-généraux n'était donc plus légitime, puisque les états, source de ses pouvoirs, avaient cessé d'exister; et dans le fond, tout ce qui se faisait aux états-généraux ne présentait plus de régularité. Cependant, par un abus que la Hollande négligea trop, on continua de compter la voix d'Utrecht, qui, formée de députés nommés par les anciens régens, se réunissait toujours à la Gueldre, et mettait la majorité du côté du prince.

Cette excessive complication formait un dédale vraiment inextricable, et ne présentait aucun fil pour en trouver l'issue. L'intervention de la Prusse, égarée par ses préjugés, conduisait droit à un bouleversement général; et l'Angleterre, par le ministère du chevalier Harris, accélérait le moment de la catastrophe.

La France ne pouvait se cacher que son alliance avec la république était destinée à ne plus devenir qu'un mot vide de sens, au moment où les républicains succomberaient dans leurs efforts pour le maintien de la liberté. Elle ne pouvait non plus ignorer que l'influence prussienne en Hollande, si elle était calculée de manière à n'être qu'un instrument entre les mains du stathouder contre les patriotes, lui deviendrait aussi funeste que celle de l'Angleterre. Elle sentit donc combien il était nécessaire de traiter elle-même directement les affaires de Hollande avec le ministère de Berlin, de le guérir de ses préjugés, en l'éclairant sur les faits, et de travailler de concert à rendre la paix à la république, et à rétablir la concorde entre les deux partis, sans demander au prince d'autres sacrifices que ceux qui seraient exigés par la raison, la justice et la nature de la constitution.

Le comte d'Esterno, ministre de France à Berlin, fut chargé d'ouvrir et de suivre cette opération : dans le même temps, le cabinet de Versailles envoya à la Haye un ministre extraordinaire, avec des pouvoirs fort étendus, pour soulager l'ambassadeur accablé par les travaux d'une mission qui devenait plus épineuse de jour en jour ; car telles étaient la nature et la complication des affaires, que, prenant une face nouvelle à chaque nouvel événement, elles ne présentaient plus aucun point fixe sur lequel il fût possible d'asseoir une négociation ; en sorte qu'il ne restait plus qu'à s'abandonner aux événemens, et aller, pour ainsi dire, au jour le jour. Le choix du comte de Vergennes se fixa sur Rayneval, qui remplissait depuis long-temps, et avec une grande distinction, la place très importante alors de chef de bureau ou premier commis des affaires étrangères ; et qui avait mérité et obtenu toute la confiance du ministre.

1787.

La cour de Berlin reçut tous les éclaircissemens que le comte d'Esterno avait ordre de lui communiquer, et dès-lors elle parut changer de système. Plus éclairée, elle abandonna le ton absolu et comminatoire, montra des dispositions pour admettre le concours de la France dans l'œuvre de la conciliation, et ne pas rejeter sans distinction toutes les demandes des républicains, et envoya des instructions beaucoup plus modérées au comte de Goërtz, qui, de son côté, apporta les mêmes modifications dans son plan de conduite politique.

On commençait donc à se rapprocher ; c'était déjà un pas vers la conciliation. Les propositions du parti républicain portaient particulièrement sur le droit de patentes, sur le réglement de 1674, sur le commandement de la Haye. Les patriotes ne songeaient aucunement à détruire le stathoudérat; ils voulaient seulement le réduire aux seuls priviléges qui lui étaient accordés par la commission. Or, cette commission, disaient-ils, n'emporte ni le commandement, ni les patentes, ni le réglement, qui sont des prérogatives tellement accidentelles, qu'elles n'ont été accordées que par des résolutions particulières, avec la clause expresse que le stathouder en jouirait seule-

ment *sous le bon plaisir des états.* Cette clause
les rendait donc révocables à la volonté des
états. C'était ainsi que Guillaume IV en avait
joui, lorsque le stathoudérat lui fut conféré
sous la forme héréditaire; et, lorsque son fils
lui succéda, sa commission portait qu'il exerçait sa charge sur le même pied qu'elle l'avait
été par ses ancêtres. Ces prérogatives n'appartenaient donc pas à l'essence du stathoudérat,
comme le prétendait Guillaume V; et le prétexte qu'il en était responsable envers ses enfans, n'était imaginé que pour donner un motif
plausible à son opiniâtreté et déguiser les vues
de son ambition.

Cependant l'amour de la paix aurait déterminé les patriotes à chercher des formes propres
à ne pas heurter violemment l'amour-propre
du prince; ainsi ils consentaient à une grande
modification, à la question du commandement
de la garnison de la Haye, en le séparant en
deux : l'un politique, qui aurait exclusivement appartenu au souverain; l'autre purement militaire, qui serait resté, comme auparavant, au capitaine-général. Ils se seraient
également relâchés sur le réglement de 1674,
dont ils consentaient à conserver tous les articles qui ne portaient aucune atteinte à l'entière
liberté des villes dans le choix de leurs magis-

trats : et certes, le stathoudérat héréditaire, ainsi dépouillé de ses abus, et réduit aux simples termes de la commission, était encore une dignité assez importante dans la république pour qu'un prince de Nassau ne se crût pas déshonoré de l'occuper.

Cette doctrine était pleine de raison; elle était conservatrice de la constitution, dont les républicains ne voulaient pas permettre que le dépôt fût violé entre leurs mains; elle rendait à la nation des droits imprescriptibles qu'il était important de ne pas remettre en problème ; elle laissait absolument intacts tous ceux dont la constitution avait composé l'essence du stathoudérat ; en élevant en même temps une barrière suffisante contre les attentats du despotisme sur la liberté, elle montrait dans tout son jour la pureté des intentions du parti républicain, qui, en réduisant toute la contestation à un petit nombre de propositions aussi simples et aussi modérées, prouvait assez clairement que sa marche n'avait été tracée que par le véritable intérêt de la chose publique, et sans aucun mélange de considérations personnelles ou d'animosité particulière contre le chef de la maison d'Orange.

Le comte de Goërtz n'était plus enchaîné par les instructions vicieuses qu'il avait reçues à son départ de Berlin. Libre désormais de traiter avec les patriotes, d'écouter leurs propositions, de les peser dans la balance de l'équité et de s'abandonner à la rectitude de ses idées, rien ne pouvait lui être plus agréable que de trouver, dans les chefs du parti républicain, une disposition si prochaine et si franche à la conciliation. Leurs propositions lui parurent raisonnables et présenter des bases sur lesquelles on pouvait opérer avec quelque espérance de succès ; son amour-propre était flatté de l'idée qu'une grande république et une maison chère à son roi pourraient lui devoir bientôt leur tranquillité et leur harmonie, et cet amour-propre était sans doute celui d'un homme vertueux.

Dans cette espérance il partit pour Nimègue, et rendit compte de l'état des choses et des conditions dont les états de Hollande faisaient dépendre le retour à l'ordre et à la réconciliation sincère de tous les partis. Jamais les amis de la république ne s'étaient crus si près d'un dénouement heureux, et jamais leur vœu ne fut trompé d'une manière plus étrange et plus péremptoire. Guillaume V se refusa entièrement aux termes d'accommodement qui lui étaient présentés; il exigea que les états de Hollande reconnussent leurs erreurs, qu'ils le réintégrassent préliminairement, et sans aucune condition, dans sa charge de capitaine-général et dans le commandement indéfini de la garnison de la Haye; après quoi, disait-il, il s'occuperait des moyens de rétablir le calme dans la république. C'était le langage d'un maître qui veut châtier des sujets mutins, et les punir de leur esprit d'indiscipline et de rebellion.

Ce qu'il y eut de particulier, c'est que cette déclaration ne fut point livrée au comte de Goërtz, dans un acte diplomatique signé par le prince; elle fut énoncée dans une lettre que la princesse écrivit à ce ministre, comme si Guillaume avait craint de mettre sa signature au bas d'une pièce aussi extraordinaire, destinée à paraître sous les yeux du roi de Prusse, son protecteur, qui l'exhortait lui-même à une prompte conciliation. Quoi qu'il en soit, le comte de Goërtz envoya l'original de cette réponse à la Haye, et ne tarda pas à retourner à Berlin. De son côté, le négociateur français, Rayneval, dont l'opiniâtreté du stathouder détruisait les espérances et rendait la mission sans objet, quitta la Hollande pour aller rendre compte à Versailles du peu de succès de ses travaux. Ceci se passait au commencement de l'année 1787.

Il était impossible que Guillaume comptât

sur la soumission du parti républicain ; et les
patriotes s'attendaient à le voir déployer les
moyens de violence à la première occasion. Ils
se trouvaient donc dans un état de guerre imminent, et devaient préparer aussi leurs moyens
de défense.

S'ils avaient été en majorité aux états-généraux, ils étaient hors de tout danger ; mais
ils avaient trop négligé les moyens de la gagner,
et s'étaient trop reposés sur la force et la richesse de la province de Hollande, dont ils
croyaient le concours seul capable de donner
de l'efficacité aux résolutions des états-généraux ; ce qui n'était vrai que jusqu'à un certain
point. Cet objet devait les occuper fortement.

Il fallait, en second lieu, que leur majorité
aux états de Hollande devînt imperturbable
dans tous les cas. On a vu plus haut que, dans
certaines circonstances graves, elle avait été
de seize contre trois ; mais il arrivait souvent
qu'elle tombait à dix contre neuf, et cet état
était fort précaire. La défection d'une seule
petite ville suffisait pour les mettre en minorité, et ils en avaient l'exemple récent. Ils ne
pouvaient s'affranchir de ces craintes que par
quelque grande opération qui réunît à peu
près toutes les régences dans les mêmes sentimens.

La bourgeoisie était très patriote à Amsterdam; elle l'était devenue à Roterdam, par l'exclusion d'un grand nombre d'individus que des circonstances extraordinaires y avaient autrefois introduits, mais qui n'avaient pas les qualités requises par les réglemens pour y rester. Dans l'une et l'autre de ces villes, les régens stathoudériens étaient en majorité, et c'est cette funeste majorité qu'il était indispensable de détruire, si on ne voulait pas exposer le parti républicain à une ruine certaine. On y parvint par une espèce de révolution qui mérite quelques détails.

La bourgeoisie d'Amsterdam était, depuis long-temps, assez régulièrement organisée; une grande partie armée et divisée en plusieurs corps, dont chacun avait son état-major, ses officiers, etc., c'étaient là les instrumens naturels de la révolution projetée, que les circonstances rendaient extrêmement urgente. Voici en effet ce qui s'était passé.

La ville de Harlem avait porté aux états de Hollande une proposition dont le but était d'examiner s'il ne convenait pas d'accorder au peuple un certain degré d'influence dans les affaires, et, cette proposition étant adoptée par une majorité faible, on avait décidé de former une commission pour s'occuper de cette question. L'aristocratie fut effrayée ; mais la bourgeoisie d'Amsterdam entra avec chaleur dans cette mesure, et demanda hautement à la régence de se former promptement en assemblée pour délibérer sur les mesures relatives à cette commission. La bourgeoisie, simple et franche dans ses procédés, fut complétement jouée par ceux de ses régens voués à la cour stathoudérienne, et consommés dans l'usage de la plus profonde intrigue.

Il leur importait beaucoup d'éluder cette assemblée, dans laquelle ils craignaient de se voir entraînés plus loin qu'ils n'auraient voulu. Ils en représentèrent l'inutilité à la bourgeoisie, et, avec l'apparence de la candeur et d'un entier abandon, ils la prièrent de nommer elle-même celui des régens qu'elle désirait pour député à la commission, en promettant solennellement de faire adopter son choix au conseil. La bourgeoisie calmée demanda un membre quelconque de la minorité du conseil, sans désigner personne en particulier. Alors les régens lui proposèrent M. Abbema [*], qu'ils savaient lui être extrêmement agréable, et le conseil confirma immédiatement cette nomination. La bourgeoisie dès-lors cessa d'insister sur l'assemblée.

[*] C'est lui que nous avons vu depuis à Paris.

Cependant les régens eurent bientôt détruit d'une main ce qu'ils avaient donné de l'autre. Ils envoyèrent à la Haye trois nouveaux députés aux états de Hollande, pour s'adjoindre aux deux qui formaient la députation ordinaire. Ces trois nouveaux étaient MM. Muilman, Munter et Van-der-Goes, tous stathoudériens déterminés; en sorte que, le suffrage d'Amsterdam se trouvant alors composé de cinq voix, les régens en étaient absolument les maîtres. Les trois reçurent l'instruction de se réunir aux deux anciens dans la demande de M. Abbema pour membre de la commission; mais, sur tout le reste, d'opiner avec l'ordre équestre.

Les états étant assemblés et la délibération ouverte, Dort et Harlem demandèrent d'abord que la commission fût restreinte à sept ou neuf membres, qu'on choisirait parmi les personnages les plus distingués par leur sagesse et leurs lumières; et sur-le-champ le corps des nobles ouvrit l'avis que chaque ville fournît un commissaire, ainsi que l'ordre équestre. On alla aux voix, et, la ville d'Amsterdam se rangeant du côté des nobles, ainsi que les neuf villes qui opinaient habituellement avec eux, leur avis se trouva appuyé par une majorité de dix contre neuf. La même chose arriva quand il fallut choisir le commissaire de chaque ville en particulier. Les nobles proposèrent d'abord M. Abbema pour la ville d'Amsterdam, comme ils en étaient convenus, sans doute, avec les trois nouveaux députés; autrement, ce n'est sûrement pas sur lui qu'ils auraient jeté les yeux; mais les dix-huit autres furent choisis d'une manière tout-à-fait extravagante et dérisoire. C'étaient des stathoudériens fougueux et tellement connus par leur incapacité, qu'il était impossible d'en espérer un travail et un rapport quelconque sur cette matière.

L'astuce des régens d'Amsterdam produisit ainsi deux effets au lieu d'un. La proposition importante de la ville de Harlem resta éludée par le fait, et les patriotes retombèrent en minorité aux états; deux maux qui exigeaient un prompt remède.

Le moment était favorable. La bourgeoisie depuis quelque temps se choisissait, à l'exemple d'Utrecht, un certain nombre de constitués chargés de faire valoir ses droits auprès du conseil, et de donner à son influence une action plus simple et moins embarrassante. Les nominations venaient de se terminer. Des cinq colonels qui commandaient la bourgeoisie armée, celui qui se trouvait en exercice était sincèrement dévoué à la cause de la liberté, et les quatre autres, sur qui s'étaient élevés quelques soupçons, cherchaient à les dissiper. Il ne s'agissait donc plus que d'imprimer le premier mouvement à cette grande machine pour arriver à la réforme du conseil. Les choses étaient également prêtes à Roterdam; et telle était la liaison des affaires entre ces deux villes, que l'exemple de l'une entraînait l'autre immédiatement et presque nécessairement.

Mais qui des deux devait donner l'exemple à l'autre? Ce qui nous paraît si simple aujourd'hui, parce que ces événemens sont loin de nous, se montrait alors hérissé de difficultés de toute espèce à des gens qui allaient livrer leur sûreté personnelle au hasard. La réflexion, en leur découvrant, et sûrement aussi en leur exagérant les dangers de l'entreprise, était ingénieuse à leur fournir des raisons pour attendre l'exemple et non pour le donner. Il en résultait une indécision funeste, et le temps, si précieux dans les circonstances décisives, s'écoulait dans des discussions aussi longues qu'inutiles, au milieu desquelles l'occasion pouvait s'échapper pour ne plus reparaître de long-temps.

Enfin, après bien des irrésolutions, Amsterdam prit son parti. Dès le 3 avril, la bourgeoisie, indignée d'avoir été trompée par ses régens dans l'affaire qui vient d'être détaillée, présenta une requête au conseil pour demander : 1° le rappel immédiat des trois nouveaux députés aux états, Muilman, Munter et Van-der-Goes, comme ayant trahi le vœu général de la ville d'Amsterdam; 2° que les députés restans, Van-Berkel et Visscher, fussent chargés, à la prochaine assemblée des états, de désavouer la conduite de ces trois députés; 3° enfin la faculté d'intenter procès, en temps et lieu à ces mêmes députés, comme coupables d'infidélité; et leur exclusion pour toujours de la députation d'Amsterdam aux états de Hollande.

La régence n'avait osé refuser aucun de ces trois points; elle avait pris une résolution en conséquence; et avait confirmé ce principe, que les succès de l'intrigue et de la mauvaise foi ne sont que des succès passagers, qui tournent ensuite contre ceux qui ont eu le triste courage d'employer ces odieux moyens.

Ce triomphe de la bourgeoisie avait rendu aux patriotes la majorité aux états de Hollande, et démontré encore mieux la nécessité urgente de l'assurer de manière que les efforts de l'intrigue ne pussent plus la compromettre à l'avenir. Les conférences secrètes se continuèrent sans interruption; la nuit comme le jour, tout était en mouvement : et comme cette affaire était celle de tous les amis de la liberté, les plus distingués des autres villes étaient accourus à Amsterdam pour aider leurs frères de leurs lumières et de leurs conseils. Les sociétés bourgeoises, qui s'étaient formées dans ces temps, restaient perpétuellement assemblées ; tous les avis qui s'y ouvraient y étaient scrupuleusement discutés; et, après avoir examiné tous les cas possibles, et le parti à prendre dans chacun d'eux, il fut enfin décidé, dans la soirée du 20 avril, que la grande opération s'exécuterait le lendemain.

A la veille d'une crise aussi importante, on imagine bien que personne ne ferma les yeux pendant la nuit, et ce fut un bonheur. Immédiatement après la décision, le conseil de guerre, sur qui devait rouler la partie la plus importante de l'ouvrage, ne se trouvait pas d'accord. Dans le grand nombre d'officiers qui le formaient, plusieurs manquaient de fermeté, et peut-être même n'étaient pas intérieurement dans des dispositions parfaitement bonnes. Il en résultait un flottement d'opinions extrêmement dangereux dans une circonstance aussi grave, et où chaque instant était d'un grand prix. Ce balancement dura toute la nuit, et faisait déjà craindre qu'on ne fût obligé de différer encore de deux jours, délai qui aurait éminemment compromis le succès de la révolution, non-seulement à Amsterdam, mais encore à Roterdam; et ce ne fut que dans la matinée que les sociétés bourgeoises parvinrent à terminer les incertitudes du conseil de guerre, et établir l'unité de plan et d'idées dans tous les esprits.

Rien n'arrêtait plus, et, dans cette même matinée du 21 avril, à onze heures, toutes les compagnies de la bourgeoisie furent rassemblées dans leurs quartiers ordinaires d'assemblée, tandis que six d'entre elles vinrent prendre poste à l'hôtel-de-ville. Le conseil de révision était assemblé, et jusqu'à deux heures de l'après-midi, aucune pétition de la part de la bourgeoisie ne lui avait été présentée; car il paraît que, les têtes étant fortement échauffées dans ce moment décisif, on n'était pas encore parvenu à s'entendre avec facilité. Le conseil songeait donc à se séparer et se disposait à sortir. Les régens furent très respectueusement priés de vouloir bien rentrer pour quelques instans, ce qu'ils firent sans humeur ni difficulté. Bientôt après, la députation bourgeoise, s'étant présentée, fut admise, et remit à M. Hooft une requête imprimée, par laquelle elle demandait la cassation de neuf conseillers, savoir : MM. Fr. Allewin, Dedel, Graafland, Beels, Muilman, Munter, Calkoen, Van-der-Goes et Lampsens.

La députation se retira, et le conseil entama une délibération qui dura deux heures. Pendant ce temps, on fit à haute voix lecture de la requête à chacune des compagnies bourgeoises en particulier, et toutes, sans exception, l'accueillirent avec une acclamation générale et le cri universel de *houzzée*, trois fois répété. On peut donc dire que jamais le vœu de la ville d'Amsterdam n'avait été exprimé d'une manière moins équivoque ni plus étendue. Les acclamations retentissaient de toutes parts, et surtout sous les fenêtres du conseil, qui, après avoir terminé ses délibérations, fit connaître à la bourgeoisie que la loi ne lui permettait pas de prononcer les destitutions qu'elle demandait, mais que sa requête était insérée au régistre. La bourgeoisie, peu satisfaite, insista de nouveau, et le conseil, délibérant de nouveau, arrêta que « ceux des » conseillers qui ne sont pas déclarés déchus » de leur poste, travailleraient, de concert » avec le conseil de guerre et la bourgeoisie, à » procurer la tranquillité de la ville et avan-

» cer la bonne cause. » C'est ici l'expression textuelle de la résolution. Elle satisfit tous les esprits ; la ville fut dans l'ivresse de la joie. M. Hooft, vieillard respectable, fut reconduit jusqu'à la maison par une foule immense de gens de toute espèce, et même par cette populace dont on craignait tant, et qui montra des dispositions bien meilleures qu'on n'avait osé l'espérer. On expédia sur-le-champ des exprès de tous les côtés, en Hollande, en Groningue, en Over-Yssel, et même en Gueldre à M. Capellen, pour y répandre promptement la nouvelle de ce grand événement. Quelques jours après, la révolution se compléta par le remplacement de neuf conseillers éliminés.

La scène d'Amsterdam, du 21, se répéta deux jours après à Roterdam. Nous n'en donnerons pas les détails, qui furent à peu près les mêmes qu'à Amsterdam, avec cette seule différence que la réforme du conseil ne tomba que sur sept membres, et que la pétition de la bourgeoisie fut pour les magistrats un coup de foudre auquel nul d'entre eux n'était préparé. Ils n'avaient pris aucune mesure de défense ; la populace, très turbulente en général, et très facile à remuer en faveur de l'autorité stathoudérienne, n'avait point été travaillée d'avance, parce qu'on ne comptait pas en avoir un aussi prompt besoin ; de sorte que la tranquillité la plus profonde régna toute cette journée dans Roterdam. Les sept magistrats étaient déposés ; ils étaient remplacés, et tout, en un mot, était consommé, tandis que des quartiers entiers de la ville ignoraient encore qu'il se fût rien passé au conseil.

Peut-être jugera-t-on que nous attachons une trop grande importance à un événement aussi petit, en apparence, que celui de la rémotion de sept magistrats remplacés par sept autres : on se tromperait. Ces révolutions dans les magistratures étaient de grands événemens dans l'histoire de la révolution totale, qui elle-même, si le succès l'avait couronnée, aurait puissamment influé sur les affaires générales de l'Europe. Pour mettre le lecteur en état d'apprécier ces faits à leur juste valeur, nous placerons ici, sur la position politique de Roterdam, quelques notions concises qui jetteront de nouvelles lumières sur sa révolution, ainsi que sur celle d'Amsterdam, et pourront s'appliquer également à celles qui suivirent dans quelques autres villes, et que nous ne ferons plus qu'indiquer.

Roterdam, comme toutes les villes de la province de Hollande, était gouvernée par un conseil de régence et un collége de bourgmestres et échevins. Le conseil s'occupait des intérêts de la ville dans ses rapports avec les états de Hollande, nommait par conséquent les députés à leur assemblée, recevait tous les rapports de cette députation, etc., ce qui le rendait maître de la voix de la ville : c'est aussi lui qui, de concert avec le stathouder, nommait aux places d'échevins et de bourgmestres. Le collège de ceux-ci gouvernait la bourgeoisie, réglait toutes ses démarches, convoquait toutes ses assemblées, etc.; de sorte qu'elle avait indispensablement besoin de son attache dans toutes les opérations qu'elle voulait faire en corps. Elle ne pouvait se promettre de travailler utilement à la cause de la liberté avec un collège dont les membres auraient été choisis par le stathouder et le conseil, et sa bonne volonté paraissait devoir être enchaînée à jamais. Le collège se renouvelait chaque année au 1er mai. L'année précédente, la bourgeoisie, résolue de s'affranchir de cette servitude, revendiqua ses anciens droits de choisir elle-même ses magistrats; mais, n'osant pas les exercer dans ce moment où elle aurait trouvé une opposition très forte, elle déféra très sagement ces nominations aux états mêmes, qui remplirent ses vues en lui donnant un collège d'échevins et bourgmestres composé de patriotes purs, et ces choix n'essuyèrent aucune réclamation, car il fallait bien respecter l'autorité qui les avait faits. Le nouveau collége protégea vraiment et efficacement la bourgeoisie, la débarrassa, par de bons et sages réglemens, de tous les élémens impurs qu'elle renfermait encore, se mit à sa tête, et, se réunissant à la minorité du conseil, prépara les voies, et donna enfin le mouvement à la révolution que nous venons d'esquisser.

On était au 23 avril, et, si le renouvellement de ce collége, qui devait avoir lieu au 1er mai, eût été livré au conseil tel qu'il était auparavant, il aurait été infailliblement rempli par des membres dévoués à la cause stathoudérienne; la bourgeoisie serait tombée dans son impuissance première, et la révolution devenait impraticable.

Mais un conseil épuré, comme il le fut dans cette journée, donnait des magistrats aussi purs au collége des bourgmestres et échevins, envoyait à la Haye une députation républicaine, ajoutait, dans l'assemblée, un suffrage important au parti des patriotes contre celui du stathouder, décidait irrévocablement la majorité en faveur des premiers, et assurait le succès de la grande révolution autant qu'il pouvait dépendre de la province de Hollande. Voilà comment l'exclusion de sept membres du conseil de régence, et leur remplacement par sept autres, était devenu un événement très important et singulièrement remarquable aux yeux de ceux qui se donneront la peine de comparer la grande étendue des effets à la simplicité du moyen.

Le premier usage que fit de son pouvoir le conseil régénéré de Roterdam, fut l'envoi d'une nouvelle députation à la Haye, et son admission à l'assemblée des états rendit la séance extrêmement orageuse. L'ancienne députation, jugeant illégal ce qui s'était fait dans sa ville, était restée à la Haye, et avait pris poste à la salle des états, une heure avant l'ouverture de l'assemblée; en sorte que, tous les membres étant réunis, il se trouva deux députations de Roterdam. L'ancienne produisit sur-le-champ une adresse des conseillers destitués, dans laquelle ils dénonçaient la dernière opération de Roterdam comme entièrement contraire aux lois, et demandaient le rétablissement de l'ancien ordre des choses.

Cette adresse fut défendue au nom du corps des nobles par le comte de Roonne, qui parla avec beaucoup de chaleur, et conclut à ce que la requête fût admise, les conseillers rétablis et la nouvelle députation rejetée. Dort et Harlem opinèrent ensuite; mais dans un sens absolument opposé. Delft se rangea à l'avis du corps équestre, Leyde à celui de Dort et Harlem. Le tour d'Amsterdam était arrivé. Alors Van-Berkel se leva et prouva, dans un discours méthodique et lumineux, que l'orateur du corps des nobles s'était perpétuellement tenu hors de la véritable question. « La » constitution, disait-il, ne permet point aux » états des provinces d'entrer dans l'examen et » la discussion des affaires intérieures des vil- » les. Il se trouve en ce moment aux états de » Hollande deux députations de Roterdam. » Quelle est la véritable question pour l'assem- » blée? c'est de savoir si les lettres de créance » données aux nouveaux députés sont en bonne » forme ou non. Dans le second cas, on ne peut » les admettre; dans le premier, on ne peut les » refuser. Les états ne peuvent délibérer que » sur ce point, tout le reste leur est parfaite- » ment étranger; et la ville d'Amsterdam ne » souffrira pas qu'il s'introduise aux états une » nouvelle doctrine, en vertu de laquelle des » lettres de créance en bonne forme ne seraient » plus un titre suffisant pour l'admission des » députations aux états. » Sur cela Van-Berkel interpella le grand-pensionnaire, en le priant de déclarer si les lettres de créance des nouveaux députés étaient en règle. Le grand-pensionnaire, les ayant relues, les jugea en très bonne forme, et Van-Berkel opina pour l'admission des nouveaux députés sur cette seule raison. On continua de recueillir les voix. Gouda n'eut point d'avis, et, Roterdam ne pouvant en avoir, l'avis de Van-Berkel, en dernière analyse, fut soutenu par une majorité de neuf contre huit. Le grand-pensionnaire avait à peine conclu, que les débats se renouvelèrent avec fureur. Les nobles menaçaient de prendre *ad referendum* indistinctement tout ce qui serait désormais proposé aux états, et même de se retirer sur-le-champ de l'assemblée. La majorité, tranquille, les en laissa les maîtres, et ils restèrent; se contentant de prendre *ad referendum* l'affaire de la nouvelle députation.

Le lendemain la scène fut plus vive encore. La nouvelle députation prit place, mais on ne voulut pas permettre à l'ancienne de siéger avec elle; et, par pure condescendance, on lui permit de rester dans la salle, debout et hors de rang. Les délibérations commencèrent; et le grand-pensionnaire, après avoir recueilli les voix, et particulièrement celle de la nouvelle députation de Roterdam, allait conclure, lorsque le comte de Roonne, soutenu de M. de Maasdam, prit la parole et engagea une dispute violente, dans laquelle les nobles parlèrent d'un ton très élevé, très impérieux, et traitèrent le grand-pensionnaire avec une excessive légèreté, sur ce qu'il osait conclure et compter la voix de Roterdam, lorsque l'ordre équestre avait pris l'affaire de la nouvelle députation *ad referendum*. (Remarquons cependant que ce *referendum* n'avait été que l'avis de la minorité, que la réclamation des nobles était par conséquent inconstitutionnelle, et le grand-pensionnaire parfaitement en règle.)

Les clameurs redoublaient et ne promettaient pas à la discussion une fin prochaine, lorsque, le comte de Roonne s'abandonnant à tout l'emportement de son âge, et excédant les bornes de la décence, le grand-pensionnaire ne put conserver plus long-temps son calme habituel. Il se leva avec dignité, et lui adressant la parole : « Monsieur, lui dit-il, il » y a quinze ans que j'ai l'honneur de remplir » la place de grand-pensionnaire, et je crois » connaître mes devoirs : ce n'est pas un jeune » homme tel que vous* qui me les apprendra; » vous qui, depuis une heure, ne savez plus » ni ce que vous faites ni ce que vous dites. Je » dois conclure à la majorité, et je conclurai. » Effectivement, le grand-pensionnaire, à l'in-

---

* Le comte de Roonne avait alors de vingt-deux à vingt-trois ans.

stant même, laissa tomber le marteau *. On observa que le comte de Roonne pâlit à cette apostrophe, et fut tellement déconcerté par ce fatal coup de marteau, qu'il ne put se remettre de son trouble pendant tout le reste de l'assemblée.

Si cette séance fut si tumultueuse, si on y développa tant d'acharnement d'une part et tant de fermeté de l'autre, il ne faut pas s'en étonner, car elle était décisive pour les deux partis. Les stathoudériens avaient choisi ce jour même (25 avril) pour faire passer, à la faveur de la majorité sur laquelle ils comptaient, leurs propositions, qui consistaient à rappeler le stathouder à la Haye, lui rendre le commandement, etc., démettre d'autorité le grand-pensionnaire Bleeswick, et lui substituer Rendorp, bourgmestre d'Amsterdam. Par-là, les vociférations et la résistance de l'ordre équestre s'expliquent très naturellement : c'était un vrai jour de bataille ; et le chevalier Harris, avec lequel tout était concerté, comptait si fort sur le succès, que, huit jours d'avance, il avait préparé un grand bal pour célébrer cette victoire. Ce bal eut effectivement lieu : l'objet seul en était changé.

Tandis que le parti des républicains atta-

---

* C'est la forme qui annonçait la clôture de la délibération.

chait ainsi à la cause de la liberté la majorité des états de Hollande, des scènes beaucoup plus sérieuses étaient sur le point de s'ouvrir dans la province d'Utrecht. Les patriotes de Hollande avaient proposé la voie de la négociation pour terminer les affaires de la ville d'Utrecht; et les nobles, retirés à Amersfort, avaient paru saisir ce moyen. Ici la bonne foi républicaine fut encore trompée par l'esprit de domination; et les conférences qu'on avait ouvertes ne furent qu'un piége pour la surprendre, tandis qu'elles fournissaient aux stathoudériens tout le temps dont ils avaient besoin pour préparer des mesures sur l'effet desquelles ils comptaient beaucoup plus.

En effet, on sut que l'aristocratie d'Amersfort s'était mise en liaison avec celle de Gueldre et le prince stathouder, et que cette négociation se liait avec l'ancienne majorité du conseil d'Amsterdam : celle-ci avait laissé échapper des indices qui confirmaient les premiers soupçons. La ville d'Utrecht, immédiatement intéressée à la chose, avait les yeux extrêmement ouverts sur ce qui se tramait autour d'elle, et n'en laissait rien ignorer aux patriotes en Hollande : enfin, on sut que Guillaume avait expédié dix-sept courriers en un seul jour, et donné aux troupes de Gueldre et d'Utrecht l'ordre de se tenir prêtes à marcher. Ces mesures ne pouvaient manquer d'exciter une grande sensation, et le prince cherchait à en arrêter l'effet par tous les moyens qu'il pouvait imaginer : lettres ostensibles adressées au greffier Fagel, paragraphes insérés dans les papiers publics, etc., rien ne fut oublié de tout ce qui pouvait tranquilliser les bourgeois et endormir les patriotes dans une fausse sécurité.

Les avis d'Utrecht devenaient tous les jours plus inquiétans, et ils étaient fondés. Tandis que le parti républicain de Hollande continuait à négocier avec les régens aristocrates d'Utrecht, retirés à Amersfort, ceux-ci convenaient avec le prince des moyens d'attaquer Utrecht à force ouverte, et de s'en rendre les maîtres. Guillaume fit effectivement avancer des troupes. Son plan était de former un cordon entre celui du général Van-Ryssel et Utrecht, de manière à couper à cette ville toute communication avec la Hollande. Il suffisait, pour remplir ce plan, de faire occuper par des détachemens quelques points principaux, comme Maarsen ou Zuilen, Meeren et l'écluse Vreeswyk. Par la première de ces positions, on interceptait la communication avec Amsterdam; par la seconde, on la coupait avec Leyde et la Haye; par la troisième, on se rendait maître du Rhin et d'une écluse très importante, qui forme un des grands moyens de défense de la ville. Utrecht alors se trouvait comme bloquée, sans commerce, sans approvisionnemens, et bientôt elle aurait été forcée de capituler. Zuilen et Meeren étaient déjà occupés par de faibles détachemens. Tel était l'état des choses dans la matinée du 9 du mois de mai; elles devinrent infiniment plus graves dans l'après-midi.

Vers deux heures, on apprit à Utrecht qu'un bataillon du régiment d'Efferen était en marche vers l'écluse de Vreeswyk. Les régens d'Amersfort avaient ordonné d'y préparer les quartiers des soldats. Le conseil de la ville s'assembla sur-le-champ, et il fut résolu que, sans perdre un instant, on enverrait un détachement de trois cents bourgeois et auxiliaires, pour défendre ce poste *. M. d'Averhoult, l'un des nouveaux régens de la ville, prit le commandement du détachement et se mit en marche.

Ce fut au village de Jutphaas qu'ils rencontrèrent le bataillon d'Efferen, qui se retira jusqu'à un petit bois, où il se plaça en embuscade, de manière à pouvoir mettre les

---

* Pour tous ces détails, *voyez* la carte de Zepp.

bourgeois entre deux feux. Ceux-ci avancèrent précédés de quelques chasseurs qui les avertirent du danger, au moment où ils n'étaient plus qu'à trente pas de l'ennemi. Il y eut alors, de la part du bataillon d'Efferen, deux décharges consécutives qui tuèrent quatre bourgeois, parmi lesquels M. Visscher, jeune homme de vingt ans, d'une grande espérance, aide-de-camp de M. d'Averhoult *. Les bourgeois, à leur tour, firent feu, et se comportèrent avec beaucoup de bravoure et de fermeté. L'action se passait à l'entrée de la nuit, et se soutint, de part et d'autre, jusqu'au moment où M. d'Averhoult put mettre en jeu trois petites pièces de campagne dont il avait eu soin de se munir. L'avantage dès-lors se décida de son côté : les troupes réglées plièrent ; on les poursuivit, et bientôt ce ne fut plus qu'une déroute générale, comme le témoigna le butin rapporté à Utrecht, qui consistait en trois drapeaux, douze caisses de quartier, quantité de gros et menu bagages, et deux cent quatre-vingts fusils, que les soldats, sans doute, avaient jetés pour se sauver plus aisément. Ils se dispersèrent de tous côtés, sans ordre ni ensemble ; quelques-uns se retirèrent vers Viane,

* Le même qui vint dans l'année même s'établir en France, et fut membre de l'assemblée législative.

où ils furent arrêtés par les troupes du cordon de Hollande. Ainsi ce bataillon, composé de huit compagnies, se trouva, dans l'espace de quelques heures, presque totalement désarmé et dissous. M. d'Averhoult se replia sur Jutphaas, où il passa le reste de la nuit; et le lendemain, à la pointe du jour, il alla s'emparer du poste de Vreeswyk.

Ces nouvelles arrivèrent à la Haye le 10 au matin, et il est vraiment impossible d'exprimer la sensation qu'elles y produisirent. C'étaient, d'un côté, les stathoudériens consternés de l'échec que des troupes réglées et aguerries venaient de recevoir de la part d'un corps de bourgeois qui voyait le feu pour la première fois, et commandé par un jeune magistrat, dont la carrière militaire se bornait à un an ou dix-huit mois de service rempli dans un temps de la plus profonde paix. C'était, de l'autre, la majorité des états de Hollande indignée de voir les scènes d'Elbourg et Hattem se renouveler avec plus de fureur encore, et déterminée à prendre enfin un grand parti en venant au secours d'Utrecht, et déployant tous les moyens que la circonstance demandait. Il est très vrai que la constitution ne permettait pas de faire marcher des troupes sur le territoire d'une autre province sans l'attache du souverain territorial; et les états de Hollande résolurent de déclarer aux états-généraux qu'ils reconnaissaient toute la vérité de ce principe, mais de déclarer en même temps qu'ils regardaient l'union comme rompue par l'hostilité commise contre le territoire d'Utrecht, et enfin d'enjoindre au général Van-Ryssel de suspendre sur-le-champ tout officier qui refuserait d'obéir aux ordres de la province de Hollande pour marcher au secours d'Utrecht. En sortant de l'assemblée, il fut expédié à ce général un courrier pour lui porter cette résolution.

Les annales de la république, en remontant même jusqu'à Guillaume Ier, n'offraient point l'exemple d'une démarche aussi extrême. Il faut présenter au lecteur les faits qui le mettront en état de prononcer lui-même sur la question de sa légitimité.

Le prince écrivait aux états-généraux que, sur la demande des états d'Utrecht, il faisait marcher des troupes pour s'opposer à une invasion dont la province était menacée. Ce qu'il appelait les états d'Utrecht, était cette assemblée d'Amersfort, composée, comme nous l'avons vu, d'une partie des nobles et du clergé, et privée du concours des villes formant la troisième voix aux états; car la présence des troupes ne laissait point de liberté aux suffrages d'Amersfort en particulier. C'était donc à peu près dix à douze individus que le prince regardait comme les représentans légitimes de la province entière. Ici, comme en Gueldre, à l'époque de l'expédition militaire sur Elbourg et Hattem, Guillaume enjoignait à ces représentans de lui ordonner de faire marcher des troupes. Une collusion aussi manifestement connue ne pouvait en imposer à personne, et les stathoudériens eux-mêmes ne s'y trompaient pas; mais il leur suffisait qu'une apparence de force couvrît l'irrégularité de la conduite du chef, et la rigueur constitutionnelle ne les embarrassait aucunement.

Mais, dans la supposition même où l'assemblée de quelques membres du clergé et de la noblesse aurait pu être regardée comme états légitimes, quand bien même elle aurait été dégagée de toute influence stathoudérienne, elle ne pouvait encore autoriser, par sa sanction, une entreprise militaire sur Vreeswyk en particulier. Ce district, en effet, formait une seigneurie appartenante en propre à la ville d'Utrecht. C'est à la ville d'Utrecht, exclusivement, qu'en appartenait la souveraineté territoriale; elle seule, par conséquent, avait le droit d'y envoyer ou pouvait permettre qu'on y envoyât des troupes; et les états, eussent-ils été légitimes et complets, ne pouvaient négliger son consentement sans violer, en même temps, l'acte d'union formé à Utrecht même en 1579, et dont l'article premier garantit les droits qui appartenaient à chaque ville en particulier.

Ainsi Guillaume, ou, si l'on veut, ce fantôme d'états assemblés à Amersfort, avait le premier rompu l'union par le fait, et les états de Hollande, en déclarant aux états-généraux qu'ils regardaient désormais cette union comme rompue, ne faisaient autre chose que d'exprimer, par une déclaration légale, ce que le parti stathoudérien venait d'exécuter par la violence, en foulant aux pieds un des articles fondamentaux de l'acte d'union.

Cette résolution prise et arrêtée, les états de Hollande la soutinrent par des mesures réelles. On jeta la légion de Salm dans Utrecht; il fut enjoint au général Van-Ryssel de donner aux différens régimens du cordon l'ordre de se tenir prêts à marcher au premier signal, et ici commença à se faire sentir le vice de la constitution militaire de la république, qui, par la suite, eut une influence bien funeste sur l'armée de la province de Hollande, et prépara les malheurs du parti républicain.

Ces régimens étaient, à la vérité, à la solde

de la province de Hollande, à laquelle ils étaient liés par serment; mais ils étaient également liés aux états-généraux par un serment qui ne leur permettait pas de servir contre une autre province sans un ordre particulier. Dans des temps de paix et de concorde, ces deux sermens se conciliaient d'eux-mêmes, puisque le souverain immédiat et les états-généraux, n'ayant qu'une seule volonté, ne pouvaient donner que les mêmes ordres. Le cas de la désunion des deux souverains n'était pas prévu; l'un pouvait défendre ce qui était ordonné par l'autre, et, entre ces ordres contradictoires, les régimens ne pouvaient savoir auquel ils devaient obéir.

Cependant la difficulté paraissait levée par la résolution qui déclarait l'union rompue, et la connaissance donnée à l'armée de cette résolution; mais chacun l'interpréta suivant la nature de ses opinions politiques : et, lorsque les uns se bornaient à présenter la religion du serment comme un obstacle dont ils demandaient simplement à être débarrassés pour pouvoir se conformer aux ordres de la province, d'autres alléguaient cette même religion pour refuser entièrement de se soumettre.

On ne put remédier à ce dangereux inconvénient que par la destitution subite et le remplacement de tous les officiers réfractaires, et en exigeant des régimens un serment nouveau qui les mettait à la disposition exclusive des états de Hollande. On ne négligea pas non plus d'encourager les officiers par quelque gratification extraordinaire, afin de les attacher davantage encore à leur devoir par la considération de leur intérêt personnel. Cette mesure, combinée avec l'acte de sévérité envers les officiers réfractaires, ne pouvait manquer de réussir, et, en effet, plusieurs d'entre eux marquèrent du repentir et témoignèrent le désir de rentrer au service. Il n'était plus temps; les états de Hollande, persévérant dans leur fermeté, se rendirent inexorables.

Toutes les mesures du parti stathoudérien se trouvaient déconcertées aux états-généraux, à ceux de Gueldre et à l'assemblée d'Amersfort. Il avait cru d'abord se rendre maître de la province de Hollande par la majorité qu'il s'était long-temps flatté d'obtenir, et cette majorité venait de lui échapper irrévocablement, par la révolution dans la magistrature d'Amsterdam et de Roterdam. Les émeutes populaires, son autre moyen, étaient comprimées partout; les mesures militaires n'avaient pas obtenu plus de succès. Depuis la déroute du bataillon d'Efferen, à l'affaire de Jutphaas, le prince avait formé à Seist, dans le voisinage d'Utrecht, un petit camp composé de deux escadrons de Thuyl, cavalerie, des régimens Prince-Héréditaire, Monster, et le reste d'Efferen, infanterie; et, dans deux occasions, de forts détachemens de Thuyl, essayant des incursions sur Utrecht, avaient été vigoureusement repoussés et dispersés par un petit nombre de hussards de Salm. Ces revers irritaient, au dernier degré, le parti, et c'est alors que l'esprit de haine inspira aux états des résolutions où la raison n'était pas plus ménagée que la constitution.

Les états de Hollande avaient pris, depuis peu de temps, une résolution par laquelle le stathouder était requis d'envoyer dans le pays de la généralité ceux des régimens à leur répartition qui se trouvaient encore en Gueldre, par la raison fort simple qu'ils ne voulaient pas que ces régimens fussent tournés ni contre eux ni contre Utrecht; et, en cas de refus, la résolution annonçait que la province de Hollande cesserait de les payer. Or, précisément le temps de fournir les fonds était arrivé. Les Gueldrois, qui ne voulaient pas renvoyer les troupes et qui n'étaient pas en état de les payer, prirent une résolution si étrange, qu'on aurait peine à la croire si elle était moins avérée : ce fut d'écrire aux états-généraux pour les prier d'ouvrir, au nom de la province de Hollande même, un emprunt dont le produit serait appliqué au paiement de ces régimens. Ainsi, c'était avec l'argent de la Hollande qu'ils comptaient faire la guerre à la Hollande et à la province d'Utrecht.

L'assemblée d'Amersfort écrit à ces mêmes états-généraux une lettre violente contre la province de Hollande, au sujet des ordres donnés au général Van-Ryssel, avec menace de prendre aussi des mesures de son côté si les ordres ne sont pas révoqués, et si le général n'est pas mis en cause; les officiers destitués par les états de Hollande s'adressent aussi aux états-généraux et demandent protection : tout est accueilli, tout est mis en rapport ou en délibération directe; on loue la conduite des officiers mécontens; on ouvre un avis pour déclarer même qu'il leur est dû une indemnité; on discute. La Gueldre, l'Over-Yssel et Amersfort consentent. La Frise et la Groningue prennent *ad referendum*. De deux députés de Zélande présens, l'un est pour, l'autre contre, et le président conclut, sans hésiter, en faveur de l'avis. Le lendemain, à la *résomp-*

tion*, un troisième député de Zélande arrive, désapprouve celui de ses collègues qui avait opiné pour l'avis, et se joint à l'autre pour demander *ad referendum*. La députation d'Over-Yssel annonce qu'elle vient de recevoir de ses commettans l'ordre exprès de prendre également *ad referendum*. Ainsi quatre provinces demandaient *ad referendum*. La Gueldre seule et Amersfort persévéraient dans leur première opinion, et le président n'en conclut pas moins, comme la veille, en faveur de l'avis, à la minorité de deux contre quatre.

Une résolution prise à la minorité, sans le moindre scrupule, sans le plus petit ménagement, était jusqu'alors un fait sans exemple dans l'histoire de la république, et par cela seul nous devions le citer. Nous le devions encore pour montrer combien cette assemblée des états-généraux, si majestueuse, si auguste dans les belles époques de la république, était déchue de son ancienne dignité; et comment, privée volontairement du soutien de la pro-

---

* Dans la constitution de ce temps, une résolution, après avoir été débattue et arrêtée, devait, pour avoir force de loi, être soumise à une seconde délibération, à de nouveaux débats, où on *résumait* ce qui s'était déjà dit, en ajoutant ce qui se pouvait dire encore. Ce second examen s'appelait la *résomption*; et c'est lorsqu'une résolution avait passé à la *résomption*, qu'il n'était plus possible de revenir contre.

vince de Hollande, conjurée, en quelque sorte, contre la liberté, en faveur du despotisme, livrée à la seule impulsion du fanatisme gueldrois, c'est-à-dire d'un très petit nombre de régens aristocrates, elle était devenue un foyer de passions haineuses, d'où le bien général ne pouvait plus sortir, et ne présenta depuis que des scènes de désordre et de confusion, jusqu'au moment où la liberté hollandaise, frappée à mort, la volonté des états-généraux, comme provinciaux, vint se perdre et s'abîmer sous la domination d'un seul.

Ce fut dans ces circonstances que Guillaume fit paraître un manifeste, dont la violence mit le comble au courroux et à l'indignation publique contre lui dans la province de Hollande. C'était ce même exposé, faux et insidieux, de l'état des choses, soutenu par les expressions les plus injurieuses contre les citoyens les plus connus par leurs vertus et leur patriotisme ; l'affectation de faire envisager sa cause comme soutenue par la partie la plus saine et la plus nombreuse de la nation, lorsque dans la rigueur de la vérité elle n'avait pour défenseurs que quelques aristocrates faciles à compter, et la populace des villes, qui même ne lui était pas partout dévouée ; l'aveu (assez curieux) qu'il avait fait récemment de grands efforts pour se rétablir dans toute son autorité, que ses partisans avaient poussé fort loin cette affaire, et qu'il se croyait sur le point de réussir, lorsque les révolutions d'Amsterdam et de Roterdam avaient fait avorter ses desseins et détruit ses espérances; des plaintes amères sur ces révolutions; sur les mesures prises dans l'affaire d'Utrecht par les citoyens patriotes; auxquels les épithètes injurieuses n'étaient pas épargnées; une déclaration dont le sens était qu'il regardait ces citoyens comme des tyrans et des ennemis contre lesquels il ne craignait pas de se montrer prêt à mettre en œuvre tous les moyens qu'il croira propres à détruire ces funestes nouveautés, qui ne tendaient qu'à assurer la ruine entière de la république; ajoutant qu'il allait, pour cet effet, seconder les bonnes dispositions de la Gueldre et de l'Utrecht; enfin, une exhortation à tous et à chacun d'entrer dans ses vues, avec l'assurance que, si l'on voulait lui rendre le commandement de la Haye, le réintégrer dans ses fonctions de capitaine-général, casser et annuler toutes les résolutions prises contre lui, il consentirait à revenir à la Haye, où il aviserait aux moyens de rétablir la tranquillité générale.

La première idée qui se présente à l'esprit,

est de chercher à quel propos ce manifeste était lancé dans le public, et quel effet le prince avait pu s'en promettre. Voici la réponse à cette question.

Le chevalier Harris avait fait à Nimègue un voyage pendant lequel la cour stathoudérienne avait arrêté un plan de mesures dont ce manifeste faisait partie. Il devait paraître aux états, comme il parut en effet le 30 mai. Le 31, il devait être connu à Amsterdam, et le 1er juin devait éclater dans cette ville une émeute terrible pour l'appuyer. Des mesures collatérales avaient été prises à la Haye, où l'on vit à la même époque le peuple qui se portait en foule à une auberge de la ville pour y signer une requête en faveur du stathouder, qui aurait été présentée aux états. On remarqua, de plus, que le chevalier Harris, qui était parti de Nimègue, sans doute pour prévenir le soupçon d'avoir ourdi le complot, était venu précisément le 1er juin, quoiqu'il eût annoncé son retour pour une époque plus reculée. Cette coïncidence était très remarquable, et paraissait indiquer clairement que ce ministre, après avoir préparé les événemens, avait quitté la scène pour y reparaître au dénouement.

Tout cet échafaudage s'écroula sur lui-même. La populace stathoudérienne d'Amsterdam, sans attendre le moment qui lui avait été indiqué, commença, dès le 30 mai, à insulter les patriotes dans les rues; et, bientôt après, l'émeute éclata d'une manière terrible. Mais la populace patriote, très nombreuse à Amsterdam, attaqua vigoureusement et repoussa les stathoudériens, qui se replièrent sur le quartier de la ville appelé *le Cattembourg*. C'est le séjour des matelots, des ouvriers de l'amirauté, etc., et c'était là le grand foyer de l'insurrection. Ils levèrent le seul pont qui établissait la communication avec la ville, et se mirent en devoir de le défendre. En un instant, les cordes qui tenaient le pont suspendu furent coupées; le pont retomba et le passage fut forcé. D'autres patriotes se jetèrent dans des barques, et, descendant le canal, allèrent attaquer le Cattembourg d'un autre côté; en sorte que les stathoudériens, se voyant enveloppés et mis en pleine déroute, se sauvèrent de toutes parts et rentrèrent dans leurs foyers. Mais la populace patriote, une fois mise en mouvement, se rendit très difficile à contenir. Dans ces temps de trouble et de révolution, c'était le propre de la populace hollandaise des deux partis, lorsqu'elle était mise en action, de se livrer aux désordres et aux excès de toute espèce. Malheur à ceux de ses ennemis qui tombaient entre ses mains! ils étaient le plus souvent jetés impitoyablement dans des canaux; et, à défaut de leurs personnes, elle s'en prenait à leurs maisons. Alors cet esprit de conservation, qui caractérise si singulièrement et si universellement la nation hollandaise, disparaissait pour faire place à un esprit destructeur, qui ne savait rien épargner, rien respecter. On ne détournait rien à son profit; on détruisait uniquement pour détruire et pour priver un ennemi de ses jouissances habituelles. Ce caractère connu ne permettait pas de douter que si la populace patriote d'Amsterdam eût été abandonnée à elle-même, elle n'eût exercé des représailles terribles de tout le mal qu'elle avait à craindre des stathoudériens, s'ils eussent été les plus forts. Aussi la bourgeoisie prit-elle des mesures sages et bien combinées pour prévenir les excès. Persuadée que la première fureur du peuple se porterait sur la maison de M. Dedel, l'un des bourgmestres déposés qui lui était extrêmement odieux, elle vola à sa défense et la préserva de tout accident; mais les secours ne furent pas assez prompts pour sauver également celles de M. Rendorp et de M. Beels, membres de l'ancienne régence. Le peuple, qui s'y porta en grande foule, pénétra dans l'intérieur; et, en quelques instans, meubles, effets précieux, tout fut brisé, détruit et jeté dans le canal, sans que personne imaginât de rien garder pour son propre usage.

Ce fut à ces deux seules maisons que se borna le dégât de cette journée, qui, sans les sages précautions de la bourgeoisie, menaçait de devenir universel. On avait fait des prisonniers au Cattembourg et des recherches dans les maisons. Ces prisonniers firent des aveux, et des papiers trouvés dans les maisons achevèrent de dévoiler le secret du plan stathoudérien, tel qu'il a été développé plus haut. Enfin, des provisions de poudre, de boulets, d'armes envoyées après coup et saisies, les dépositions d'un armurier qui avait été chargé d'une fourniture de six cents fusils, etc., tous ces indices montrèrent à quel péril Amsterdam, et par conséquent la province de Hollande, venaient d'échapper.

Ainsi, de tout cet appareil si péniblement combiné et calculé sur des élémens si peu certains, il ne restait que le manifeste du prince, dont la violence offensante ne pouvait servir qu'à rendre les partis de plus en plus irréconciliables, et faire éclore des résolutions extrêmes.

On a vu qu'après l'attaque des deux petites villes de Gueldre, Elbourg et Hattem, les états de Hollande avaient suspendu le prince de ses fonctions de capitaine-général. Après son entreprise sur Utrecht, les soixante-douze quartiers dans lesquels étaient partagés les corps francs de la province de Hollande, s'étaient réunis pour présenter aux états, par une requête, la demande que Guillaume V fût suspendu de ses fonctions de stathouder et d'amiral-général, et privé des émolumens attachés à ces charges. Cette requête venait d'être prise *ad referendum;* et lorsqu'elle circulait déjà dans les villes, lorsqu'elle était devenue l'objet des délibérations des régences, lorsqu'elle occupait universellement toutes les conversations particulières, lorsqu'elle mettait tous les esprits dans une effervescence plus ou moins vive, c'est précisément ce moment que le prince choisit pour faire paraître un manifeste qui seul aurait pu violemment réveiller toutes les passions, si elles eussent été parfaitement assoupies. La requête aurait été infailliblement admise aux états de Hollande et convertie en résolution à une très grande majorité ; et tout ce qu'auraient pu obtenir les chefs, qui voyaient avec beaucoup de regret les espérances de paix s'éloigner de plus en plus, aurait été que les états n'imprimassent à cette résolution que le simple caractère de résolution provisoire, qui, du moins, aurait laissé une porte encore ouverte à la conciliation, lorsque les esprits, moins exaspérés, auraient montré moins de répugnance pour le rapprochement des partis. Mais les circonstances, qui ne tardèrent point à changer par des événemens d'une nature plus grave que jamais, détournèrent l'attention publique de cette requête, et ne permirent pas qu'elle reparût à l'assemblée des états.

Lorsque la Hollande s'était déterminée à former un cordon sur sa frontière, vers Utrecht, elle avait organisé à Woerden une commission militaire sous la présidence du général Van-Ryssel, commandant du cordon. Elle correspondait avec une commission de *défense*, formée à la Haye, à laquelle elle envoyait tous les détails des faits militaires, et dont elle recevait toutes les résolutions et les ordres, soit des états de Hollande, soit du conseil-comité. Ces deux commissions pouvaient suffire pour le détail courant des affaires ordinaires : mais, depuis que le prince avait essayé une invasion sur Utrecht, depuis que les états-généraux avaient pris l'habitude de contrarier toutes les mesures de la Hollande par des résolutions qui portaient les régimens à la désobéissance, et accordaient protection aux officiers réfractaires, depuis surtout que le manifeste du prince laissait craindre des entreprises subites et imprévues qui ne pourraient être arrêtées que par des mouvemens prompts et rapides, on sentit toute l'insuffisance d'une commission obligée de rendre compte de tout à une autre commission, et d'en attendre des ordres dans tous les cas où son autorité était trop bornée; et qui, forcée de consulter au moment où il faudrait agir, laissait échapper des occasions, perdait un temps précieux, et pouvait compromettre éminemment la chose publique. Il manquait donc un ressort par lequel on pût mettre l'activité et la célérité nécessaires dans les opérations. D'un autre côté, la commission de la Haye, composée de cinq membres pris parmi les chefs du parti républicain, se trouvait écrasée par les détails. Attachés religieusement aux formes, trop éloignés peut-être des grandes résolutions, par leur esprit de modération même, se faisant d'ailleurs une loi d'écouter tout le monde pour ne pas être accusés de vouloir gouverner exclusivement, ils ne pouvaient pas, même en se livrant à la vie la plus laborieuse, suivre toutes les affaires et leurs détails avec la promptitude nécessaire; et se croyaient encore les mains liées sur beaucoup de points. Il résultait de là, dans quelques occasions, une sorte d'inactivité dont la nation sentait le danger, et qui en effet pouvait avoir des suites fâcheuses.

La ville d'Amsterdam, intéressée plus que toute autre au succès de la cause républicaine, et cherchant un moyen de remédier au mal, fit aux états, le 7 juin, la proposition d'établir une commission indépendante de celle de la Haye et de Woerden, qui serait composée de cinq membres au plus, à qui on donnerait le pouvoir illimité de prendre telles mesures qu'elle jugerait importer au salut de la patrie pour en détourner toute attaque et invasion hostile. On demandait qu'elle fût autorisée, pour cet effet, à employer toutes les personnes qu'elle jugerait nécessaires, récompenser les officiers qui se seraient distingués, employer les corps armés des bourgeois, disposer des deniers du pays, résider dans le cordon ou dans son voisinage, ou même se choisir le lieu de sa résidence, correspondre et se concerter avec la commission de la Haye, sans être tenue cependant de lui communiquer ses opérations, dont elle serait maîtresse de ne rendre compte qu'après leur exécution; et, pour tout comprendre en un seul mot dans le style des états, de la qualifier *cum plenâ*. C'était précisément le pouvoir des anciens dictateurs qu'il était question de lui conférer.

Cette proposition fut agréée sans difficulté, et on procéda sans délai au choix des membres de la commission. Il n'est pas nécessaire de dire qu'il tomba sur des personnages distingués par leurs vertus républicaines autant que par leurs lumières. Leurs noms méritent d'être conservés : c'était, pour la ville de Harlem, M. Cammerling; pour celle de Leyde, M. Block; pour Amsterdam, M. de Witt *; pour Gouda, M. Toulon; et M. Van-Foreest pour Alcmaer. Cette commission entra sur-le-champ en activité.

C'était une excellente idée que celle de concentrer ainsi le pouvoir dans des circonstances aussi orageuses et contre un ennemi aussi actif; mais lorsque chez les anciens Romains la dictature anéantissait toute autre autorité, la commission que les états de Hollande venaient d'établir était absolument sans pouvoir contre la plus dangereuse de toutes, les états-généraux; que la nature même de leur institution plaçait dans une entière indépendance des états de chaque province en particulier.

* Descendant des célèbres et infortunés de Witt, massacrés à la Haye sous Guillaume III. L'amour de la liberté est héréditaire dans sa famille. Il est aujourd'hui à Paris.

Jamais leur assemblée n'avait montré une animosité aussi haineuse contre la Hollande; jamais elle ne s'était livrée à des résolutions aussi hostiles contre cette province. Ils venaient d'en prendre une entre autres pour conserver dans leurs grades les officiers réfractaires et les remettre en activité, pour suspendre ceux qui s'étaient montrés fidèles aux états de Hollande, pour défendre aux régimens, en général, de se laisser désarmer sur d'autres ordres que ceux des états-généraux, etc. Ces résolutions étaient déraisonnables sans doute; elles étaient, de plus, très inutiles, puisque c'était la Hollande qui payait et non pas les états-généraux; et d'ailleurs, les états de Hollande ne manquaient pas de donner, dès le même jour, des ordres précisément contraires, ce qui remettait les choses à la même place. Ce combat perpétuel de résolutions contre résolutions n'était guère digne de la gravité d'une assemblée souveraine : cependant les états-généraux en tiraient quelque avantage; car, en plaçant ainsi continuellement les troupes entre des résolutions opposées, on les accoutumait insensiblement à examiner les ordres qui leur étaient envoyés, à se rendre, en quelque sorte, juges entre les deux autorités, et à ne prendre plus conseil que d'elles-mêmes. Cette position pouvait facilement devenir dangereuse, et conduire, par un chemin fort court, à la désobéissance et à l'insurrection.

On s'aperçut clairement alors, mais beaucoup trop tard, que les républicains avaient trop négligé d'augmenter leur influence sur les déterminations des états-généraux. Les chefs du parti des patriotes furent égarés sur ce point par le sentiment des richesses et de la puissance de la province de Hollande. Ils se persuadèrent trop que, sans son appui, les états-généraux, restés sans consistance et sans pouvoir, seraient toujours obligés de revenir à elle, et ils n'avaient point calculé les ressources que l'esprit de haine et de vengeance pourrait leur fournir contre elle, pour lui susciter sans cesse des obstacles nouveaux, et entraver sa marche à chaque pas qu'elle ferait vers le rétablissement de la liberté.

Il fut un temps où il était possible que la Hollande, et peut-être sans beaucoup de difficulté, s'assurât la majorité aux états-généraux. Elle avait, de son côté, la Groningue et l'Over-Yssel. Il ne lui manquait donc qu'une seule voix; et la Frise lui offrait plus de facilité qu'aucune autre province, parce qu'elle était portée vers la France par inclination et par intérêt; et que, dans toutes les occasions, elle s'était très ouvertement montrée contre le stathouder et ses prétentions.

Mais la Frise avait une constitution tout-à-fait particulière, qui mettait le gouvernement entre les mains d'un petit nombre de nobles, et formait une aristocratie héréditaire, à laquelle étaient excessivement attachés tous ceux qui se partageaient l'autorité. Cette province renfermait cependant un très grand nombre de patriotes dans les bourgeoisies et dans les universités, et c'est ce qui éveillait la sollicitude des régens; aussi avaient-ils eu soin de retirer à eux les régimens à leur répartition, pour s'en faire un moyen de défense, dans le cas où la force de l'exemple aurait aussi fait naître des troubles dans leur province. Les régens frisons se seraient donc concertés volontiers avec ceux de Hollande pour voter ensemble aux états-généraux, si les premiers avaient pu obtenir une garantie qui leur assurât la jouissance tranquille de leur pouvoir; et c'est à quoi les autres ne pouvaient absolument s'engager. Il se serait présenté cependant, et surtout dans le commencement des troubles, quelque moyen terme qui aurait facilité l'accommodement, si l'affaire avait été suivie avec plus d'activité. Mais lorsque les Frisons s'aperçurent que les patriotes, en attaquant les priviléges abusifs du stathoudérat, n'attaquaient pas avec moins de force l'aristocratie, et surtout l'aristocratie des familles; lorsqu'ils virent que les bourgeoisies déposaient des magistrats, que les patriotes hollandais étaient liés de correspondance avec ceux de Frise, ils craignirent que l'orage ne vînt fondre aussi sur leurs têtes, et songèrent à leur propre défense. Dèslors ils séparèrent décidément leur cause de celle de la Hollande, et, depuis ce temps, votèrent constamment contre elle aux étatsgénéraux.

Il fallut donc chercher d'un autre côté les moyens de rompre, aux états-généraux, cette majorité qui produisait chaque jour des résolutions si dangereuses. Les circonstances devenaient de plus en plus critiques, et le 10 juin, sur la proposition d'Amersfort, les états-généraux avaient prononcé la suspension du général Van-Ryssel, avec défense d'exercer aucun commandement sur les troupes, sous peine de cassation, et ordonné aux officiers de lui refuser obéissance. Ils donnaient en même temps d'autres ordres tendant directement à soustraire les troupes à la religion de leur serment envers les états de Hollande, et protéger leur désobéissance aux ordres de cette province. Ces mesures n'étaient pas restées sans effet, et le régiment de Stuart, en quartier dans la petite ville d'Oudewater, égaré par un officier destitué pour cause de désobéissance, et qui s'était introduit dans la ville à la faveur d'un déguisement, avait quitté son quartier, et, passant le Leck, s'était acheminé vers Kuylenbourg en Gueldre. A la vérité, les officiers de ce régiment et la très grande partie des bas-officiers étaient restés fidèles; plusieurs soldats même, lorsqu'ils furent de sang-froid, reconnurent leur erreur et revinrent au quartier, tandis que des corps francs de plusieurs villes accoururent pour remplir les vides; mais il n'en est pas moins vrai que l'exemple de la défection était donné et pouvait mettre les troupes dans un désordre universel.

On avait pensé d'abord à former de nouveaux états de la province d'Utrecht, en rassemblant quelques membres patriotes de la noblesse et du clergé, qui, à la vérité, ne formaient que la minorité de ces deux ordres; mais comme ils étaient soutenus par la majorité des villes, et surtout par celle d'Utrecht, plus puissante seule que tout le reste de la province ensemble, ces états n'avaient pas plus d'irrégularités que ceux d'Amersfort, et n'en avaient pas le ridicule. Les régens d'Amersfort y furent convoqués; mais ils ne parurent point, malgré les sauf-conduits qui leur furent expédiés.

Il avait été question de tirer de ces nouveaux états une députation aux états-généraux, qui, se trouvant en opposition avec celle d'Amersfort, aurait anéanti la voix d'Utrecht. Les états-généraux, réduits à six voix, dont trois d'un côté et trois de l'autre, se seraient trouvés dans une scission parfaite qui ne leur permettait plus de prendre une seule résolution, et les rendait absolument nuls par le fait.

Dira-t-on qu'ils auraient refusé de reconnaître la légitimité des nouveaux états d'Utrecht, parce que la majorité des ordres de la noblesse et du clergé n'y était pas ? Mais la même raison faisait aussi le procès aux états d'Amersfort, puisqu'il manquait à ceux-ci quatre villes sur cinq, et encore la cinquième, lieu de leur résidence, ne paraissait de leur côté que parce que leur présence et celle des troupes ne lui laissaient aucun exercice libre de sa volonté.

Ce plan aurait servi très avantageusement la cause des patriotes, s'il avait pu s'exécuter quinze jours auparavant. Mais la résolution du 10 juin, dont nous venons de faire mention, était de nature à ne devoir pas subsister : il fallait donc absolument la faire abroger par une résolution contraire ; ce qui supposait une majorité, et ne pouvait s'obtenir si les états tombaient dans la nullité de fait.

Ainsi, au lieu de détruire la voix d'Amersfort par celle d'Utrecht, on s'arrêta à l'idée de fondre les deux députations en une seule, de manière cependant que celle d'Utrecht se trouvât plus nombreuse que celle d'Amersfort, afin que le vote qui en résulterait mît la majorité du côté de la Hollande. Cet arrangement eut promptement son exécution. Amersfort avait deux députés aux états généraux; Utrecht en envoya trois qui se présentèrent à l'assemblée le 14 juin. Leur admission mise en délibération, la Gueldre et la Zélande refusèrent; la Groningue voulait prendre *ad referendum;* la Hollande, l'Over-Yssel et la Frise étaient pour l'admission. M. Van-Berkel employa ici le même argument qu'il avait fait valoir aux états de Hollande, pour l'admission de la nouvelle députation de Roterdam; savoir, que la seule affaire des états-généraux était de vérifier si les lettres de créance des nouveaux députés étaient en règle ou non, le reste ne devant concerner que la province d'Utrecht, et point du tout la généralité. La Gueldre déclara qu'elle ne délibérerait pas avec ces députés : M. Van-Berkel répondit qu'elle était maîtresse de se retirer, et que les délibérations continueraient sans elle. Elle resta. Le président fit tomber le marteau, et l'affaire fut terminée.

Le lendemain, l'admission des nouveaux députés, après bien des débats et des difficultés, fut confirmée, à la majorité de quatre provinces, contre la Gueldre et la Zélande. La Hollande se trouva donc enfin en majorité aux états-généraux. Elle profita de son avantage le jour même pour faire remettre en délibération toutes les résolutions violentes qui avaient été prises le 10. Elles furent abrogées sans exception par la même majorité, avec ordre au conseil d'état d'en informer sur-le-champ le général Van-Ryssel et tous les commandans et chefs de régimens.

Si les choses avaient pu rester en cet état, le retour à la tranquillité générale se serait fait avec une très grande rapidité; mais l'avantage ne fut pas de longue durée. Les provinces ennemies de la Hollande, effrayées du succès que celle-ci venait d'obtenir aux états-généraux, cherchèrent tous les moyens de retenir la majorité de leur côté.

Amersfort songea à fortifier sa députation de trois nouveaux membres pour obtenir la supériorité sur celle d'Utrecht. Le cas était prévu; et Utrecht songea à fortifier la sienne de quatre nouveaux députés pour conserver cette supériorité, qui se serait alors trouvée dans le rapport de sept à cinq. On était en règle de part et d'autre; mais, dans l'intervalle, la Frise avait beaucoup blâmé ses députés de leur vote en faveur de la Hollande, et leur avait donné des instructions tellement précises, qu'ils ne pouvaient plus s'en écarter; et lorsque les nouveaux députés des deux côtés se présentèrent, ceux d'Amersfort furent agréés sans difficulté, et on rejeta ceux d'Utrecht.

Cette marche des états-généraux paraîtra, sans doute, le comble de l'inconséquence et de l'irrégularité. Puisqu'on avait admis la première députation d'Utrecht en concurrence avec celle d'Amersfort, ou la députation extraordinaire d'Utrecht devait être admise comme on admettait celle d'Amersfort, ou toutes les deux devaient être rejetées, ou enfin, si on rejetait seulement celle d'Utrecht, il fallait aussi rejeter sa députation ordinaire; et cependant on rejeta la seconde en conservant la première. Nous laisserons au lecteur le soin de caractériser cette conduite.

Mais voici le plus grand mal pour la Hollande. Le conseil d'état, après avoir refusé de concourir aux résolutions violentes du 10 juin, avait cependant expédié les ordres nécessaires en conséquence de ces résolutions. Elles sont abrogées solennellement le 14 par une majorité de cinq contre deux, et ce même conseil refuse d'expédier les ordres qu'exigeait cette dernière résolution. On discute sur la manière dont elle doit être exécutée, on la livre à une commission; le temps s'écoule, et elle reste absolument sans effet.

Il en résulta que la désertion devint considérable dans les troupes du cordon, qui fut abandonné en peu de temps par les régimens de Waldeck; Mariniers de Salm, une partie de Hesse-Philippstal, Suilart, une partie de Hardenbroek. Ils auraient été indubitablement retenus à leurs postes, si le conseil d'état eût rempli son devoir en exécutant les ordres des états-généraux.

Ces nouvelles, au lieu d'abattre les esprits, les enflammèrent, au contraire, d'un enthousiasme nouveau. La nation sentit qu'elle ne devait se reposer que sur elle-même du soin de sa propre défense, et entreprit de suppléer à la défection des troupes par ses corps francs et ses bourgeois armés. Elle se rappelait avec complaisance les efforts inouïs qu'elle avait faits autrefois contre Philippe II, et les succès qu'elle obtint alors. Persuadée que le même dévouement devait produire encore le même effet, elle envoya de tous côtés des corps plus ou moins nombreux vers la ligne du cordon ; les canaux furent couverts de barques de transport, et on compta que la seule Nord-Hollande avait fourni près de quatre mille hommes. Ces corps avaient une organisation militaire telle qu'on avait pu la leur donner, divisés par compagnies avec des officiers et des sous-officiers ; et tant officiers que soldats, étaient attachés au service par une solde considérable, pour laquelle la province, et surtout Amsterdam et Roterdam, ouvraient et répandaient leurs trésors.

Du côté d'Amersfort, on n'était pas non plus fort tranquille. L'argent de l'Angleterre, à la vérité, avait fait encore plus d'effet sur les troupes hollandaises du cordon que les résolutions des états-généraux ; mais précisément parce que la désertion qui s'en était ensuivie était l'ouvrage de la corruption, les régimens déserteurs n'inspiraient aucune confiance, tandis que celle qui s'était établie dans les régimens stathoudériens, et qui les conduisait vers Utrecht, tournait vraiment à l'avantage de la ville, parce que cette désertion était libre et non achetée. Elle était devenue considérable par le simple effet d'une proclamation des nouveaux états d'Utrecht, dans laquelle ils invitaient les troupes, à la répartition de la province, à revenir à leur véritable et légitime souverain.

Les régens d'Amersfort n'étaient pas unanimes dans leurs opinions. Le stathouder avait été appelé dans cette ville par l'ordre du clergé, et contre le vœu de l'ordre équestre, dont tous les membres, excepté M. Perponcher et le lord Athlone, auraient voulu séparer leur cause de celle du prince. Aussi, tandis que Guillaume et ses adhérens ne s'occupaient que de plans d'attaque et de violence, les nobles voulaient obstinément se borner à la simple défensive, et jusque-là leur opinion avait prévalu. Pendant ce temps, Utrecht avait acquis de nouveaux défenseurs, et sa garnison s'élevait à près de sept mille hommes, ce qui était plus que suffisant contre les forces stathoudériennes. La commission souveraine, nouvellement instituée par les états de Hollande, déployait ses pouvoirs en ordonnant de nouvelles levées, encourageant par des gratifications extraordinaires les officiers restés fidèles, et améliorant le sort du soldat par une augmentation de paye*, s'occupant enfin de tous les moyens de donner

---

* Les officiers reçurent une année entière de leur traitement en pure gratification. La paye du soldat fut augmentée de 24 sous (de France) par semaine.

à la province une armée sur laquelle elle pût compter.

Enfin, la Gueldre elle-même n'était pas non plus exempte de toute inquiétude. L'Over-Yssel avait rassemblé à Deventer un corps de trois mille hommes, qui devait être augmenté bientôt de quinze cents hommes du pays de Drente, dont le commandement avait été confié au chevalier de Ternant, officier français d'un très grand mérite, qui avait fait la guerre en Amérique avec distinction. Ce corps s'était rendu maître du fort d'Ommerskans, qui contenait un ample magasin de munitions de toute espèce, excepté des fusils, dont il ne s'était trouvé que trois cents ; mais Amsterdam avait suppléé à ce petit nombre par ceux de son arsenal. Ce voisinage inspirait aux états de Gueldre des craintes qui se fortifiaient encore par celle de voir tourner contre eux, à la première occasion favorable, les régimens hollandais auxquels ils avaient refusé la permission de sortir de Gueldre, pour passer dans le pays de la généralité, comme les états de Hollande l'avaient demandé.

Tel était l'état des choses vers la fin de juin. Ce conflit perpétuel de passions, d'opinions et de prétentions opposées, avait amené un degré de complication qui, depuis long-temps, ne permettait plus d'attendre la fin des troubles d'une négociation particulière entre les chefs des divers partis; car ces partis s'étaient multipliés. On comptait, 1° les stathoudériens proprement dits, qui voulaient le stathoudérat tel qu'il était, c'est-à-dire avec les réglemens, le droit de patentes, etc., en un mot, avec tous ses abus. C'était le parti de la cour, de la majorité des états de Gueldre, des régens d'Amersfort, des états-généraux, des nobles de Hollande, etc.

2° Un parti d'aristocrates répandus dans les anciennes régences des villes, qui auraient consenti volontiers à toutes les résolutions qu'on aurait proposées contre l'autorité stathoudérienne, pourvu qu'on respectât la leur, qui se serait enrichie alors de tout ce qu'on aurait fait perdre à l'autre. On comptait dans ce parti les états de Frise, beaucoup d'anciens régens d'Amsterdam, de familles patriciennes habituées à se transmettre les charges, qui restaient ainsi concentrées dans un certain nombre de maisons.

3° Les patriotes de première origine, à la tête desquels étaient MM. Van-Berkel, d'Amsterdam; Gislaer, de Dort; Zeeberg, de Harlem. Ceux-ci voulaient bien conserver le stathoudérat; mais ils voulaient faire main basse sur tous les abus indistinctement. Ils n'étaient pas disposés à plus de ménagemens envers l'aristocratie de famille. Était-ce, en effet, la peine de briser la verge du despotisme stathoudérien, pour retomber sous celui de l'aristocratie, plus révoltant encore? Peut-être les patriotes laissèrent-ils trop pénétrer leur dessein contre l'aristocratie, qui s'éloigna d'eux aussitôt qu'elle soupçonna le sort qui lui était réservé, tandis qu'ils auraient pu se servir d'elle avec un avantage décidé, pour poser la borne de l'autorité stathoudérienne; sauf ensuite, lorsque cette première partie du plan aurait été remplie et consolidée, à revenir contre cette même aristocratie, dont la destruction eût alors trouvé bien moins de difficulté.

4° Enfin, les changemens opérés dans les régences des villes par l'institution des constitués de ces villes, des bourgeoisies armées, des corps francs, avaient donné naissance à un quatrième parti; sinon le plus fort, du moins le plus embarrassant de tous. C'était un parti entièrement populaire, qui voulait la destruction totale du stathoudérat, comme des aristocraties de toutes les espèces, qu'il était déterminé à poursuivre dans toutes les provinces à la fois. C'était assurément le chemin

le plus droit et le plus court vers la véritable
liberté. Le principe était bon et parfaitement
conforme aux droits de l'homme ; et, s'il eût
été praticable, les patriotes l'auraient facilement adopté, depuis surtout que le stathouder avait fourni des armes terribles contre lui
par ses déclarations insultantes, par ses démarches violentes et par sa désobéissance, ou
plutôt sa trahison dans l'ancienne affaire de
Brest. Mais ce parti populaire ne songeait pas
que le stathoudérat serait soutenu par toutes
les forces de l'Angleterre et de la Prusse ; que
la Zélande, la Gueldre, la Frise seraient ouvertes à ces puissances ; que l'Over-Yssel, la
Groningue et même l'Utrecht, ne pourraient
opposer qu'une résistance momentanée ; que
la Hollande, trahie par les aristocrates, ne
pourrait, malgré ses moyens naturels de défense, tenir long-temps contre deux puissances formidables, qui l'attaqueraient par les
deux extrémités à la fois ; qu'on n'aurait alors
d'autre secours à espérer que de la France,
et qu'il était peu présumable que celle-ci voulût courir le risque d'embraser toute l'Europe,
en se jetant dans une guerre qui n'aurait pour
objet que l'expulsion d'un stathouder de la
province de Hollande.

Ce parti, cependant, rendait la marche des

autorités d'alors beaucoup plus compliquée qu'auparavant. Des sociétés populaires s'étaient établies dans les principales villes. Leurs orateurs, montés sur un banc ou une table, échauffaient les têtes déjà trop échauffées. On jugeait, dans ces assemblées, toutes les opérations du gouvernement; on rendait justice à la droiture; à la pureté d'intention des trois principaux chefs; mais on les blâmait beaucoup de la facilité avec laquelle ils s'étaient prêtés à toutes les propositions d'accommodement venues, soit d'Amersfort, ou même de la Gueldre : cette facilité, ils la nommaient faiblesse, et ils les accusaient d'avoir perdu la chose publique par l'excès de leur modération. Ces reproches leur étaient portés par des députations, qui ne gardaient pas toujours la mesure d'égards dus à des républicains respectables, qui les premiers avaient donné le signal de la liberté, qui avaient rendu des services éminens à la patrie, qui lui sacrifiaient leurs veilles, et leurs travaux de tous les jours, et qui, dans la supposition du retour à l'ancien ordre des choses, restaient comme des victimes dévouées d'avance à la vengeance stathoudérienne. Ces députations se renouvelaient fréquemment, et presque toujours pour censurer ou suggérer des idées nouvelles, souvent incompatibles avec la nature des circonstances. Les chefs écoutaient tout avec une patience extrême; mais ils se décourageaient et sentaient le timon des affaires s'échapper insensiblement de leurs mains.

Les autorités, dans les villes, étaient nécessairement relâchées, et les régences n'auraient osé se décider sur une question nouvelle, sans s'être auparavant assurées de l'approbation du corps des constitués de leur ville. Il est vrai que c'était aussi un moyen certain pour bien connaître le vœu national; mais c'était également un moyen certain de retarder les affaires dans un moment où elles pouvaient exiger la plus grande célérité. Cet inconvénient se fit sentir, dans la suite, d'une manière bien fâcheuse.

Dans ce choc de partis et d'opinions diverses, et dans l'étrange complication qui en résultait, il ne restait aucune espérance de voir le chaos se débrouiller autrement que par l'intervention d'une puissance étrangère qui, inaccessible aux passions particulières, et apportant le plus grand calme dans l'examen des prétentions réciproques, pût accorder tous les partis et ramener la paix et l'union dans la république. La France, intéressée, à raison de son alliance, au retour de la tranquillité, autorisa son ambassadeur à insinuer aux chefs du parti républicain qu'elle se chargerait volontiers du rôle de médiatrice entre les différens partis, lorsque la république, par l'organe des états-généraux, jugerait à propos d'invoquer sa médiation.

C'était le seul moyen d'arriver à un dénouement heureux. La France, qui ne voulait donner aucun sujet de mécontentement à la cour de Berlin, ne se proposait pas de rien faire sans son consentement ; et lorsque les deux puissances auraient été d'accord, la résistance ne pouvait se montrer du côté de la république ; mais c'était aux états de Hollande de porter aux états-généraux cette proposition ; qui, par son importance, ne pouvait occuper les états de Hollande eux-mêmes que sur la demande expresse de la ville la plus considérable de la province, c'est-à-dire d'Amsterdam. Mais son pensionnaire, M. Van-Berkel, ne se trouvait plus assez maître de l'opinion publique pour oser faire une nouvelle proposition conciliatoire, sans l'ordre particulier de la régence d'Amsterdam. Il craignait, avec trop de raison, d'élever contre lui un orage terrible dans le sein des sociétés populaires qui, sans consulter leurs moyens, ne s'occupaient plus que de partis extrêmes. Il fallait donc porter la régence à lui donner sur ce point les ordres les plus précis. Mais, lorsque ce nouveau plan fut communiqué aux régens, ils n'osèrent eux-mêmes en prendre l'exécution sur eux, et sans avoir auparavant l'avis et l'approbation du corps des constitués de la ville.

Heureusement ce corps renfermait un assez grand nombre de citoyens sages et très éclairés, qui s'assemblèrent aussitôt qu'ils eurent connaissance de la question. Elle fut envisagée sous tous les rapports, et discutée avec une sagacité peu commune. On épuisa toutes les objections auxquelles elle pouvait donner lieu; et ce ne fut qu'après les avoir détruites par une solution satisfaisante, qu'on se détermina à présenter au conseil de régence une adresse par laquelle il était prié, au nom de la bourgeoisie, de faire faire, par les députés de la ville aux états de Hollande, une proposition tendante à demander la médiation du roi de France pour mettre fin aux troubles de la république.

Le conseil n'attendait que le vœu de la bourgeoisie pour donner les instructions convenables à la députation d'Amsterdam à la Haye. Elles furent envoyées sur-le-champ, et la proposition fut portée aux états de Hollande, où elle n'éprouva aucune opposition. Elle fut sur-le-champ convertie en résolution, à la majorité de douze contre sept; encore les six villes n'étaient-elles pas opposantes, et se bornaient à demander s'il ne conviendrait pas d'adjoindre quelque puissance voisine pour coopérer avec la France à l'œuvre de la médiation. Le corps équestre voulait simplement prendre *ad referendum*. C'était donc une sorte d'unanimité qui déférait la médiation à la France dans les états de Hollande.

La proposition fut portée dès le lendemain (7 juillet) aux états-généraux, où elle fut prise *ad referendum*, et si les autres provinces eussent été animées par un véritable esprit de concorde et de bien général, on aurait pu se livrer à l'espérance de voir bientôt la tranquillité rétablie dans toute l'étendue de la république. Mais, tandis que les états de ces provinces délibéraient et montraient déjà toute leur mauvaise volonté, il arriva un événement imprévu, et auquel les circonstances du moment donnaient une telle importance, qu'il fit oublier tout ce qui avait précédé, absorba en lui seul l'attention universelle, partagée et comme disséminée jusqu'alors sur tant d'objets différens, et ne tarda pas à amener la ruine entière du parti républicain.

Ce fut le 28 juillet qu'on vit arriver, du côté de la Gueldre, sur les frontières d'un canton de Hollande, appelé Krimpener-Waard, entre

Haasdrecht et Schoonhoven, à un poste nommé Gower-velsche-Sluys, un train composé de plusieurs voitures, qui paraissait vouloir avancer dans l'intérieur de la province de Hollande. Le poste se trouvait alors occupé par un détachement du corps franc de Gouda, dont le capitaine, par hasard, était absent. Le lieutenant qui commandait à sa place fit mettre sa petite troupe en ordre et s'avança pour reconnaître ces équipages. C'était la princesse d'Orange elle-même qui était partie de Nimègue, et s'acheminait vers la Haye, accompagnée seulement de mademoiselle de Staarenbourg, l'une de ses dames d'honneur, et des comtes de Randwick et de Bentinck. L'officier, s'adressant à la princesse, lui témoigna, avec beaucoup de respect, ses regrets d'être obligé d'interrompre sa marche, et s'excusa sur sa consigne, qui lui défendait de laisser passer aucun équipage considérable sans en donner avis à la commission souveraine, établie à Woerden, et demander les ordres de son général. La princesse parut très fâchée de cet incident, et l'officier expédia, en toute diligence, un exprès à Woerden.

Trois membres de la commission partirent sur-le-champ et furent bientôt rendus auprès de la princesse, avec laquelle ils entrèrent en explication. Elle déclara qu'elle se rendait à la Haye dans les meilleures intentions, dans le dessein d'y travailler au rétablissement de la concorde, en assurant cependant au prince son époux les droits et prérogatives qui lui appartenaient. Les députés ne pouvaient se trouver dans une circonstance plus difficile ni plus délicate. Ils représentèrent à la princesse que, dans les circonstances où se trouvait la province de Hollande en ce moment, lorsque l'esprit de sédition n'attendait, pour éclater en plusieurs endroits, que la plus légère occasion, lorsque la fermentation se manifestait déjà dans Helvoet-Sluys par une émeute qui n'était pas encore apaisée (ce qui était très vrai), et lorsqu'on craignait que le même mouvement ne se communiquât à la Brille, et successivement dans les villes voisines, il était fort à craindre que la présence de son altesse, au lieu d'éteindre le feu de la sédition, ne servît, au contraire, de prétexte aux mutins pour l'augmenter encore; et que, dans la confusion qui en résulterait, il était impossible de s'assurer que, malgré les efforts de tous les habitans bien intentionnés, le respect si justement dû à son altesse lui fût exactement conservé; que, dans une affaire aussi grave, il leur était impossible de prendre un parti d'eux-mêmes sans attendre des ordres précis des états de Hollande, auxquels ils allaient rendre compte de ce qui arrivait; que son altesse, en attendant la réponse, était la maîtresse de retourner à Nimègue, ou, sans aller si loin, de choisir le lieu qui lui conviendrait le mieux. La princesse marqua de l'humeur et du mécontentement, sans pouvoir se plaindre cependant qu'on eût en rien manqué aux égards qui lui étaient dus. Elle voulut d'abord se retirer à Leerdam *, où elle fut accompagnée par les membres de la commission, qui lui donnèrent une garde d'honneur composée d'un détachement de cavalerie de Hesse-Philippstal; mais, ne trouvant pas dans ce château les commodités convenables, elle se retira à la petite ville de Schoonhoven.

Voilà le récit exact de cet événement, qui remplit, dans le temps, tous les papiers publics de l'Europe, et occupa les esprits dans les pays même où on ne s'intéressait que fort médiocrement à ce qui se passait alors en Hollande.

A n'envisager cet incident que d'une manière entièrement isolée, on serait tenté de n'y voir qu'un pur effet du hasard, et de se demander à quel propos la princesse entreprenait ce

* C'est une seigneurie dont les états de Hollande avaient autrefois fait présent à la maison de Nassau.

voyage, à quel propos la commission souveraine de Woerden l'arrêtait dans sa marche. Mais quand on connaîtra ce qui s'était fait précédemment, ce qui se faisait dans ce moment et ce qui devait se faire encore, le lecteur sera en état de donner à ce voyage le caractère qui lui convient, et de juger si ce n'était qu'une promenade innocente, comme les stathoudériens le représentaient.

La république était devenue, à cette époque, un vaste théâtre de séditions et d'émeutes plus terribles que jamais. En Gueldre, la ville de Zutphen venait d'être dévastée par une incursion subite de la garnison même, sous la conduite de ses propres officiers. L'objet était de désarmer la bourgeoisie. Soldats et officiers, la cocarde orange au chapeau, se jetèrent dans les maisons patriotes; les officiers donnèrent le signal du désordre, en cassant eux-mêmes les vitres de ces maisons. Les soldats, encouragés par l'exemple, se livrèrent à tous les désordres qu'on devait en attendre : le dégât fut horrible. Un malheureux bourgeois, en se défendant, tua un soldat : le conseil qui s'était assemblé, et où les régens paraissaient aussi avec la cocarde orange, jugèrent incontinent et condamnèrent à mort cet infortuné, qui sur-le-champ fut impitoyablement exécuté. Le désordre s'accrut à un tel excès, que le baron de Capellen de Marsch, dont nous avons déjà parlé, voyant sa sûreté personnelle compromise, et adressant au commandant quelques questions à ce sujet, n'en reçut que des réponses fort équivoques, en sorte que ce héros du parti républicain en Gueldre se vit dans la nécessité de quitter la province, où ses terres furent ensuite saccagées et lui-même exécuté en effigie. Les malheureuses villes d'Elbourg et de Hattem essuyèrent, à la même époque, une pareille scène, dans laquelle le soldat acheva d'abimer ce qui avait pu échapper à sa fureur lors de l'invasion de l'année précédente. Mêmes scènes, même fureur à Arnheim, Lochem, Duisbourg; pillage, destruction, désordres exercés, au nom et avec les couleurs du prince, par une soldatesque effrénée, encouragée par ses propres officiers, et secondée par la populace de la dernière classe.

En Zélande, province si chère de tout temps au stathouder, l'esprit de liberté avait fait de grands progrès, et les opinions étaient tellement partagées, que de sept voix qui composaient les états; savoir : l'ordre équestre, les villes de Middelbourg, Ziric-Zée, Ter-Goes, Tolen, Flessingue et Ter-Vere, on comptait, du côté des patriotes, Ziric-Zée, Flessingue et Tolen; contre l'ordre équestre, Ter-Goes et Ter-Vere : quant à Middelbourg, la balance y était si exacte entre les deux partis, qu'on ne sait de quel côté elle eût penché sans la présence de M. Van-der-Spiegel *; et encore celui-ci était-il dangereusement malade alors.

Le prince ne pouvait laisser cette province dans un état si précaire; et, dans le moment même où Zutphen était saccagée, les agens stathoudériens excitèrent à Middelbourg une émeute qui éclata avec une fureur inconnue jusqu'alors : elle commença par le pillage et finit par le massacre. La populace s'abandonna à tous les excès qui lui passèrent par l'imagination : des patriotes furent égorgés; d'autres, qui s'étaient retirés sur des toits, précipités de la hauteur des maisons; d'autres noyés : tout cela sous les yeux de la garnison immobile, et qui contemplait ces horreurs sans employer un seul moyen pour les empêcher. Enfin, la populace, maîtresse absolue, obligea les régens de marcher en procession dans la ville, précédés d'un grand étendard orange, qui fut placé au haut d'une tour; et ils furent obligés, pour terminer la scène, de prendre une résolution pour soutenir invariablement

* Grand-pensionnaire de Zélande, depuis grand-pensionnaire de la province de Hollande.

l'ancienne constitution, et s'opposer à toutes les innovations qui porteraient atteinte aux priviléges du stathouder. Cet esprit se répandit promptement dans toute l'île de Walcheren; les mêmes abominations se reproduisirent plus ou moins à Flessingue et à Ter-Vere, où un régent de Ziric-Zée, qui, pour son malheur, se trouvait là, fut indignement traîné par les cheveux, au milieu des rues, par une populace furieuse, à laquelle il ne put être arraché qu'avec peine; et ces deux villes ne purent échapper au pillage général que par une résolution semblable à celle de Middelbourg.

Dans la province de Hollande, Helvoet-Sluys était également en proie à une violente sédition, dont les symptômes se manifestaient déjà à la Brille, ainsi que la commission l'avait assuré à la princesse; mais c'est la Haye qui devait fournir l'exemple de la plus sanglante de toutes. Les mesures étaient prises, le plan arrêté. Soixante-seize maisons avaient été d'abord dévouées au pillage, et le nombre en avait été augmenté jusqu'à celui de trois cents, à la tête desquelles se trouvait celle de l'ambassadeur de France. A la vérité, les chefs avaient témoigné quelque crainte d'offenser un grand roi dans la personne de son ambassadeur; mais il est très probable que la populace, mise une fois en mouvement et animée au pillage, n'aurait pas épargné cette maison plus que celle de tout autre.

Achevons de développer les circonstances collatérales de ce voyage extraordinaire; car ces mouvemens tumultueux coïncidaient vers la même époque et ne paraissaient que les scènes d'une action seule et unique. Après le sac de Zutphen, M. d'Eckeren de Zuydras, bourgmestre de cette ville, et l'un des plus ardens stathoudériens, part sans délai pour Nimègue, où il va rendre compte de ce qui s'est passé, et c'est alors que la princesse part pour la Haye, dans l'équipage tel que nous l'avons dit. Pour M. Zuydras, il monte aussitôt dans une voiture légère qui devait lui faire gagner du temps, s'achemine à la Haye par un autre chemin et arrive dans cette ville. Il rassemble les chefs du parti Orange, les instruit du départ de la princesse et du moment où elle doit arriver à la maison-du Bois * : c'était dans la nuit du 28 au 29 de juin. Le chevalier Harris passait cette soirée dans une société nombreuse, où il ne put cacher le trouble extrême dont il était agité, et qui fut remarqué généralement. Distrait dans ses discours, distrait

---

* Maison de plaisance à un quart de lieue de la ville.

dans son jeu (il est cependant très habile joueur), il confondait perpétuellement ses cartes, commettait les fautes les plus grossières, et paraissait n'avoir apporté dans la société que son corps, tandis que son esprit était à d'autres lieux, à d'autres affaires. La populace avait été informée à temps, et plus de deux mille âmes s'étaient rendues vers la maison du Bois. La nouvelle arriva vers onze heures et demie, que la princesse avait rencontré quelque obstacle sur sa route, et on vit le comte de Bentink de Roone, traversant à cheval les rues de la ville, accompagné de deux postillons, et se portant à toute bride vers la maison du Bois. Il s'était chargé, sans doute, du soin de haranguer la populace et de la faire rentrer dans la ville. En effet, tout ce rassemblement se dissipa, et la nuit se passa sans tumulte.

Si maintenant on considère, dans leur ensemble et dans leurs détails, cette masse de faits qui se succédaient avec la rapidité de l'éclair, le mystère répandu sur le voyage de la princesse, les inclinations politiques de ceux qui *seuls* étaient dans le secret, est-il facile à un esprit non prévenu de ne pas y reconnaître une très grande manœuvre par laquelle on se proposait d'écraser tout d'un coup le parti républicain en entier, comme il l'avait été par les mêmes moyens en 1747? N'est-il pas permis de se confirmer dans cette idée, quand on pense que, si les intentions de la princesse avaient été entièrement pures, rien n'était plus simple que de donner aux états mêmes de Hollande l'avis de son arrivée et des motifs qui la ramenaient dans un pays où personne ne lui avait disputé le droit de revenir, tandis que l'idée de chercher à y entrer furtivement devait nécessairement jeter le soupçon sur la nature de ses intentions?

Disons plus : ne doit-on pas regarder ce projet de voyage comme une très grande conception politique, la plus haute même qui se soit manifestée dans tout le cours de cette révolution, et qui suppléait surabondamment, et d'une manière simple, la faiblesse des moyens militaires qui étaient à la disposition du stathouder? car ce projet était une arme à deux tranchans.

Où la princesse passait librement et arrivait inopinément à la Haye; et alors qu'on se représente, s'il est possible, l'effet d'une émeute nocturne d'autant plus terrible, que le mystère du voyage n'aurait pas permis de préparer d'avance les moyens de répression; la facilité avec laquelle la populace, échauffée par des liqueurs fortes, l'esprit de haine et l'amour du pillage, serait parvenue à exterminer les patriotes endormis dans une sécurité profonde; la difficulté que les membres du conseil-comité auraient trouvée à se réunir au lieu de leurs assemblées par le danger qu'ils auraient couru d'être égorgés en chemin; celle de prendre des résolutions salutaires, parce que l'obscurité n'aurait pas permis de connaître exactement les points où les secours auraient été le plus nécessaires; l'embarras où la force armée se serait trouvée pour se rassembler et se décider à attendre des ordres ou à n'en prendre que d'elle-même; les affreuses méprises, les désordres qui accompagnent toujours une scène de nuit, etc. La confusion aurait été portée au comble, les chefs du parti républicain auraient été immolés ou auraient cherché leur salut dans la fuite; et, dans l'un et dans l'autre cas, le jour n'aurait reparu que pour éclairer le patriotisme jetant les derniers soupirs, et laissant une victoire entière au parti stathoudérien.

Ou bien la princesse aurait été arrêtée par les troupes du cordon et obligée de rebrousser, comme il arriva effectivement, et alors son voyage n'aurait pas eu des suites aussi immédiates et atroces; mais cet incident fournissait à la cour stathoudérienne un puissant motif pour agir avec plus de force et de succès que jamais auprès du ministère de Berlin, et au roi un prétexte très plausible pour armer en faveur du stathouder, sans paraître vouloir intervenir dans les affaires intérieures de la république sans y être appelé. C'est ce qui arriva en effet, et ce qui nous reste à développer.

La première démarche de la princesse fut d'écrire au greffier Fagel et au grand-pensionnaire une lettre dans laquelle elle se plaignait avec modération de l'obstacle qui s'était présenté sur sa route, et demandait que les états donnassent des ordres qui la missent en état de poursuivre son voyage. Loin de se plaindre de quelque manque d'égards et de respect de la part des membres de la commission souveraine, elle donnait, au contraire, des éloges à leur conduite dans cette occasion; en avouant que les convenances envers elle avaient été scrupuleusement observées, et particulièrement par M. de Witt, qui avait été l'orateur de la députation. Les lettres furent lues aux états et prises *ad referendum*; mais la conduite de la commission souveraine fut entièrement approuvée, et les précautions soigneusement prises pour assurer la tranquillité à la Haye, et dans le plat pays.

La commission ne laissa pas ignorer l'approbation que sa conduite avait reçue des états de Hollande, à la princesse, qui sur-le-champ écrivit à l'assemblée une lettre bien éloignée de la modération des premières. Elle se plaignait avec hauteur et amertume de l'approbation donnée à la commission, au lieu de la satisfaction éclatante qui lui était due, et à laquelle elle était en droit de s'attendre. Le prince, de son côté, adressa aux états un mémoire plus déraisonnable encore sur l'affront qu'avait essuyé son épouse, etc. Ce mémoire fut nécessairement pris *ad referendum*.

C'était jeter l'huile sur le feu ; le prince, en effet, ne pouvait pas ignorer la disposition des esprits en Hollande. Déjà suspendu dans ses fonctions de capitaine-général dans cette province, il savait que la grande majorité voulait encore étendre cette mesure sur toutes ses autres dignités sans exception, en lui retranchant les grands émolumens qui leur sont attachés ; et que si la proposition n'en était pas solennellement portée aux états de Hollande, c'était uniquement à la sagesse et à la modération des chefs du parti qu'il en était redevable. Il devait donc prévoir que son mémoire, en circulant dans les villes, révolterait, par l'aigreur et l'arrogance de son style, des esprits déjà irrités depuis si long-temps, et les entraînerait à des résolutions de plus en plus violentes. L'effervescence monta effectivement à un degré qui ne paraissait plus susceptible d'accroissement ; et si leurs chefs eussent entrepris de les adoucir en faveur de Guillaume par quelque mesure conciliatoire, ils auraient infailliblement ruiné leur crédit et achevé de perdre toute confiance.

Bien convaincus de ces vérités et de l'impossibilité de ramener au prince des cœurs trop ulcérés contre lui, et qu'il semblait encore prendre plaisir à aigrir tous les jours davantage, ils avaient conçu une idée toute nouvelle, extrêmement plausible dans les circonstances d'alors, et qui aurait pu aplanir bien des difficultés, si on avait eu le temps nécessaire pour la remplir. Il était impossible de répondre à la lettre de la princesse; elle était conçue dans un style tellement hors de toute convenance, que les états auraient avili leur dignité par une réponse faible et polie, tandis que le ton de fermeté, tel que les circonstances le prescrivaient, ne pouvait qu'exciter de part et d'autre une aigreur propre à détruire à jamais tout espoir de conciliation. On pensait donc à lui faire donner une réponse verbale par un des membres les plus éclairés du parti patriotique, qui lui aurait déclaré franchement et sans détour pourquoi elle ne devait s'attendre à aucune réponse de la part des états, qui, d'ailleurs, n'auraient eu aucune répugnance à la voir de retour en Hollande, si ce retour n'avait pas été en même temps l'annonce de celui du prince; que les états, après tous les actes de violence et les vexations arbitraires et capricieuses de Guillaume V, étaient déterminés à ne plus le recevoir dans leur province; qu'elle devait profiter de cette notion pour songer à assurer le sort des princes ses enfans; et que, si elle voulait séparer sa cause et la leur de celle de son époux, il serait possible alors de s'entendre, de travailler à lever toutes les difficultés, et de lui procurer à la Haye l'accueil dû à son rang distingué.

C'était un point de vue entièrement neuf dans cette affaire, et le plus propre peut-être à réunir tous les esprits. La personne même de Guillaume V n'intéressait qui que ce fût, ni au dedans de la république, ni au dehors : c'était une victime que les états demandaient et qu'ils croyaient due à leur dignité; et il y avait lieu de penser que le roi de Prusse, satisfait de voir sa sœur rétablie dans ses dignités, aurait livré sans peine le stathouder à un sort qu'il avait mérité par ses inconséquences et son obstination, et se serait rendu peu difficile sur les termes de l'accommodement relatif aux points en litige, le commandement, le réglement, etc.

Tandis qu'on méditait sur ce plan, un courrier arriva de Berlin le 9 juillet. Il apportait à M. de Thulemeyer l'ordre de remettre un mémoire aux états de Hollande. Cette pièce était rédigée sur des notions prodigieusement exagérées; on y parlait d'attentats, d'injure, de satisfaction éclatante, de punitions, de menaces. Mais le récit tel que nous l'avons donné est dans la plus exacte vérité : il ne présente rien qui ressemble à un attentat; on a vu quelle circonspection, quels égards, quel respect la commission de Woerden avait perpétuellement mis dans sa conduite envers la princesse, qui, dans ses premières lettres, n'avait pas fait difficulté d'en convenir, en rendant témoignage en faveur de M. de Witt en particulier. Les états de Hollande répondirent promptement à ce mémoire, en démontrant au roi de Prusse combien les informations qu'il avait reçues sur les détails de l'événement avaient été erronées, combien tout s'y trouvait exagéré, envenimé; et, en rétablissant les faits dans leur simplicité, ils prouvaient, sans réplique, qu'il était impossible à la commission de Woerden de se conduire autrement. On ne croyait pas possible que le cabinet de Berlin se refusât à l'évidence des faits et n'adoucît beaucoup son langage. En attendant l'effet de la réponse des états, les chefs du parti entrèrent en conférence avec M. de Thulemeyer, dont ils croyaient avoir beaucoup à se plaindre, parce qu'ils le regardaient comme la source de toutes les notions fausses qu'on avait à Berlin sur la vraie situation des affaires en Hollande, et avec lequel, par cette raison, ils n'avaient jamais cherché à traiter en particulier. Mais alors la circonstance était impérieuse; il était pressant que la vérité simple parvînt à la cour de Berlin : il fallait pour cela rectifier d'abord les idées de son ministre, et vaincre leur répugnance pour s'aboucher avec lui. L'ambassadeur de France leur en fournit les moyens, et travailla à préparer les esprits de part et d'autre, pour que l'utilité générale dût résulter de cette conférence. Elle eut lieu dans sa maison même et en sa présence, et la discussion fut calme et pleine de modération. M. de Thulemeyer l'ouvrit par un discours sage, dans lequel il récapitula l'historique du voyage de la princesse, insista beaucoup sur la pureté des intentions qui la conduisaient, et sur la surprise que l'interruption si peu attendue de ce voyage avait dû causer au roi son frère, etc.

M. Gislaer prit la parole, et, avec la même modération, fit un tableau raccourci de la situation critique où se trouvait la province de Hollande en ce moment, par la fermentation qui se manifestait sur plusieurs points à la fois. Cette fermentation, disait-il, durait encore, et ne pouvait qu'augmenter infiniment par une circonstance aussi puissante que celle de l'arrivée de la princesse à la Haye; il aurait été d'autant plus difficile d'arrêter le trouble, que les états, n'étant pas prévenus, n'avaient pu prendre aucune précaution d'avance, tandis que la populace, avertie long-temps auparavant par des gens intéressés au désordre, avait fait tous ses préparatifs : ainsi la princesse, apportant à la Haye les intentions les plus pures, aurait eu la douleur de voir son arrivée marquée par une scène horrible, sans qu'il eût été possible de répondre des dangers qu'elle aurait pu courir elle-même au milieu d'un tumulte qu'aucun moyen n'aurait pu réprimer. Il concluait que les états ne pouvaient qu'approuver infiniment la conduite de la commission de Woerden, qui avait prévenu ces scènes de désordre; il ajoutait que, si la princesse avait à se plaindre qu'on lui eût manqué de respect, on ferait justice des coupables, et il pria M. de Thulemeyer de dire ce qu'il en savait.

Ce ministre, qui n'avait jamais pu disculper la princesse sur le secret de son voyage, n'eut rien à répondre non plus sur cette interpellation, et borna ses plaintes à un seul fait (tellement futile, que nous ne le citerions même pas, si la cour de Berlin n'avait pas dans la suite affecté d'y attacher une grande importance, et de le regarder comme une espèce de crime de lèse-majesté): c'était qu'un officier du corps franc était entré d'abord dans la chambre même de la princesse, où il s'était tenu l'épée nue; qu'il avait cependant été écarté par les membres de la commission, aussitôt qu'ils étaient arrivés; et ensuite, qu'on avait posé deux sentinelles à la porte de la maison.

On répondit, sur le dernier point, que ces sentinelles n'étaient évidemment que des sentinelles d'honneur, comme la princesse les aurait eues également à la Haye; et, quant à l'officier du corps franc, qu'il fallait excuser l'ignorance d'un homme placé dans une circonstance extraordinaire, qui, obligé de ne prendre conseil que de lui-même, avait cru ne pouvoir donner à la princesse une plusgrande marque de son respect et de l'attention avec laquelle il veillait à sa sûreté ; que ce n'était là qu'un fait ridicule ; et puisque les membres de la commission, gens instruits, avaient renvoyé cet officier au moment qu'ils l'avaient trouvé, qu'il serait au-dessous de la dignité de la princesse de demander la punition d'un homme ignorant, dont l'intention n'avait pas été mauvaise ; qu'au reste, les états n'avaient eu aucune connaissance de ce fait. M. de Thulemeyer se montra satisfait de cette explication.

La conférence prit alors une autre tournure, qui fut indiquée par le désir que manifesta le ministre prussien, de pouvoir personnellement contribuer à un arrangement amical des affaires. M. Gislaer lui montra le principal obstacle dans les moyens odieux que le prince employait pour éterniser les troubles. Protestation de M. de Thulemeyer de son horreur pour ces moyens, et assurance que madame la princesse ne partageait pas les sentimens de son époux sur ce point. Vrai ou non, M. Gislaer répondit qu'on avait toujours su distinguer la princesse du stathouder, dont le caractère indomptable avait, dans tous les temps, fait le malheur de la république ; en sorte que s'il restait quelque voie de conciliation possible, c'était du côté de la princesse qu'il fallait la chercher. Et sur cela, il lui détailla franchement le plan exposé plus haut, et lui demanda s'il refuserait de se charger lui-même d'en faire les premières propositions à la princesse. La seule réflexion de M. de Thulemeyer, qui avait écouté fort attentivement, se porta sur la difficulté de déterminer la princesse à séparer sa cause de celle du prince; mais lorsque M. Gislaer eut repris l'énumération des griefs du souverain contre Guillaume V, et lui eut demandé s'il était possible que les états oubliassent leur propre dignité au point de conserver un pareil stathouder, il laissa tomber son observation, et répondit qu'il ne ferait aucune difficulté de communiquer cette idée à la princesse, et s'empresserait d'en rendre compte à sa cour. Là se termina la conférence.

En politique, les meilleures idées sont éternellement stériles, quand l'application ne s'en fait pas à propos. Quelques mois plus tôt, après la première attaque d'Elbourg et Hattem, par exemple, ou lorsque le comte de Goertz et M. de Rayneval étaient encore à la Haye, la proposition des patriotes à M. de Thulemeyer aurait probablement obtenu du succès et auprès de la princesse et auprès de la cour de

Berlin; mais alors elle ne se présentait pas à leur esprit; et, lorsqu'ils la communiquèrent au ministre prussien, les circonstances n'étaient plus les mêmes, et n'offraient aucune apparence que la princesse, appuyée par les armes du roi son frère, voulût se contenter de la partie, lorsqu'elle se voyait au moment d'obtenir le tout.

Effectivement les dépêches de M. de Reede, ministre de la république à Berlin, annonçaient un rassemblement de vingt mille hommes à Wesel; et bientôt après, M. de Thulemeyer reçut l'ordre de déclarer, dans un nouveau mémoire, que le roi, peu satisfait de la réponse faite au premier, persévérait dans toutes ses demandes, et de prévenir les états de Hollande sur le rassemblement de ces forces militaires. M. de Thulemeyer, après avoir rempli ces ordres, en fit part à l'ambassadeur de France. Le roi de Prusse, disait-il, en faisant marcher des troupes vers Wesel, avait trois motifs : 1° de suivre l'exemple donné par la France, qui rassemblait également des troupes à Givet; 2° de se mettre en état de faire respecter sa médiation; 3° enfin d'appuyer la demande qu'il faisait d'une satisfaction envers la princesse sa sœur. Pour ne laisser aucune obscurité sur cette explication, nous

placerons ici quelques faits, que la nécessité
d'être clairs, et de ne pas interrompre la
narration, nous a obligés de laisser un peu en
arrière.

1° Le comte de Vergennes était mort dans
le courant de l'hiver. Le ministère des affaires
étrangères avait été confié au comte de Montmorin; celui-ci, lorsqu'il fut un peu familiarisé avec les affaires de Hollande, n'eut pas de
peine à se convaincre que le succès de l'alliance
récente de la France avec la Hollande était
intimement lié au succès du parti républicain;
lequel ne pouvait rester long-temps incertain,
si les patriotes trouvaient dans le cabinet de
Versailles les secours de divers genres dont
ils pouvaient avoir besoin, et une protection
franche et décidée, qui écartât toute espèce
de doute sur ses intentions auprès des Hollandais de tous les partis, afin de contenir les uns
et encourager les autres. Les patriotes ne paraissaient pas s'inquiéter beaucoup des affaires
intérieures dont ils se croyaient les maîtres;
mais ils craignaient beaucoup l'intervention
du dehors, et c'était cette seule crainte dont
ils désiraient que la France voulût bien les
affranchir; et comme les bourgeoisies partageaient également cette inquiétude, ils demandaient des déclarations authentiques avec

lesquelles ils pussent porter le calme dans les esprits. La cour, par le canal de l'ambassadeur, ne leur épargnait pas les assurances et les promesses ; mais ils persistaient à demander des déclarations officielles, les seules dont ils pussent faire un usage utile envers les amis et contre les ennemis. On craignait les engagemens à Versailles, on craignait de se laisser entraîner plus loin qu'on n'aurait voulu ; et, pour se soustraire aux difficultés que présentait la rédaction de ces déclarations, le comte de Montmorin eut l'idée de former, à Givet, un camp de quinze à seize mille hommes. Il fut proposé au conseil et adopté ; et, dès que les Hollandais en apprirent la nouvelle, ils jugèrent cette mesure infiniment supérieure à toutes les déclarations qu'ils avaient demandées. Cependant, malgré la bonne volonté du comte de Montmorin, du maréchal de Ségur, alors ministre de la guerre, dont le travail était fait, de M. de Calonne même, contrôleur-général, qui tenait les fonds prêts et qui avait de bonnes raisons pour s'intéresser beaucoup au succès du parti républicain en Hollande, le camp ne se rassemblait point. L'archevêque de Sens, premier ministre alors, jugea sans doute que les fonds préparés pour cette mesure pouvaient recevoir une destination plus utile, et se persuada peut-être que le bruit seul d'un rassemblement de troupes à Givet produirait le même effet que le camp lui-même. Il laissa donc subsister le bruit et ne songea plus à la chose. C'est à l'idée de ce camp que faisait allusion M. de Thulemeyer, dans le premier des trois motifs qu'il donnait au rassemblement des vingt mille Prussiens à Wesel.

2° On a vu précédemment qu'on avait porté aux états de Hollande la proposition de déférer à la France la médiation des différends qui partageaient les provinces de la république; que cette proposition avait été agréée par l'assemblée, et ensuite portée aux états-généraux, où elle avait été prise *ad referendum*. Les états des provinces avaient délibéré sur cet objet, et avaient manifesté leurs intentions suivant l'esprit qui les animait en particulier : l'Over-Yssel, ainsi que les nouveaux états d'Utrecht, suivaient purement et simplement l'avis de la Hollande; la Frise déclinait toute intervention étrangère, et surtout celle de la France; les autres admettaient la médiation française, mais lui adjoignaient la Prusse et l'Angleterre; la Zélande voulait même adjoindre la cour de Vienne. La proposition ne parut plus aux états-généraux; mais la connaissance des intentions de quelques provinces avait suffi à la Prusse pour se croire appelée à la médiation, dont le partage ne répugnait aucunement à la France.

3° Le roi de Prusse demandait une satisfaction éclatante et telle que les états de Hollande ne pouvaient l'accorder sans signer en même temps l'acte de leur déshonneur.

La circonstance était devenue prodigieusement embarrassante; les troupes prussiennes étaient arrivées, le commandement en avait été confié au duc de Brunswick. Ce prince, sous quelque prétexte vague, qui ne pouvait tromper personne, avait fait un voyage à Nimègue, et on ne douta pas que son but réel ne fût de concerter avec le prince d'Orange le plan des opérations militaires à exécuter, si la constance du parti républicain les rendait nécessaires.

Les patriotes étaient au désespoir. La médiation, si elle eût pu se réaliser, leur eût fait du moins gagner quelque temps. La France, qui trouvait beaucoup plus simple de leur donner des conseils que de leur fournir des troupes, leur faisait témoigner qu'elle admettrait avec empressement la cour de Berlin dans la médiation; et comme l'Angleterre avait également marqué, dans un mémoire donné par le chevalier Harris aux états-généraux, le désir de coopérer, par sa médiation, au rétablissement de la tranquillité de la république, aussitôt que sa majesté britannique en serait requise, le cabinet de Versailles les exhortait à ne pas rejeter l'intervention de cette troisième puissance, avec laquelle il n'avait aucune répugnance à partager l'œuvre de la médiation.

Cette opération politique, ainsi imaginée, était une conception vraiment monstrueuse, et son exécution vraiment impraticable. D'abord la cour de Berlin entendait embrasser, dans sa médiation, non-seulement les différends de province à province (ce qui était fort simple, car ce qu'on appelle médiation s'applique aux divisions entre deux souverains, et les provinces de la république avaient chacune leur propre souveraineté qui les rendait parfaitement égales entre elles), mais encore les difficultés intérieures de la province de Hollande relativement à son stathouder; ce qui était improposable et contraire à toutes les notions du droit public du pays, puisque la médiation aurait placé sur le même niveau la province de Hollande et son stathouder, c'est-à-dire le souverain et son premier officier.

Si la médiation de la Prusse présentait une difficulté aussi grave dans le droit, celle de l'Angleterre n'en présentait pas de moins insurmontables dans le fait. Au degré de fermentation où les esprits étaient montés dans la province de Hollande, dans leur exaspération contre l'Angleterre en particulier, pouvait-on concevoir la possibilité de les amener à entendre seulement avec patience une proposition de ce genre? On a vu par quels efforts on était enfin parvenu à leur faire goûter la première idée de médiation, lorsqu'il ne s'agissait encore que de la France seule, qu'ils regardaient cependant comme leur seule amie. Qu'aurait-ce été si on leur eût proposé l'intervention de l'Angleterre, qu'ils regardaient comme leur plus dangereuse ennemie, dont ils savaient que l'or corrupteur avait séduit et égaré des régimens hollandais, fidèles jusqu'alors à la cause de la liberté; lorsqu'ils étaient parfaitement informés que les séditions multipliées qui éclataient successivement, ou à la fois, sur un grand nombre de points dans la république, étaient également l'ouvrage de cette même puissance; que le signal du désordre, du carnage en Zélande, avait été donné par M. Kinkel, officier de marine, et serviteur fanatique et assidu de M. Harris, plus encore que du prince stathouder; lorsqu'ils voyaient, dans le moment même où on s'occupait de ces idées de médiation, une émeute affreuse à Breda, et une autre si terrible entre le Moerdick et Roterdam, que les corps francs s'y portaient en nombre et avec du canon? La province voyait ces mouvemens, elle en connaissait l'origine; et, dans ces circonstances, pouvait-on se décider à confier la balance de ses intérêts à la même main qui semblait alors ne s'occuper que de sa destruction? C'était une tâche d'une exécution impossible; les chefs du parti n'hésitèrent pas à la regarder comme telle, et déclarèrent qu'aucun d'eux ne pourrait s'en charger, sans compromettre éminemment, non pas leur crédit, mais leur propre vie.

S'il était impossible d'accepter la médiation de l'Angleterre, il était presque aussi impossible de la rejeter, à moins de rejeter également la Prusse et la France : ce parti offrait des dangers horribles et imminens. Dans une aussi dure extrémité, prendre *ad referendum* et temporiser était un moyen qui se présentait d'abord à l'esprit; mais c'était suspendre la difficulté et non pas la résoudre.

En cherchant une issue au labyrinthe dans lequel les patriotes se trouvaient engagés, ils s'arrêtèrent à une idée qui leur parut propre à écarter les obstacles et les conduire également, mais par une voie beaucoup plus facile, à leur but : c'était d'abandonner le projet d'une médiation publique, pour lui en substituer une purement particulière et confidentielle, dont le siége aurait été à Versailles ; où la Hollande aurait envoyé un personnage connu par ses lumières et par son zèle pour la cause de la liberté. Il n'aurait été revêtu d'aucun caractère pour n'éveiller aucun soupçon. Il serait entré en conférence avec le comte de Goltz, ministre de Prusse à Paris, en présence du comte de Montmorin, qui aurait tenu la balance entre eux. Il devait proposer d'abord un armistice, mais sans retirer les troupes gueldroises et hollandaises des positions qu'elles occupaient, les premières dans la province d'Utrecht, les autres dans la ligne du cordon, aux frontières et dans la ville même d'Utrecht. Il paraissait plus naturel, au premier coup d'œil, de retirer tout-à-fait les troupes de part et d'autre ; mais les localités ne permettaient pas cette mesure, qui aurait mis du côté de la Gueldre un avantage que rien ne pouvait compenser du côté de la Hollande. Quand ce point aurait été réglé, on proposait de s'ouvrir sur le plan que nous avons exposé, de confier à la princesse l'autorité stathoudérienne, dont le prince son époux se trouverait alors dépossédé. Ces deux grands points une fois décidés, le reste ne pouvait plus essuyer de graves difficultés, et la négociation se terminait sans aucune intervention de l'Angleterre, et d'une manière dont les deux partis semblaient devoir être satisfaits.

Les patriotes fixèrent leur choix sur M. Paulus, l'homme de la république le plus en état, sans contredit, de conduire une affaire aussi délicate et aussi importante. Le ministère de France fut mis immédiatement dans la confidence, et approuva beaucoup l'idée en général, et le choix du négociateur en particulier.

Cependant le concert à établir sur cet objet, entre la France et la Prusse, exigeait un certain temps ; et, lorsqu'on serait d'accord, et que le négociateur hollandais serait arrivé, les débats sur la chose même devaient nécessairement avoir une durée quelconque ; et il était possible que, dans l'intervalle, les troupes stathoudériennes essayassent sur la ville d'Utrecht quelque coup de main dont le succès aurait encore dérangé toutes les mesures. Il était donc essentiel que rien ne manquât aux moyens de défense de cette ville. Sa garnison était assez considérable ; elle avait de l'artillerie, mais elle manquait d'ingénieurs et d'artilleurs, dont le besoin se faisait sentir tous les jours. Les patriotes en demandèrent instamment à la

France, qui leur envoya une centaine d'excellens canonniers, avec quelques officiers aussi distingués par leur mérite que par leur bravoure, sous la direction du chevalier de Bellonet, officier supérieur dans l'arme du génie, universellement connu dans l'armée française par des talens éminens dans cette importante partie de l'art militaire. A son arrivée à Utrecht, il fit construire les ouvrages extérieurs nécessaires à la défense de la place, autant que le temps et l'urgence des circonstances pouvaient le lui permettre. Les canonniers remplirent entièrement l'idée qu'on s'était formée de leur intelligence et de leur courage; des batteries furent élevées là où le voisinage de l'ennemi en indiquait l'utilité; et, dès la première attaque tentée par quelques régimens stathoudériens, le feu qu'ils essuyèrent fut dirigé d'une manière tellement meurtrière contre eux, qu'ils devinèrent sans peine que le service du canon n'était plus entre des mains hollandaises.

Mais, en accédant à la prière des patriotes, par l'envoi des canonniers qu'ils demandaient, et en approuvant l'idée d'une médiation confidentielle, la France insista fortement pour que les états de Hollande écrivissent à la princesse une lettre convenable aux circonstances, et qui, sans avilir leur dignité, renfermât du moins un commencement de satisfaction propre à suspendre les mesures militaires de la Prusse, jusqu'au moment où la voie de conciliation, étant reprise, laisserait encore quelque espérance d'un arrangement paisible et amical.

Rien ne peut égaler la répugnance des patriotes pour cette démarche, qui les humiliait à leurs propres yeux. Aucune satisfaction n'était due ; ils en avaient la conviction intime ; la France même en convenait. « Quoique nous
» convenions, disait-elle, qu'il n'est dû aucune
» satisfaction à la princesse, nous pensons
» néanmoins qu'il convient d'apaiser, d'une
» manière quelconque, le roi de Prusse, et
» faire ce qui sera convenable pour lui faire
» oublier le désagrément qu'a éprouvé la prin-
» cesse sa sœur. » Ce conseil, si facile à donner, ne l'était pas, à beaucoup près, autant à suivre. « Quand nous aurons rédigé, disaient
» les chefs du parti républicain, un projet de
» réponse exactement tel que le cabinet de
» Versailles nous le propose, qui nous répond
» que le roi de Prusse voudra bien s'en con-
» tenter et retirer ses troupes ? Et, s'il n'en est
» pas satisfait, jusqu'à quel point pouvons-
» nous compter sur la France ? Si, après avoir
» obtenu de nous une satisfaction que nous ne

» devons pas, le roi de Prusse reste encore
» armé pour soutenir les prétendus droits du
» stathouder, la France voudra-t-elle nous
» soutenir, ou bien nous exhortera-t-elle en-
» core à céder ? Car elle aura également à nous
» alléguer les raisons par lesquelles elle nous
» détermine aujourd'hui sur la satisfaction,
» savoir la guerre et ses suites désastreuses pour
» la république. »

Ces objections n'étaient malheureusement que trop fondées. La cour de France, livrée à l'intrigue et aux plaisirs, s'en arrachait à regret pour ramener son attention sur les affaires de Hollande, qui ne lui offraient que des discussions stériles et compliquées, et ne montrait aucune disposition pour secourir les républicains hollandais par une voie autre que celle des conseils et de la négociation. Cependant les patriotes ne pouvaient se persuader encore que la France s'aveuglerait assez sur son propre intérêt pour abandonner leur cause, qui était la sienne propre, les laisser écraser; livrer par conséquent la Hollande à la Prusse et à l'Angleterre, et perdre ainsi, par la plus monstrueuse insouciance, tout le fruit d'une alliance précieuse qui lui donnait les moyens de balancer au moins la puissance anglaise sur les mers. De ces réflexions si naturelles sortait un faible rayon d'espérance, qui les empêchait de perdre entièrement le courage. D'un autre côté, le devoir qu'ils s'imposaient de tenter tout pour prévenir tout reproche, et enfin l'urgente nécessité d'écarter une armée étrangère des frontières de la république, les déterminèrent à céder, en écrivant à la princesse la lettre de satisfaction, telle que le ministre de France l'avait demandée.

Le rapport de ce projet de lettre se fit aux états de Hollande dans les derniers jours du mois d'août, et fut pris *ad referendum*. Lorsque la connaissance en arriva dans Amsterdam, l'opposition s'y manifesta d'une manière extrêmement violente, non pas parmi la bourgeoisie seulement, mais au conseil même, qui réunissait tout ce qu'Amsterdam avait de plus sage et de plus éclairé. Le sentiment dans cette ville était plus vif qu'à la Haye, et son expression plus franche et plus énergique. La mollesse de la France, dans ces circonstances critiques, y était jugée sévèrement et avec beaucoup moins de ménagement, et avait éloigné toute confiance : l'opinion s'y était fortement prononcée sur le plan et le véritable objet du voyage de la princesse; il ne restait pas l'ombre du doute que son arrivée à la Haye ne dût être le signal d'une insurrection générale et de la destruction des patriotes; et la seule pensée que l'assemblée souveraine de Hollande, éclairée par ces notions, lui écrirait cependant une lettre de satisfaction, comme pour la remercier des maux qu'elle n'aurait pu occasioner, paraissait aux magistrats le comble de l'avilissement, et leur arrachait un cri unanime d'indignation contre la puissance assez tyrannique pour appuyer, par une armée, une demande d'une injustice aussi manifeste. Ils étaient, disaient-ils, résolus à rompre la grande digue de Minden, à mettre toute la Hollande sous l'eau, au moment où un régiment prussien paraîtrait en Gueldre, et à périr, jusqu'au dernier, plutôt que de subir la loi d'un monarque étranger qui n'a reçu aucune offense de la province.

Ainsi l'avis d'Amsterdam était entièrement contraire au projet de lettre. A quel point ne serait pas blessée la dignité des états, s'il s'ouvrait entre eux et l'épouse de leur premier sujet une espèce de négociation, dans laquelle encore le beau rôle serait du côté de la princesse et non pas du leur, et où ils se trouveraient également humiliés, ou par ses hauteurs, ou par sa clémence! Le niveau était rétabli, au contraire, si les états traitaient directement avec le roi de Prusse; aussi la régence d'Amsterdam, en rejetant le projet de lettre, proposa d'envoyer à Berlin, avec une lettre adressée au roi, une députation composée de quatre ou cinq personnages choisis parmi les plus distingués du parti républicain, pour remettre la lettre, établir les faits d'une manière incontestable, et soutenir de vive voix la cause des états de Hollande.

Enfin, le 8 septembre, les états de Hollande s'assemblèrent pour arrêter une résolution définitive sur cette matière. L'ordre équestre, la Brille, Enkhuysen, Edam et Medemblyck ne voulurent point participer à cette délibération. Il ne restait donc que quatorze voix. Dort, Leyde, Roterdam, Schiedam, Gorcum, Schoonhoven, Alcmaer, Hoorn, Monikendam et Purmerend opinèrent pour le projet de lettre; Harlem, Delft, Amsterdam et Gouda, pour l'envoi d'une députation à Berlin. Ainsi la résolution passa à une majorité de dix contre quatre.

Que cette résolution fût bonne ou non, elle avait au moins l'avantage de fixer les idées. C'était un parti qu'on venait de prendre, en s'arrachant aux incertitudes qui tourmentaient les esprits; car, en politique et surtout dans des occasions aussi pressantes, rien de pire que de rester dans le vague.

Les patriotes s'empressèrent, en quittant l'assemblée, de venir rendre compte de leur succès à l'ambassadeur de France, qui, rappelé depuis environ quinze jours, se disposait à partir le lendemain, après avoir accrédité un chargé d'affaires auprès de la république. Il apprit cette nouvelle avec la plus grande satisfaction, et se trouvait flatté de voir sa mission terminée par une opération qui promettait des suites heureuses pour le rétablissement du repos de la république.

Combien on s'expose à voir ses calculs entièrement trompés, lorsqu'en prenant pour base quelques faits donnés, on juge les événemens futurs par la seule règle des vraisemblances! Qui n'aurait cru que la résolution que les états de Hollande venaient de prendre, quand même la princesse eût dû n'en être pas entièrement satisfaite, aurait du moins entraîné une discussion plus ou moins longue, que la France et la Prusse auraient pu intervenir pendant ce temps, et se concerter de manière à déterminer les deux parties à un accommodement dans lequel la princesse se relâcherait de la rigueur de ses prétentions, tandis que les états feraient encore vers elle quelques pas de plus? Rien de cela n'arriva.

C'était le 8 septembre qu'avait été prise, aux états de Hollande, la résolution d'écrire à la princesse sur cette fatale satisfaction, sur cet incident funeste qui était devenu l'affaire principale, et avait fait disparaître tout le reste devant lui. Ce fut le même jour que cette résolution fut notifiée à M. de Thulemeyer, qu'il lui en fut remis copie avec invitation de la transmettre au roi de Prusse par la voie la plus prompte. Ce fut encore le même jour que ce ministre expédia son courrier, et ce fut le lendemain 9, à huit heures et demie du matin, que ce même ministre remit au grand-pensionnaire, pour en donner immédiatement connaissance aux états de Hollande, une note qui renfermait les dernières volontés du roi de Prusse, et qui détruisit sans retour tout espoir de conciliation.

M. de Thulemeyer en avait reçu l'ordre pendant la nuit, et quelques heures après le départ de son courrier. Dans cette note, le roi exigeait qu'il fût fait des excuses à la princesse sa sœur; que tous ceux dont elle pourrait se plaindre fussent sévèrement et exemplairement punis; que toutes les résolutions prises à l'occasion de son voyage fussent sur-le-champ révoquées, etc.; et sa majesté prescrivait aux états de se décider dans le terme fatal de quatre jours, à l'expiration desquels ses troupes avaient ordre d'entrer sur le territoire de la république.

On jugera sans doute que ce terme de quatre jours était beaucoup trop long; car, quand il s'agit de souscrire à l'opprobre ou au déshonneur, ou de périr, le choix est si facile qu'il est promptement fait. Mais les états ne pouvaient rien conclure sans l'avis des régences des villes, qui elles-mêmes devaient aussi, dans un cas aussi grave, consulter les bourgeoisies représentées par leurs *constitués*, et, sous ce rapport, le terme était court jusqu'à l'absurde et au ridicule. Cependant la note prussienne fut livrée à un comité, qu'on chargea d'en faire promptement le rapport aux états.

Ce mémoire impérieux, ce langage de maître absolu, qui fait entendre ses volontés, fut, au reste, un grand trait de lumière qui acheva d'éclairer les esprits sur le vrai système de la cour de Berlin. Ce fut alors que les patriotes furent plus que jamais convaincus que toute l'affaire de la satisfaction et le voyage même de la princesse n'étaient qu'un plan concerté entre elle et le roi son frère, qui ne demandait qu'un prétexte pour entrer dans les affaires de Hollande, et soutenir les prétentions stathoudériennes à main armée; d'où il suivait que les négociations de cette puissance avec la France avaient été purement illusoires. On savait que le duc de Brunswick, en recevant le commandement de l'armée, avait également reçu des pouvoirs, en quelque sorte illimités, pour traiter les affaires directement avec la princesse, et prendre les mesures qu'ils jugeraient l'un et l'autre les plus convenables, sans en référer au cabinet de Berlin, autrement que par une information simplement historique. Ainsi on voyait clairement que les ordres successivement envoyés à la Haye, à M. de Thulemeyer, émanaient immédiatement du cabinet de la princesse, au lieu de venir directement de Berlin.

D'un autre côté, on savait que le duc, depuis son arrivée aux frontières de la république, avait envoyé très régulièrement, et même plusieurs fois par semaine, des émissaires à Givet, pour connaître la nature des préparatifs militaires de la France de ce côté, et ce qui pouvait composer ce camp dont on avait fait tant de bruit quelques mois auparavant. Il est certain que si le projet de ce camp eût été suivi et exécuté, ce prince aurait été arrêté par le risque de compromettre la Prusse avec la France, et de faire sortir, d'une aussi misérable querelle d'amour-propre, une guerre qui aurait entraîné l'Angleterre et pouvait facilement devenir universelle; et, quant à sa personne même, il est au moins douteux que le soin de sa propre gloire lui eût permis de livrer une réputation justement acquise dans la guerre de sept ans, aux hasards d'une expédition difficile et incertaine, dans un pays qui offre tant d'obstacles à l'attaque et tant de facilités à la défense. Mais ses émissaires, par des rapports unanimes, le confirmèrent dans la certitude que tout était parfaitement tranquille à Givet, qui ne présentait pas vestige de camp ni aucun appareil extraordinaire; et dès-lors il sentit qu'il pouvait impunément tout oser.

Cette marche de la cour de Berlin et de celle de Nimègue se trouvait ainsi mise au plus grand jour. Les patriotes éclairés la soupçonnaient depuis long-temps; depuis long-temps ils affirmaient que la France était jouée par la Prusse, et la France avait persisté dans sa confiance, soit par sentiment, soit par la crainte de s'engager dans quelque démarche de vigueur, que peut-être elle n'aurait ni voulu ni pu soutenir. C'est cependant cette malheureuse apathie qui consomma la ruine de la Hollande.

Les états de Hollande répondirent le 12 au mémoire prussien, par une résolution qui portait en substance : 1° qu'ils ne pouvaient entrer en aucune délibération sur les dernières notes remises par M. de Thulemeyer; 2° qu'il serait envoyé à Berlin une députation compo-

sée de deux membres des états, pour rendre
à sa majesté prussienne le compte le plus exact
de tout ce qui s'était passé par rapport au voyage
de la princesse ; 3° qu'il serait préalablement
écrit une lettre à ce monarque, pour savoir
si cette députation lui serait agréable ; 4° qu'il
serait remis au ministre de Prusse et au chargé
d'affaires de France copie de la résolution,
avec prière de l'envoyer chacun à leur cour.

On ne se faisait pas illusion au point de fonder quelque espérance sur cette résolution ;
aussi sollicitait-on plus vivement que jamais
les secours de la France ; et, avec beaucoup de
diligence, ces secours pouvaient encore arriver à temps : mais il n'y avait pas un instant
à perdre si on voulait sauver la province de
Hollande. Il ne pouvait plus être question de
rassembler une armée : que trois ou quatre régimens, placés aux frontières les plus voisines
de la république, se fussent mis en marche,
et qu'on les eût jetés dans Utrecht, ils pouvaient arrêter les Prussiens, au moins le temps
suffisant pour faire arriver les autres troupes
qui les auraient suivis de proche en proche.
La proposition fut faite à la Haye au comte
d'Esterhazy, alors commandant à Givet, d'envoyer au moins quelques-uns des régimens
qu'il avait sous sa main : il répondit, comme

il était aisé de le prévoir, qu'il n'avait aucuns pouvoirs qui l'autorisassent à cette démarche. La France promit d'ailleurs aux patriotes je ne sais quels secours qui ne parurent jamais, parce que la rapidité de la révolution stathoudérienne ne leur laissa pas le temps d'arriver.

Livrés ainsi à leurs seules ressources intérieures, les républicains avaient formé les inondations dans la province d'Utrecht; encore cet expédient désastreux n'avait pas fourni le secours qu'on s'en était promis, par la sécheresse qui domina cette année pendant tout l'été, et maintint les eaux du Leck fort au-dessous de leur niveau ordinaire. En Hollande, la grande écluse de Minden fut ouverte le 12 : l'inondation qui en résultait aurait dû venir rejoindre celle du Leck, et couvrir toute la province jusqu'à Gorcum, et on eût ouvert le Leck sur la rive méridionale, ce qui aurait donné de l'eau jusqu'au Waal, en inondant une petite partie de la Gueldre. Alors la province de Hollande n'était plus abordable que par quelques digues fort étroites, où deux voitures pouvaient à peine passer de front. Ces digues aboutissaient à Gorcum, à Viane, et plus haut, à Woerden, Nieversluys, Naerden et Minden : c'étaient là, avec Utrecht, les points à défendre.

Ces places, la plupart fortifiées par Cohorn, ou suivant son système, auraient offert une assez longue résistance, si les garnisons eussent été suffisantes. Mais on a vu comment la corruption, en désorganisant les troupes du cordon, en avait affaibli le nombre. On avait rempli les vides, autant qu'on l'avait pu, par des corps francs, qui montraient la meilleure volonté, et il en résultait une force capable sans doute de balancer, ou même d'anéantir l'armée stathoudérienne, mais hors d'état de résister long-temps seule aux Prussiens, si supérieurs par le nombre et par la discipline. Il ne pouvait donc s'agir que de les arrêter dans leur marche, et d'opposer une résistance assez longue pour donner aux secours extérieurs le temps d'arriver, s'il devait en arriver du côté où l'on était en droit d'en espérer.

Utrecht avait sept à huit mille hommes, sans compter la bourgeoisie armée, et dans ce nombre de sept à huit mille, on ne comptait que douze cents hommes de corps francs. Les canonniers français y étaient tous rassemblés sous le commandement du chevalier de Bellonet; ce qui, dans le cas d'un siége, semblait promettre une défense d'au moins plusieurs semaines. Mais c'était M. le rhingrave de Salm qui commandait la ville et la garnison; et, dans les circonstances d'alors, c'était un très grand malheur, car il était devenu impossible de placer en lui la moindre confiance.

Doué de beaucoup d'esprit, adroit et même séduisant, capable de prendre, avec la plus grande facilité, toutes sortes de formes pour arriver plus sûrement à son but, le rhingrave de Salm était un homme sans aucun principe, excepté celui de son intérêt personnel. Son ambition ne connaissait pas de bornes. Il s'était jeté, dès le commencement, dans le parti des patriotes, parce qu'en restant uni à celui du stathouder, il n'avait à espérer qu'un avancement beaucoup trop long pour son impatience; tandis qu'en s'attachant à la cause de la liberté, il se frayait une route nouvelle, qui lui promettait une fortune beaucoup plus rapide. Devenu nécessaire au parti républicain, ses espérances n'avaient plus de terme; aucun de ses calculs n'était sans quelque degré de vraisemblance : honneurs, autorité, richesse; tout se présentait à ses yeux, dans la nouvelle et immense carrière qui s'ouvrait devant lui; et, parmi tous les dénouemens qui pouvaient terminer la lutte entre les deux partis, il en voyait un qui pouvait le conduire à une dignité suprême, dont sa naissance, d'ailleurs, le rendait susceptible. Ses idées réussirent jusqu'à un certain point. Il lui fut aisé de s'emparer de l'esprit et de la confiance de gens simples et droits, tels que les chefs du parti républicain, auxquels il se gardait bien de laisser pénétrer le fond de ses projets. Il entra dans le secret des affaires, et donna souvent de très bons avis. Plus d'une fois il fut envoyé à Paris pour éclairer les ministres sur les intérêts communs à la France et aux patriotes, exposer en détail le véritable état des choses, expliquer par quelles démarches, par quel genre de secours le cabinet de Versailles pouvait concourir au succès de la cause républicaine, répondre aux objections, dissiper les doutes, etc. : toutes choses qu'on ne peut remplir que très imparfaitement par écrit, à moins de se livrer à des détails démesurément volumineux, et alors on n'est guère lu, mais qui se traitent avec beaucoup de facilité par la voie simple de la conversation.

Son caractère souple et facile, sa tournure, son genre d'esprit et d'élocution réussirent parfaitement à Versailles, dans ce pays où le talent de plaire était la première de toutes les qualités. M. de Calonne surtout était séduit et subjugué, et ne s'embarrassait guère de savoir si cette surface éblouissante couvrait un fonds de mérite réel et un esprit de patriotisme bien pur. On pense bien que le rhingrave de Salm n'oublia pas ses intérêts personnels au milieu de ses succès. Général au service de la ville d'Utrecht, mais simple colonel au service de la province de Hollande, il eut l'art de déterminer le ministre de France à lui conférer le grade de maréchal des camps et armées du roi. Il fit plus ; il engagea M. de Calonne à rendre cet honneur plus substantiel, en lui attachant une pension viagère de 40,000 fr., ce qui ne souffrit aucune difficulté. On a même assuré qu'après cette faveur, il avait réfléchi sur le danger que cette pension ne fût, dans la suite anéantie avec la même facilité qu'il avait eue à l'obtenir, dans l'état déplorable où il voyait déjà les finances de France, et que, pour la mettre à l'abri de tout accident, il avait demandé le capital à la place de la rente, ce que M. de Calonne avait accordé avec la même facilité ; en sorte qu'en rendant le brevet de pension, il avait obtenu une somme de 400,000 fr. Lorsque les affaires du parti républicain commencèrent à prendre un certain caractère d'incertitude par leur extrême complication, on a vu comment on avait songé à l'intervention de la France, comme médiatrice entre les provinces. Cette médiation n'entrait point du tout dans les vues du rhingrave, qui sentait bien que son rôle était entièrement fini, au moment où la France aurait pu mettre un terme aux troubles sur lesquels il fondait son élévation ; aussi chercha-t-il de tous ses moyens à l'écarter : et, comme rien ne pouvait se conclure sans l'aveu des villes, et surtout d'Amsterdam, il y envoya ses émissaires pour animer le peuple contre toute espèce de médiation, et le déterminer plutôt à se livrer aux mesures les plus extrêmes, dans la persuasion qu'une des premières aurait été de rassembler les corps francs de toute la province, et de le déclarer généralissime de toute la force armée; espèce de dictature militaire qui aurait mis tous les pouvoirs et les trésors de la Hollande à sa disposition. Ces plans gigantesques n'avaient point échappé à la pénétration des républicains éclairés, qui ne pouvaient plus douter qu'il ne songeât beaucoup plus à son intérêt personnel qu'à celui du parti.

D'un autre côté, depuis qu'il s'était chargé de la défense d'Utrecht, il n'avait pas négligé de s'occuper des moyens de sortir d'embarras, dans le cas où le parti stathoudérien aurait acquis décidément la supériorité. Le voisinage des troupes ennemies lui fournissait beaucoup d'occasions pour nouer et conduire une intrigue avec la cour de Nimègue, et on sut qu'il avait eu plusieurs conférences avec le comte de Callemberg, Saxon très considéré de la famille stathoudérienne. On a cité même un propos qu'il adressa, dans une de ces entrevues, au comte de Callemberg, en le quittant : « Croyez, au reste, lui dit-il, que je n'ai pas » tellement le goût du citron que je ne m'ac- » commode très bien aussi de l'orange. » Nous ne garantissons point ce mot, qui porterait avec lui son propre commentaire. Ces conférences cependant n'eurent aucun résultat, sans doute parce que, trop fins l'un pour l'autre, la défiance mutuelle, très bien fondée peut-être entre les deux côtés, ne leur permit pas de s'accorder sur les conditions. Si l'on ajoute à ces faits que le rhingrave s'était mis en opposition contre la commission souveraine de Woerden, on concevra facilement comment il avait dû perdre la confiance des chefs du parti. Cependant il fut laissé à Utrecht, dans la crainte que, si on lui en retirait le commandement, il ne passât immédiatement du côté de l'ennemi, suivi de sa légion, qui était exactement la fleur des troupes attachées au parti républicain.

Les affaires, comme on le voit, se trouvaient dans un état excessivement critique : cependant les patriotes attendaient encore leur salut de la France, et ne perdaient pas entièrement courage. Mais, le 16, les nouvelles furent affreuses. Avant sept heures du matin, les chefs furent informés que les Prussiens étaient enfin entrés sur le territoire de la république, et s'avançaient vers la province de Hollande, en trois colonnes, l'une dirigée sur Naerden, l'autre sur Amersfort, et la troisième sur Gorcum ; que cette dernière était déjà à Tiel sur le Waal ; que les inondations, de ce côté, ne réussissaient pas comme on le désirait, quoique le temps se fût mis à la pluie depuis quelques jours, cette pluie n'ayant été ni assez longue ni assez abondante pour rendre au niveau du Leck la hauteur que la sécheresse précédente lui avait fait perdre ; qu'il n'y avait aucune apparence qu'on pût défendre Gorcum, et qu'alors rien n'empêchait l'ennemi de paraître à la Haye dans trois fois vingt-quatre heures. Ils apprirent aussi, dans le même instant, que la France était à la fin déterminée à leur envoyer des secours aussitôt que le roi en recevrait l'invitation formelle des états de Hollande. Cette nouvelle si tardive ne balançait pas, à beaucoup près, celle des malheurs imminens qui commençaient à fondre sur la république.

Les principaux patriotes, à l'arrivée de ces nouvelles fâcheuses, s'étaient rassemblés chez M. Gislaer. Ils y délibérèrent avec beaucoup de calme sur le danger de leur position et sur le parti qu'il leur était indispensable de prendre sur-le-champ. L'espérance n'était pas tout-à-fait éteinte, puisque la France annonçait qu'elle se chargeait de la défense de la province de Hollande. Il ne s'agissait que de se maintenir dans une place pour donner aux troupes françaises le temps d'arriver; et, comme aucune place ne pouvait mieux remplir cet objet que la ville d'Amsterdam, ils prirent la résolution de quitter le jour même la ville de la Haye pour se réunir ensuite à Amsterdam. Cette résolution ne portait aucun caractère de pusillanimité. Il était très probable qu'il s'élèverait dans peu quelque émeute furieuse, et la populace, animée par l'approche des Prussiens, et irritée par la présence des chefs républicains, s'ils fussent restés, les aurait indubitablement immolés les premiers à sa rage. Ne les aurait-on pas alors, et avec raison, accusés d'une haute imprudence, si, pour faire parade d'un vain courage d'ostentation, ils avaient négligé de se conserver à la chose publique?

Les états de Hollande se réunirent de bonne heure; il ne fut fait aucune mention officielle des nouvelles du jour, et la seule résolution intéressante qui fut prise dans cette séance, fut celle de demander au roi de France, en vertu de l'alliance, ses secours contre l'invasion des Prussiens, résolution qui fut expédiée le jour même pour Versailles. Mais, immédiatement après l'assemblée, les trois pensionnaires se retirèrent et quittèrent la Haye chacun de leur côté.

Les nouvelles allèrent en empirant. Le jour même du départ des patriotes, on reçut le premier avis qu'Utrecht était évacuée. Aussitôt qu'on avait été assuré dans cette ville de l'entrée des Prussiens sur le territoire de la république, et de la marche d'une colonne sur Amersfort, le rhingrave de Salm avait convoqué un grand conseil de guerre pour délibérer sur les mesures à prendre. Il l'ouvrit par un discours dans lequel il entreprit de démontrer que la place était hors d'état de soutenir un siége, et conclut à sa prompte évacuation. Le chevalier de Bellonet, qui couronnait ses grands talens militaires par beaucoup de modestie, convenait que la ville n'était pas sans doute inexpugnable ; mais il représentait avec modération qu'il croirait pouvoir la défendre plusieurs semaines. Le rhingrave, à qui cet avis ne convenait pas, affirma qu'on manquait de vivres et de munitions, et qu'il était impossible d'en tirer de la Hollande. Si le fait était réel, le rhingrave était bien coupable de ne s'être pas occupé de l'approvisionnement d'une place confiée à ses soins, qui depuis si long-temps était menacée; et, si ce n'était qu'un prétexte controuvé, que penser du courage, des talens et de la droiture d'un commandant qui ouvrirait un pareil avis? Quoi qu'il en soit, son assertion imposa silence au conseil; l'évacuation fut résolue et s'exécuta dans le plus grand désordre. On laissa une belle et nombreuse artillerie mal enclouée, et une grande provision de poudre. Les corps qui composaient la garnison se replièrent; les uns sur Nieversluys, les autres sur Woerden, ou quelque autre place du cordon, tous dans le dessein de se porter définitivement sur Amsterdam. Le rhingrave de Salm s'occupa de sa personne, et oublia la chose publique. Il disparut tellement alors, et déroba si bien sa marche, qu'on ignora, pendant le reste de la révolution, ce qu'il était devenu.

Gorcum, privée du secours de l'inondation, sa force naturelle, ne pût tenir, et fut obligée de se rendre, le 17, à la première bombe qui lui fut envoyée. M. de Capellen, frère du baron de Capellen de Marsch, dont nous avons parlé plus d'une fois dans cet écrit, commandant la place avec une très faible garnison, fut fait prisonnier de guerre, et la haine stathoudérienne lui fit essuyer des traitemens si barbares, qu'il en mourut au bout de quelques semaines. Le chemin était dès-lors ouvert jusqu'à la Haye, sans que rien pût arrêter l'ennemi. La nouvelle en arriva dans cette ville la nuit du 17 au 18; et, aussitôt que la populace en fut informée, il se manifesta des symptômes de fermentation d'une nature très alarmante. Dans la matinée, c'étaient des groupes nombreux qui se rassemblaient de tous côtés, et, se divisant par troupes de quarante à cinquante, parcouraient les rues de la ville, chamarrés de rubans orange, et insultaient les passans qui n'avaient pas la même parure, et cela sous les yeux des piquets de la garnison, qui les laissaient tranquillement faire. C'était là le prélude, et le soir l'émeute prit un caractère vraiment affreux. On ne peut se représenter la rage forcenée de cette populace contre tout ce qui tenait directement ou indirectement au parti des patriotes. Leurs maisons furent pillées ou détruites; eux-mêmes, lorsqu'ils eurent l'imprudence de se montrer, étaient ou cruellement maltraités, ou massacrés, ou jetés dans les canaux. L'hôtel de France ne pouvait échapper à une destruction de fond en comble, si le chargé d'affaires n'eût assez à temps requis le gouvernement de lui donner une bonne et forte garde pour mettre sa personne et sa maison à l'abri de toute insulte. Cette précaution sauva l'hôtel; mais sous ses fenêtres se rassemblait tous les soirs et restait toute la nuit une populace furieuse, poussant des hurlemens de bêtes féroces, vomissant des imprécations contre la France et des malédictions contre le piquet qui ne voulait pas abandonner la maison à sa fureur. La consternation était générale dans la province; toutes les villes, ou déjà soumises, ou disposées à se soumettre, étaient plus ou moins livrées au massacre ou au pillage; en un mot, c'était une vaste scène d'horreur et de désolation.

A la Haye, l'émeute, commencée le 18, avait duré, sans interruption, jusqu'au 20, où elle fut un moment suspendue. Ce jour-là fut le grand jour de triomphe du parti stathoudérien, celui où le prince rentra à la Haye, après une absence de deux années. Cette entrée, faite avec une grande solennité, au travers d'une haie formée par la garnison de la ville, dans une voiture portée plutôt que traînée par une populace ivre de joie et qui faisait retentir l'air de ses acclamations; cette entrée, dis-je, fut le coup de mort pour l'esprit républicain et le parti français.

Aussitôt que les premiers transports furent calmés, les excès recommencèrent avec la même fureur qu'auparavant; ils continuèrent les jours suivans avec plus ou moins de violence, et la tempête ne fut vraiment apaisée que vers le 4 du mois suivant.

Le stathouder, dans sa route, ne manqua pas de changer les régences des villes de la Sud-Hollande, et ces nouvelles régences ne manquèrent pas non plus d'envoyer de nouvelles députations aux états. Ces changemens donnèrent au prince, à l'assemblée, une majorité de seize voix contre trois; les villes opposantes étaient Amsterdam, Alcmaer et Purmerend, où le bouleversement des régences n'avait pas encore été opéré. Les états de Hollande, ainsi composés, commencèrent leurs opérations par la révocation de toutes les résolutions prises contre le stathouder par les états patriotes. Il fut donc réintégré dans toute son autorité passée, tant à l'égard de ses fonctions de capitaine-général, que par rapport au commandement de la garnison de la Haye. La commission de Woerden fut également révoquée, et la princesse invitée, par une résolution formelle, à revenir à la Haye.

Ces mesures furent l'ouvrage de la séance du 21, lendemain de la rentrée du prince; et, le même jour, il fut pris une autre résolution qui intéressait directement la France : elle portait que, « le calme étant heureusement
» rétabli dans le pays par le retour de M. le
» stathouder à la Haye, et la restitution qui
» lui a été faite de tous ses droits et préro-
» gatives, ainsi que par la satisfaction accor-
» dée à madame la princesse, la résolution
» par laquelle on avait demandé l'assistance du
» roi contre l'armée prussienne, était annu-
» lée par le fait, et qu'il en serait donné con-
» naissance à sa majesté, ne doutant pas qu'elle
» ne prît aucune part à cet heureux rétablis-
» sement du repos, et qu'elle ne révoquât les
» ordres qui pourraient avoir été déjà donnés
» pour la marche de ses troupes sur la pre-
» mière invitation. »

Cette résolution, malgré le trait d'ironie qu'elle renfermait, n'en était pas moins parfaitement constitutionnelle : ainsi la France, légalement écartée, se trouva hors de la scène, sans aucun autre moyen d'y rentrer que celui de rompre avec la Prusse; ce qui aurait bientôt entraîné une rupture avec l'Angleterre, et allumé peut-être une guerre universelle dans l'Europe.

Les Prussiens, cependant, avançaient dans la province de Hollande, où les états leur ouvraient eux-mêmes les portes de toutes les villes, par des résolutions qui défendaient toute espèce de résistance. Leur marche ne trouva de difficulté que lorsque, après leur entrée dans Utrecht, ils entreprirent de forcer les places du cordon, telles que Woerden, Nieversluys, Wesop, Minden, etc.; ils perdirent beaucoup de monde, entre autres à Nieversluys, dans quelques sorties heureuses que les assiégés exécutèrent contre eux. Aux approches d'Amsterdam, des villages, tels qu'Oudekerk, Amstel-Veen et autres, firent une défense très honorable pour eux et très meurtrière pour les Prussiens, par la nécessité d'avancer sur ses digues étroites et enfilées par le canon de ces postes : cependant ils furent tous emportés les uns après les autres, et les faibles garnisons qui les défendaient se replièrent successivement sur Amsterdam.

Le commandement général de cette grande ville avait été déféré au chevalier de Ternant, qui s'y était jeté avec les corps francs overysellois qu'il commandait. Les régens et la bourgeoisie l'avaient investi des pouvoirs les plus étendus. Jamais leur confiance n'avait été mieux placée. Aussi éloigné de la jactance du rhingrave de Salm qu'il lui était supérieur en talens militaires, le chevalier de Ternant aurait indubitablement rendu d'importans services à la ville qui mettait ses intérêts entre ses mains ; mais la mauvaise constitution de cette ville mit des entraves à ses mesures les plus salutaires. Le conseil de régence, trop timide pour oser de lui-même en approuver une seule sans la soumettre à la discussion et à l'avis de la bourgeoisie, mettait dans la marche des opérations une lenteur absolument incompatible avec le danger du moment. D'un autre côté, les bourgeois armés et les corps francs n'obéissaient aux réquisitions du général que de la manière qu'ils l'entendaient ; ainsi, lorsqu'il demandait sur-le-champ quinze cents hommes, par exemple, pour être immédiatement employés à quelque ouvrage ou quelque expédition, il s'en présentait successivement trois ou quatre cents, et l'expédition manquait, parce qu'on ne pouvait pas agir par voie de contrainte contre des défenseurs de ce genre, qui n'étaient attachés que par le lien seul de la bonne volonté. C'est par-là que le poste * qui défendait la fameuse écluse située

---

*C'est l'endroit où la mer de Harlem et celle de l'Ye sont tellement rapprochées, que la largeur seule de l'écluse forme la séparation des deux mers. Cette largeur n'est pas de cent pieds.

à moitié chemin entre Harlem et Amsterdam, et qui était vraiment inexpugnable, s'il eût été défendu par une force un peu plus nombreuse, fut cependant surpris par les Prussiens, qui le tournèrent en arrivant par l'Ye, sur des barques, et, le prenant ainsi de revers, s'en rendirent bientôt les maîtres. Il était possible encore de les déloger; le chevalier de Ternant le proposait et répondait du succès, si on lui donnait les forces qu'il comptait y employer. Il éprouva les mêmes obstacles, et dès-lors, se jugeant entièrement inutile, il donna sa démission, quitta la ville, s'échappa au milieu des Prussiens et revint en France.

Il suffit de jeter un coup d'œil sur la carte pour connaître la position critique où se trouvait Amsterdam. Le duc de Brunswick était à ses portes; la France même l'exhortait à céder au malheur des circonstances, et à songer seulement à obtenir la capitulation la moins désavantageuse qu'il serait possible. Ce conseil ne laissait plus le moindre rayon d'espérance aux régens, et il fallut céder à la dure et impérieuse loi de la nécessité. Ils entrèrent donc en conférence avec le duc de Brunswick, et proposèrent d'abord de déterminer le genre de satisfaction qui serait accordé à la princesse; car le duc leur avait fait comprendre que ce point une fois réglé, sa mission était finie. Ils croyaient encore pouvoir obtenir quelques modifications sur les conditions énoncées dans la dernière note de M. de Thulemeyer; et certes, c'était bien peu connaître le caractère implacable de la princesse, que de croire qu'elle se refuserait au plaisir de la vengeance, lorsqu'elle en avait en main tous les moyens. Elle fut absolument inflexible : on s'attendait qu'elle se bornerait à la punition des membres de la commission de Woerden, qui avaient mis obstacle à sa marche vers la Haye, puisque c'était là le seul délit dont elle avait été personnellement l'objet : tout le reste lui était étranger, car l'épouse du stathouder n'était véritablement rien dans l'ordre politique pendant la vie de son mari; mais elle ne voulut pas laisser échapper une occasion, qui lui paraissait si naturelle, d'étendre la proscription sur les membres les plus distingués du parti républicain.

La princesse déclara donc d'abord qu'elle voulait bien laisser la vie aux coupables; mais, après cet excès de clémence et de générosité, elle fit connaître que son intention était qu'on privât de tout emploi et qu'on déclarât incapables à jamais de servir la république, MM. Block, Cammerlingen, de Witt, Toulon, Van-Foreest, composant la commission des états de Hollande; Costerus, bourgmestre de Woerden, secrétaire de l'ancienne commission de défense établie dans cette ville; Delange, conseiller de régence de Gouda; Gislaer, pensionnaire de Dort; Zeeberg et Van-Casteelen, pensionnaires de Harlem; Van-Berkel et Visscher, pensionnaires d'Amsterdam; Campenaar, conseiller d'Alcmaer; Abbema, Bicker, Van-Leyde et Louis Hovy de Jonge, du conseil de régence d'Amsterdam.

Telle fut la loi qu'Amsterdam fut obligée d'accepter. Ses négociateurs demandèrent aussi que cette ville ne reçût ni garnison prussienne, ni garnison nationale. On accorda le premier point et même le second, mais avec cette clause: *A moins que la régence n'en fasse la demande;* mais, comme l'ancienne régence stathoudérienne devait bientôt rentrer dans ses fonctions, on était assuré d'avance que cette demande ne tarderait pas à être faite; ainsi la clause était purement illusoire. Cette capitulation fut signée le 10. Le même jour, les Prussiens prirent possession de la porte qui conduit à Harlem, et le général comte de Kalkreut entra dans la ville.

Parmi les proscrits, MM. Gislaer, Abbema, de Witt, quittèrent leur patrie, où ils ne se crurent plus en sûreté. M. de Capellen de Marsch, condamné depuis, en Gueldre, à perdre la tête, les avait précédés. Une foule de peuple de différentes villes de la province se retira sur le territoire français, et, pendant tout le reste de l'année, l'émigration fut très considérable. Le gouvernement français accueillit cette multitude et la rassembla à Saint-Omer, où il lui fournit des moyens de subsistance, dont la direction et la distribution formèrent une branche particulière d'administration.

M. Van-Berkel resta dans Amsterdam, et continua, malgré la persécution stathoudérienne, à recevoir de ses concitoyens les marques de considération et de respect dues à ses vertus. M. Paulus éprouva la même faveur à Roterdam, où, au milieu des troubles, il fut constamment respecté dans sa personne et dans ses biens. Il conserva même quelque temps son emploi, dont il pensait que ses devoirs ne lui permettaient pas de donner la démission jusqu'à ce qu'elle lui fût demandée. Elle ne l'aurait probablement pas été, tant l'opinion de ses grands talens et de ses vertus était universellement établie; mais il ne convenait point aux Anglais de conserver à la marine hollandaise un ministre doué d'autant de génie, et l'ambassadeur britannique le fit écarter.

Le grand-pensionnaire de Hollande n'attendit pas la fin de son *quinquennium*, qui devait se terminer au mois de novembre; il donna sa démission, et fut remplacé par M. Van-der-Spiegel; il ne survécut guère à la catastrophe : l'étude des sciences exactes, auxquelles il était rendu, ne put l'arracher au chagrin qui l'accompagna dans sa retraite et l'emporta quelques mois après.

Ajoutons encore quelques mots pour terminer enfin cet affligeant tableau. Il fallait récompenser les régimens stathoudériens que la corruption et les promesses avaient attachés à la cause anti-républicaine. Ces promesses furent remplies par les moyens qui avaient déjà servi à récompenser la populace de son zèle. Un nouveau pillage s'organisa, pour eux et par eux, dans les villes qui s'étaient le plus distinguées par leur esprit de patriotisme et de liberté. Aucune d'elles ne put échapper à la calamité : elles la partagèrent dans une proportion plus ou moins forte, mais ce fut la seule différence. Nous nous bornerons à citer le désastre de Bois-le-Duc, belle et grande ville, composée de quatre mille maisons : la garnison n'en respecta que sept cents; mais deux mille furent dévastées de fond en comble, et les autres, sans exception, eurent toutes leurs fenêtres entièrement brisées. Le butin fut immense, mais le gouvernement ne sévit point. A la vérité, quelques effets retrouvés furent rendus à leurs propriétaires, et quelques soldats furent arrêtés; c'était une simple forme, et leur punition ne s'étendit pas plus loin. Cependant la terreur était dans la ville et se répandit de là dans le plat pays, d'où les habitans se sauvèrent comme ils purent, emportant avec eux ce qu'ils avaient de meilleur, et se retirèrent dans le pays de Liége. Ce même sentiment gagna Maestricht et produisit les mêmes effets. L'émigration de ces contrées fut assez considérable, pour que le gouvernement liégeois crût devoir rendre une ordonnance qui exemptait les effets appartenans aux fugitifs de tout droit d'entrée dans le pays; mesure à laquelle il n'aurait pas même songé, si le nombre de ces fugitifs n'avait pas mérité son attention.

Ainsi fut renversé de fond en comble, dans le court espace de quelques semaines, l'édifice dont l'esprit républicain avait jeté les fondemens, et auquel il travaillait sans interruption depuis plusieurs années. Le seul monument qui en restât encore était l'alliance avec la France; et l'on sent avec quel plaisir les Anglais et les stathoudériens travaillèrent à l'anéantir. Ils étaient parfaitement d'accord sur le fond ; mais on ne pouvait se dispenser d'y employer une forme qui ne fût point offensante, puisque enfin on ne pouvait traiter la cour de France comme une régence d'une ville de la province de Hollande ; quoiqu'il fût très vrai qu'à cette époque d'inertie totale, on pouvait hasarder beaucoup envers elle, sans craindre qu'elle en montrât du ressentiment. L'Angleterre, qui se trouvait ici la partie la plus intéressée, crut qu'il suffisait de laisser subsister le nom de cette alliance, pourvu que l'effet en fût radicalement détruit, et c'est ce que les états-généraux obtenaient facilement, en formant aussi une alliance avec l'Angleterre et avec la Prusse en même temps. La dernière pouvait être assez indifférente à la France, dont les intérêts n'étaient pas dans une collision perpétuelle avec ceux de la Prusse comme avec ceux de l'Angleterre. Mais le traité avec la France était anéanti par celui qu'on se proposait de former avec la Grande-Bretagne. Le cabinet de Versailles avait eu l'intention d'arracher la république aux Anglais : ce traité les rappelait pour le moins au partage, et quel partage ! En cas de guerre avec l'Angleterre, nous pouvions compter sur la république ; ici les états-généraux prenaient la balance entre les deux nations, jugeaient de quel côté venait l'agression, et se rangeaient avec la partie lésée : or, il est clair que l'Angleterre aurait toujours été cette partie lésée. Enfin, la France perdait toute son influence en Hollande; l'Angleterre rentrait dans toute celle qu'elle y avait exercée auparavant; elle ne pouvait balancer un instant.

Aussi la proposition en fut portée aux états-généraux par la ville d'Utrecht, dès le 15 octobre : elle fut prise *ad referendum* et soumise aux délibérations des états de chaque province, qui tour à tour l'approuvèrent à l'unanimité. Elle revint enfin aux états-généraux le 14 décembre, où elle passa définitivement en résolution. Les conférences s'ouvrirent immédiatement avec le ministre d'Angleterre et celui de Berlin pour la rédaction des traités. L'alliance avec la Prusse n'offrit pas de grandes difficultés; il ne s'agissait guère, en effet, que d'une garantie réciproque des états en Europe, de la fixation des secours mutuels en cas d'attaque d'une des deux puissances par une troisième; mais surtout d'une garantie expresse de la constitution hollandaise de la part de la Prusse.

Le traité avec l'Angleterre offrait quelques difficultés de rédaction de plus, par la complication des intérêts des deux nations, par rapport au commerce et à la navigation dans les mers orientales; mais ces difficultés furent, en grande partie, remises au moment où les deux puissances travailleraient à un nouveau traité de commerce; et le traité d'alliance, à l'exception d'un article relatif à la défense commune, aux Indes orientales, se réduisit aux stipulations accoutumées de secours à se donner mutuellement en cas d'attaque, de garantie réciproque des possessions dans et hors de l'Europe, et surtout à l'engagement formel que prit l'Angleterre de soutenir et garantir à la république sa constitution et le stathoudérat.

On ne comprend guère ce que signifie une garantie faite à un peuple de sa propre constitution, à moins que cette garantie n'ait pour objet de préserver ce peuple contre les efforts que ferait une puissance étrangère pour renverser sa constitution malgré sa volonté. Mais, si on entend par-là que la constitution sur laquelle s'exerce la garantie lui est tellement soumise, que le peuple lui-même perde le droit de la changer lorsqu'il le jugera convenable, rien n'est plus absurde ni plus contraire aux idées du droit des gens; il répugne à la nature des choses que lorsqu'une nation s'est choisi une forme quelconque de gouvernement, et que le temps et l'expérience lui en ont découvert les abus et les vices, elle ne puisse la changer à sa volonté, et se prive ainsi de l'usage du plus inaliénable de ses droits. C'est le second exemple donné à l'Europe de cette monstrueuse garantie; le premier l'avait été à l'époque du premier partage de la Pologne.

Au reste, les deux traités d'alliance avec la Prusse et avec l'Angleterre furent signés à la Haye, le premier, le 4 avril, le second, le 15 du même mois 1788, et bientôt après ratifiés par les deux cours.

Ainsi fut complétée, en Hollande, la révolution, qui ne lui laissa que le nom de république, en la soumettant à tout ce que le despotisme a de plus absolu: despotisme d'autant plus odieux, que celui qui l'exerçait, caché sous une dénomination modeste et sous les formes d'une liberté apparente, pouvait sans cesse insulter à son véritable souverain et l'entraîner journellement dans les mesures les plus contraires au bien général, sans se rendre responsable envers personne autre que lui-même des écarts de sa propre conduite. Aussi, lorsque le peuple, dans son ivresse, songea à lui conférer le titre de comte souverain de Hollande, il rejeta cette dignité dangereuse qui, en attachant ouvertement l'autorité suprême à sa propre personne, ôtait aux états de la province et aux états-généraux jusqu'à ce vain simulacre de souveraineté qu'ils avaient conservé, et lui créait une succession perpétuelle d'ennemis, qui auraient été sans relâche occupés à combattre son autorité pour se ressaisir eux-mêmes de tout ce qu'ils auraient pu en arracher. Avait-il besoin de ce vain titre, lorsque le pouvoir réel qu'il comportait était déjà entre ses mains, et qu'il en avait la jouissance assurée, tranquille, à l'abri de toute jalousie et de toute espèce de danger ?

Il est affligeant de penser que les personnages de la république les plus distingués par la pureté de leurs sentimens et par leurs lumières, furent proscrits, persécutés, dispersés et exilés de leur patrie; que cette république, dont l'existence physique était un chef-d'œuvre de l'industrie des hommes réunis en société, et qui, à l'ombre d'une liberté bienfaisante, avait fleuri par le commerce et rassemblé dans son sein une très grande partie des richesses de l'Europe; que cette heureuse contrée, si respectable par l'antique simplicité de ses mœurs, vit tout à coup s'éteindre dans son sein jusqu'au moindre germe de la liberté, par le souffle empoisonné du despotisme, et que cette métamorphose étrange fut l'effet de l'absurde opiniâtreté d'un seul homme et de la vanité d'une femme.

On ne peut reprocher aux patriotes qu'une seule faute, et encore cette faute honore-t-elle la pureté de leurs principes : ce fut de s'attacher trop scrupuleusement aux formes constitutionnelles, dans un moment où leurs adversaires les violaient ouvertement tous les jours, en conservant aux états-généraux la députation d'Amersfort, qui ne pouvait représenter légalement la voix de la province d'Utrecht. Mais la France est et sera à jamais inexcusable d'avoir abandonné ses fidèles amis au moment où ses secours leur étaient devenus indispensables, de n'avoir pas même prévenu ce moment par une de ces démarches dont elle n'avait à rendre compte qu'à elle-même, et qui aurait arrêté, ou du moins long-temps suspendu l'invasion prussienne en Hollande. On voit que nous parlons du camp de Givet. Il est de la dernière évidence que, s'il eût été rassemblé, quelque prévenu que le roi de Prusse pût être pour sa sœur, il n'aurait pas voulu soutenir sa cause par la voie des armes, en débutant par se constituer en état de guerre contre la France. Mais la France ne fit rien, et personne ne respecte ceux qui ne savent pas se faire respecter.

La France libre a réparé les torts de la France monarchique. La liberté que les Hollandais cherchaient en 1787 était une liberté bien incomplète, qui renfermait encore le germe de sa propre destruction, puisqu'elle conservait le stathoudérat. Aujourd'hui, fondée sur les droits sacrés et imprescriptibles de l'homme et du citoyen, elle repose sur une base inébranlable. La nouvelle république batave, éclairée par l'expérience, sait actuellement distinguer ses amis de ses ennemis naturels. Les Anglais n'étaient pas moins ses ennemis en lui conservant le stathouder en 1787, qu'ils le sont aujourd'hui en essayant d'envahir son territoire pour y étouffer la liberté dans son berceau. Elle a tout lieu de reconnaître l'identité de ses intérêts avec ceux de la république française, et cette conviction rendra sans doute leur union aussi durable que l'existence des deux nations.

PIÈCES JUSTIFICATIVES.

TRAITÉ

DE NAVIGATION ET DE COMMERCE

ENTRE

LA FRANCE ET LA RUSSIE *,

CONCLU A SAINT-PÉTERSBOURG, LE 31 DÉCEMBRE 1786 (VIEUX STYLE), ET LE 11 JANVIER 1786 (NOUVEAU STYLE).

L<small>OUIS</small>, <small>PAR LA GRACE DE</small> D<small>IEU</small>, <small>ROI DE</small> F<small>RANCE ET DE</small> N<small>A-VARRE</small>, à tous ceux qui ces présentes lettres verront, <small>SALUT</small>.

Comme notre très cher et bien amé le sieur comte de Ségur, chevalier de notre ordre militaire de Saint-Louis, commandeur des ordres de Saint-Lazare et de Notre-Dame-du-Mont-Carmel, membre de l'association américaine de Cincinnatus, colonel de l'un de nos régimens de dragons, et notre ministre plénipotentiaire auprès de notre très chère sœur et parfaite amie l'impératrice et autocratrice de toutes les Russies, aurait,

---

* *Voyez* t. I, p. 80.

en vertu de plein pouvoir que nous lui avons donné, conclu, arrêté et signé, le 31 du mois de décembre de l'année dernière (vieux style) et le 11 du mois de janvier de la présente année (nouveau style), avec les ministres plénipotentiaires de notredite très chère sœur et parfaite amie l'impératrice et autocratrice de toutes les Russies, également munis de ses pleins pouvoirs : savoir, le sieur comte d'Ostermann, son vice-chancelier, conseiller privé actuel, sénateur et chevalier des ordres de Saint-André, de Saint-Alexandre-Nevsky, et grand-croix de celui de Saint-Wladimir de la première classe ; le sieur Alexandre, comte de Bezborodko, premier maître de sa cour, conseiller privé, directeur général des postes, chevalier de l'ordre de Saint-Alexandre-Nevsky, et grand-croix de celui de Saint-Wladimir de la première classe ; et le sieur Arcadie de Marcoff, conseiller d'État actuel, membre du collége des affaires étrangères, grand-croix de l'ordre de Saint-Wladimir de la seconde classe, le traité de navigation et de commerce dont la teneur s'ensuit :

AU NOM DE LA TRÈS SAINTE ET INDIVISIBLE TRINITÉ.

Sa majesté le roi de France et sa majesté l'impératrice de toutes les Russies, désirant encourager le commerce et la navigation directs entre leurs sujets respectifs, par la confection d'un traité d'amitié, de commerce et de navigation, ont choisi et nommé à cet effet pour leurs plénipotentiaires : savoir, sa majesté le roi de France et de Navarre, le sieur Louis Philippe, comte de Ségur, chevalier de l'ordre royal et militaire de Saint-Louis, commandeur des ordres de Saint-Lazare et de Notre-Dame-du-Mont-Carmel, membre de l'association américaine de Cincinnatus, colonel de dragons, son ministre plénipotentiaire auprès de sa majesté l'impératrice de toutes les Russies ; et SA MAJESTÉ L'IMPÉRATRICE DE TOUTES LES RUSSIES, le sieur Jean, comte d'Ostermann, son vice-chancelier, conseiller privé actuel, sénateur et chevalier des ordres de Saint-André, de Saint-Alexandre-Nevsky, grand-croix de celui de Saint-Wladimir de la première classe et de Sainte-Anne ; le sieur Alexandre, comte de Woronzow, conseiller privé actuel, sénateur-président du collége de commerce, chambellan actuel et chevalier de l'ordre de Saint-Alexandre-Nevsky, et grand-croix de celui de Saint-Wladimir de première classe ; le sieur Alexandre, comte de Bezborodko, premier maître de sa cour, conseiller privé, directeur général des postes, chevalier de l'ordre de Saint-Alexandre-Nevsky, et grand-croix de celui de Saint-Wladimir de la première classe ; le sieur Arcadie de Marcoff, conseiller d'État actuel, membre du collége des affaires étrangères, et grand-croix de l'ordre de Saint-Wladimir de la seconde classe ;

Lesquels plénipotentiaires, après s'être respectivement communiqué leurs pleins pouvoirs, sont entrés en conférence, et, ayant mûrement discuté la matière, ont conclu et arrêté les articles suivans :

ART. I*er*. Il y aura une paix perpétuelle, bonne intelligence et sincère amitié entre sa majesté le roi de France et sa majesté l'impératrice de toutes les Russies, leurs héritiers et successeurs de part et d'autre, ainsi qu'entre leurs sujets respectifs. A cet effet, les hautes parties contractantes s'engagent, tant pour elles-mêmes que pour leurs héritiers et successeurs, et leurs sujets, sans aucune exception, non-seulement à éviter tout ce qui pourrait tourner à leur préjudice respectif, mais encore à se donner mutuellement des témoignages d'affection et de bienveillance, tant par terre que par mer et dans les eaux douces, à s'entr'aider par toutes sortes de secours et de bons offices, en ce qui concerne le commerce et la navigation.

II. Les sujets français jouiront en Russie, ainsi que les sujets russes en France, d'une parfaite liberté de commerce, conformément aux lois et réglemens qui subsistent dans les deux monarchies, sans qu'on puisse les troubler ni inquiéter en aucune manière.

III. Une parfaite liberté de conscience sera accordée aux sujets français en Russie, conformément aux principes d'une entière tolérance qu'on y accorde à toutes les religions. Ils pourront librement s'acquitter des devoirs et vaquer au culte de leur religion, tant dans leurs maisons que dans les églises publiques qui y sont établies, sans éprouver jamais la moindre difficulté à cet égard. Les sujets russes en France jouiront également d'une parfaite liberté du culte de leur religion dans leurs propres maisons, à l'égal des autres nations qui ont des traités de commerce avec la France.

IV. Les deux puissances contractantes accordent à leurs sujets respectifs, dans tous les pays de leur domination où la navigation et le commerce sont permis, les droits, franchises et exemptions dont y jouissent les nations européennes les plus favorisées; et veulent qu'en conséquence ils profitent de tous les avantages au moyen desquels leur commerce pourra s'étendre et fleurir, de façon cependant qu'à l'exception des susdits droits, franchises et prérogatives, autant qu'elles leur seront nommément accordées ci-dessous, ils soient soumis dans leur commerce et trafic aux tarifs, ordonnances et lois établis dans les États respectifs.

V. Dans tous les ports et grandes villes de commerce des États respectifs, dont l'entrée et le commerce sont ouverts aux nations européennes, les deux puissances contractantes pourront établir des consuls généraux, consuls et vice-consuls, qui jouiront de part et d'autre des privilèges, prérogatives et immunités attachés à ces places, dans le pays de leur résidence ; mais, pour ce qui regarde le jugement de leurs affaires, et relativement aux tribunaux des lieux où ils résident, ils seront traités comme ceux des nations les plus favorisées avec lesquelles les deux puissances ont des traités de commerce. Les susdits consuls généraux, consuls ou vice-consuls, ne pourront point être choisis à l'avenir parmi les sujets nés de la puissance chez laquelle ils doivent résider, à moins qu'ils n'aient obtenu une permission expresse de pouvoir être accrédités auprès d'elle en cette qualité. Au reste, cette exception ne saurait avoir un effet rétroactif à l'égard de ceux qui auraient été nommés aux susdites places avant la confection du présent traité.

VI. Les consuls généraux, consuls ou vice-consuls des deux puissances contractantes, auront respectivement l'autorité exclusive sur les équipages des navires de leur nation dans les ports de leur résidence, tant pour la police générale des gens de mer que pour la discussion et le jugement des contestations qui pourront s'élever entre les équipages.

VII. Lorsque les sujets commerçans de l'une ou de

l'autre des puissances contractantes auront entre eux des procès ou autres affaires à régler, ils pourront, d'un consentement mutuel, s'adresser à leurs propres consuls, et les décisions de ceux-ci seront non-seulement valables et légales, mais ils auront le droit de demander, en cas de besoin, main-forte au gouvernement pour faire exécuter leur sentence. Si l'une des deux parties ne consentait pas à recourir à l'autorité de son propre consul, elle pourra s'adresser aux tribunaux ordinaires du lieu de sa résidence, et toutes les deux seront tenues de s'y soumettre. En cas d'avarie sur un bâtiment français, si les Français seuls en ont souffert, les consuls généraux, consuls ou vice-consuls de France, en prendront connaissance, et seront chargés de régler ce qui y aura rapport. De même si dans ce cas les Russes sont seuls à souffrir des avaries survenues dans un bâtiment russe, les consuls généraux, consuls ou vice-consuls russes, en prendront connaissance, et seront chargés de régler ce qui y aura rapport.

VIII. Toutes les affaires des marchands français trafiquant en Russie seront soumises aux tribunaux établis pour les affaires de négocians, où elles seront jugées promptement d'après les lois qui y sont en vigueur, ainsi que cela se pratique avec les autres nations qui ont des traités de commerce avec la cour de Russie. Les sujets russes, dans les États de sa majesté très chrétienne, seront également sous la protection des lois du royaume, et traités à cet égard comme les autres nations qui ont des traités de commerce avec la France.

IX. Les sujets des hautes parties contractantes pourront s'assembler avec leurs consuls en corps de factorerie, et faire entre eux, pour l'intérêt commun de la factorerie, les arrangemens qui leur conviendront, en tant qu'ils n'auront rien de contraire aux lois, statuts et réglemens du pays ou de l'endroit où ils seront établis.

X. Les sujets des hautes parties contractantes paieront, pour leurs marchandises, les douanes et autres droits fixés par les tarifs actuellement en force, ou qui existeront à l'avenir dans les États respectifs; mais, pour encourager le commerce des sujets russes avec la France, sa majesté très chrétienne leur accorde en totalité l'exemption du droit de fret établi dans les ports de son royaume sur les navires étrangers, si ce n'est lorsque les navires russes chargeront des marchandises de France dans un port de France, pour les transporter dans un autre port du même royaume, et les y déchargeront; auquel cas lesdits navires acquitteront le droit dont il s'agit, aussi long-temps que les autres nations seront obligées de l'acquitter. En réciprocité de cet avantage, sa majesté impériale, voulant aussi de son côté promouvoir la navigation directe des sujets français avec ses États, leur accorde la prérogative de pouvoir acquitter les droits de douanes, dans toute l'étendue de son empire, en monnaie courante de Russie, sans être assujettis à les payer comme ci-devant en rixdalers, de façon que pour chaque rixdaler il ne sera exigé d'eux que cent vingt-cinq copecks; mais la susdite facilité n'aura point lieu dans le port de Riga, où les sujets russes eux-mêmes doivent payer les droits de douanes, pour toute espèce de marchandises, en rixdalers effectifs.

XI. Afin de favoriser encore plus particulièrement le commerce direct entre les provinces méridionales des États respectifs, sa majesté très chrétienne entend que les denrées et marchandises russes, venant des ports de la mer Noire dans celui de Marseille ou autres, soient exemptes du droit de vingt pour cent, et de dix sous par livre, qui font ensemble trente pour cent que les étrangers sont obligés de payer pour les marchandises du Levant qu'ils y introduisent, à condition que les capitaines des bâtimens russes fourniront la preuve authentique, par des certificats des consuls ou vice-consuls de France, ou, à leur défaut, des douaniers ou juges locaux; que ces denrées ou marchandises sont du crû de la Russie, et ont été expédiées desdits ports et non d'autres, non plus que d'aucune place de la domination de la Porte ottomane.

Il est convenu que les vaisseaux russes expédiés des ports de la mer Noire ne pourront aborder que dans ceux de Marseille et de Toulon, les seuls où il soit permis de se présenter.

Quant aux droits qui se perçoivent dans les ports de la Méditerranée sur les vaisseaux et les marchandises étrangères, le roi très chrétien déclare que les bâtimens russes venant de la mer Noire seront traités à l'égal des français.

En faveur de cet avantage, sa majesté impériale s'engage à faire participer les négocians français à celui accordé à ses sujets par le sixième article de son édit du 27 septembre 1782, servant d'introduction au tarif général des douanes de Russie, énoncé en ces termes:
« Quoique ce tarif général doive servir aussi pour tous
» nos ports situés sur la mer Noire et sur celle d'Asoph,
» cependant nous diminuons, dans lesdits ports, d'un
» quart les droits fixés par ce tarif, afin d'y encourager
» le commerce de nos sujets et des nations avec les-

» quelles nous stipulerons à cet égard des avantages
» réciproques, en compensation des prérogatives
» qu'elles accorderont à notre commerce; excluant
» cependant de cette diminution les marchandises
» nommément spécifiées dans le présent tarif, comme
» devant payer les mêmes droits dans les ports de la
» mer Noire que dans les autres douanes de notre em-
» pire, aussi bien que celles pour lesquelles le présent
» tarif détermine les droits particuliers dans les ports
» de la mer Noire. »

XII. Sa majesté très chrétienne, pour contribuer de son mieux à l'extension du commerce et de la navigation directe des sujets de sa majesté impériale dans les États de sa domination, leur accorde encore les avantages suivans :

1° Les fers de Russie en barres ou en assortiment, lorsqu'ils seront importés sur des vaisseaux français ou russes, ne seront assujettis qu'aux mêmes droits que paient ou paieront les fers de la nation européenne la plus favorisée.

2° Les suifs en pain, et 3° les cires jaunes et blanches, en balles et en grain, venant de Russie, jouiront d'une diminution de vingt pour cent sur les droits d'entrée que paient aujourd'hui en France les susdites denrées par le tarif actuel. Il est entendu que cette diminution n'aura lieu que lorsque ces denrées seront transportées sur des navires français ou russes.

En compensation de cet avantage, sa majesté l'impératrice de Russie accorde, 1° que tous les vins de France, hors ceux de Bourgogne et de Champagne, qui seront importés en Russie par les ports de la mer Baltique et de la mer Blanche sur des navires français ou russes, et pour le compte des sujets respectifs, y jouiront d'une diminution de trois roubles de droits d'entrée sur chaque oxhofft ou barrique de deux cent quarante bouteilles, de manière qu'au lieu de quinze roubles qu'en vertu du tarif général, ces vins ont payé jusqu'ici par oxhofft, ils ne paieront à l'avenir que douze roubles; et lorsque cesdits vins entreront en Russie par les ports de la mer Noire, et sous la même condition d'être propriété française ou russe, et chargés sur des navires appartenant à l'une ou à l'autre nation, ils jouiront, outre la diminution susdite du bénéfice de vingt-cinq pour cent, que le tarif général accorde pour l'encouragement du commerce des ports de la mer Noire, et par conséquent les droits d'entrée de ces vins y seront réduits à neuf roubles par oxhofft; il s'ensuit qu'aussitôt que les vins en question cesseront d'être propriété française ou russe, ou qu'ils seront importés dans les ports de Russie, sur des navires étrangers, ils ne pourront plus participer aux avantages susmentionnés, mais ils seront strictement assujettis au tarif général.

2°. Les vins de Champagne et de Bourgogne jouiront d'une diminution de dix copecks par bouteille de droits d'entrée dans les ports de la mer Baltique et de la mer Blanche; de sorte que le premier de ces vins, qui, d'après le tarif général, a payé jusqu'ici soixante copecks par bouteille, ne paiera plus que cinquante copecks, et l'autre sera porté de cinquante à quarante copecks par bouteille. Il sera, outre cela, accordé à ces vins, en sus de ladite diminution, le bénéfice de vingt-cinq pour cent pour les ports de la mer Noire, moyennant lequel les droits d'entrée pour la Champagne y seront réduits à trente-sept et demi copecks par bouteille, et ceux de

Bourgogne à trente copecks par bouteille. Dans l'un toutefois comme dans l'autre cas, cette importation se fera également sur des navires français ou russes et pour le compte des sujets respectifs, puisque, si ces vins n'étaient pas de la propriété de l'une ou de l'autre nation, ou qu'ils fussent importés sur des navires étrangers, ils seront absolument soumis au tarif général.

3° Les savons de Marseille que les sujets français importeront dans les États de Russie, jouiront pareillement d'une diminution de droits; de sorte qu'au lieu de six roubles par poud qu'ils ont payés jusqu'à présent, ils ne seront plus soumis qu'à la même taxe que paient actuellement les savons pareils de Venise et de Turquie, savoir un rouble par poud.

XIII. Le but des hautes parties contractantes, en accordant les avantages stipulés dans les articles précédens X, XI et XII, étant uniquement d'encourager le commerce et la navigation directs entre les deux monarchies, les sujets respectifs ne jouiront desdites prérogatives et exemptions, qu'à condition de prouver la propriété de leurs marchandises par des certificats en due forme, et les deux puissances contractantes s'engagent réciproquement à publier, chacune de son côté, une défense expresse à leurs sujets d'abuser de ces avantages, en se donnant pour propriétaires de navires ou de marchandises qui ne leur appartiendraient pas, sous peine à celui où à ceux qui auraient ainsi fraudé les droits, en prêtant leur nom à quelque autre négociant étranger, d'être traités selon la rigueur des lois et réglemens émanés à cet égard dans les États respectifs.

XIV. Pour constater la propriété russe des marchandises importées en France, on devra produire des certificats des consuls généraux, consuls ou vice-consuls de France, résidant en Russie, rédigés en due forme; mais si le navire a fait voile d'un port où il n'y ait pas de consul général, consul ou vice-consul de France, on se contentera d'un certificat de la douane, ou du magistrat du lieu d'où le navire aura été expédié. Lesdits consuls généraux, consuls ou vice-consuls, ne pourront rien exiger au-delà d'un rouble pour l'expédition, soit d'un tel certificat, soit d'un acquit à caution, ou autre document nécessaire. Pour constater pareillement la propriété française des marchandises importées en Russie, on devra produire des certificats en due forme des consuls généraux, consuls ou vice-consuls de Russie, résidant en France; mais si le navire a fait voile d'un port où il n'y ait pas de consul général, consul ou vice-consul de Russie, on se contentera de pareils certificats, soit du magistrat du lieu, soit de la douane ou de telle autre personne préposée à cet effet. Les consuls généraux, consuls ou vice-consuls de Russie en France, ne pourront rien exiger au-delà de la valeur d'un rouble réduit en monnaie de France, pour l'expédition d'un tel certificat ou autre document de cette espèce.

XV. Les hautes parties contractantes conviennent que leurs consuls généraux, consuls ou vice-consuls, négocians et marchands qui ne seront point naturalisés, jouiront réciproquement, dans les deux États, de toutes les exemptions d'impôts et charges personnelles dont jouissent ou jouiront, dans les mêmes États, les consuls généraux, consuls ou vice-consuls, négocians et marchands de la nation la plus favorisée.

Les sujets respectifs qui obtiendront des lettres de naturalité ou le droit de bourgeoisie, soit en France, soit en Russie, seront tenus à supporter les mêmes charges et taxes imposées sur les sujets nés de l'État, attendu qu'ils jouiront aussi d'une parfaite égalité d'avantages avec ceux-ci.

XVI. Les nations qui sont liées avec la France par des traités de commerce, étant affranchies du droit d'aubaine dans les États de sa majesté très chrétienne, elle consent que les sujets russes ne soient pas réputés aubains en France, et conséquemment ils seront exempts du droit d'aubaine ou autre droit semblable, sous quelque dénomination qu'il puisse être. Ils pourront librement disposer, par testament, donation ou autrement, de leurs biens-meubles et immeubles, en faveur de telles personnes que bon leur semblera ; et lesdits biens, délaissés par la mort d'un sujet russe, seront dévolus, sans le moindre obstacle, à ses héritiers légitimes par testament ou *ab intestat*, soit qu'ils résident en France ou ailleurs, sans qu'ils aient besoin d'obtenir des lettres de naturalité, et sans que l'effet de cette concession puisse leur être contesté ou empêché, sous quelque prétexte que ce soit. Ils seront également exempts du droit de détraction ou autre de ce genre, aussi long-temps qu'il n'en sera point établi de pareils dans les États de sa majesté l'impératrice de toutes les Russies. Les susdits héritiers présens, ainsi que les exécuteurs testamentaires, pourront se mettre en possession de l'héritage dès qu'ils auront légalement satisfait aux formalités prescrites par les lois de sa majesté très chrétienne, et ils disposeront, selon leur bon plaisir, de l'héritage qui leur sera échu, après avoir acquitté les autres droits établis par les lois, et non désignés dans le présent article.

Mais, si les héritiers étaient absens ou mineurs, et par conséquent hors d'état de faire valoir leurs droits, dans ce cas, l'inventaire de toute la succession devra être fait sous l'autorité des juges du lieu, par un notaire public, accompagné du consul ou vice-consul de Russie, s'il y en a un dans l'endroit, et sous l'inspection du procureur du roi ou du procureur fiscal; et, s'il n'y avait pas de consul ou vice-consul dans l'endroit, on appellera comme témoins deux personnes dignes de foi. Après ce préalable, la succession sera déposée entre les mains du consul ou vice-consul, ou, à son défaut, entre les mains de deux personnes désignées par le procureur du roi ou le procureur fiscal, afin que lesdits biens soient gardés pour les légitimes héritiers ou véritables propriétaires. En cas qu'il y ait des mineurs, et qu'il ne se présentât en France aucun parent qui pût remplir, par provision, la tutelle ou curatelle, elle sera confiée au consul ou vice-consul de Russie, ou, à son défaut, à une personne désignée par le procureur du roi ou le procureur fiscal, jusqu'à ce que les parens du défunt aient nommé un tuteur ou curateur. Dans le cas où il s'éleverait des contestations sur l'héritage d'un Russe mort en France, les tribunaux du lieu où les biens du défunt se trouveront, devront juger le procès suivant les lois de la France.

Quoique les Russes doivent jouir en France de tous les droits attachés à la propriété, de même que les Français, et l'acquérir par les mêmes voies légitimes, sans avoir besoin de lettres de naturalité pendant le temps de leur séjour dans le royaume, ils ne pourront néanmoins, conformément aux lois établies pour les étrangers, posséder aucun office, dignités, bénéfices, ni remplir aucune fonction publique, à moins d'avoir obtenu des lettres-patentes à ce nécessaires, duement enregistrées dans les cours souveraines du royaume.

Bien que le droit d'aubaine n'existe pas en Russie, sa majesté l'impératrice de toutes les Russies, afin de prévenir tout doute quelconque à cet égard, s'engage à faire jouir, dans toute l'étendue de son empire, les sujets du roi très chrétien d'une entière et parfaite réciprocité, relativement aux stipulations renfermées dans le présent article.

XVII. Pour prévenir les fraudes des droits de douanes, soit par la contrebande, soit de quelque autre manière, les hautes parties contractantes conviennent réciproquement que, pour tout ce qui regarde la visite des navires marchands, les déclarations des marchandises, le temps de les présenter, la manière de les vérifier, et en général, pour tout ce qui concerne les précautions à prendre contre la contrebande et les peines à infliger aux contrebandiers, l'on observera dans chaque pays les lois, réglemens et coutumes qui y sont établis ou qu'on y établira à l'avenir. Dans tous les cas susmentionnés, les deux puissances contractantes s'engagent réciproquement à ne pas traiter les sujets respectifs avec plus de rigueur que ne le sont leurs propres sujets lorsqu'ils tombent dans les mêmes contraventions.

XVIII. Lorsque les navires français ou russes seront obligés, soit par des tempêtes, soit pour se soustraire à la poursuite des ennemis ou de quelque pirate, ou enfin pour quelque autre accident, de se réfugier dans les ports des États respectifs, ils pourront s'y radouber, se pourvoir de toutes les choses nécessaires, et se mettre en mer librement, sans subir la moindre visite, ni payer aucuns droits de douane ni d'entrée, excepté seulement les droits de fanaux et de ports; pourvu que, pendant leur séjour dans ces ports, on ne tire aucune marchandise desdits navires, encore plus qu'on n'expose quoi que ce soit en vente; mais si le maître ou patron d'un tel navire jugeait à propos de vendre quelque marchandise, il sera tenu à se conformer aux lois, ordonnances et tarifs de l'endroit où il aura abordé.

XIX. Les vaisseaux de guerre des deux puissances contractantes trouveront également dans les États respectifs les rades, rivières, ports et havres ouverts; pour entrer ou sortir, demeurer à l'ancre tant qu'il leur sera nécessaire, sans subir aucune visite, en se conformant aux lois générales de police, et à celles des bureaux de santé établis dans les États respectifs. Dans les ports fortifiés des villes où il y a garnison, il ne pourra pas entrer plus de cinq vaisseaux de guerre à la fois, à moins qu'on n'en ait obtenu la permission pour un plus grand nombre. On facilitera auxdits vaisseaux de guerre les moyens de se ravitailler et radouber dans les ports respectifs, en leur fournissant les vivres et rafraîchissemens au prix courant, francs et libres de droits de douane, ainsi que les agrès, bois, cordages et apparaux qui leur seront nécessaires, au prix courant des arsenaux des États respectifs, autant que le besoin pressant de l'État n'y mettra point un obstacle légitime.

XX. Les hautes parties contractantes, pour éviter toutes les difficultés auxquelles les différens pavillons et les différens grades des officiers donnent lieu, lorsqu'il est question des saluts en mer ou à l'entrée des ports, sont convenues de déclarer qu'à l'avenir les saluts n'auront plus lieu ni en mer ni à l'entrée des ports, entre les vaisseaux des deux nations, de quelque espèce qu'ils soient, et quel que soit le grade des officiers qui les commanderont.

XXI. Aucun vaisseau de guerre d'une des puissances contractantes, ni personne de son équipage, ne pourra être arrêté dans les ports de l'autre puissance. Les commandans desdits vaisseaux devront s'abstenir scrupuleusement de donner aucun asile sur leur bord aux déserteurs, contrebandiers, fugitifs, quels qu'ils soient, criminels ou malfaiteurs, et ne devront faire aucune difficulté de les livrer à la réquisition du gouvernement.

XXII. Aucun bâtiment marchand des sujets respectifs, ni personne de son équipage ne pourra être arrêté, ni les marchandises saisies dans les ports de l'autre puissance, excepté le cas de saisie ou d'arrêt de justice, soit pour dettes personnelles contractées dans le pays même par les propriétaires du navire ou de sa cargaison, soit pour avoir reçu à bord des marchandises déclarées contrebande par le tarif des douanes, soit pour y avoir recélé des effets qui y auraient été cachés par des banqueroutiers ou autres débiteurs, au préjudice de leurs créanciers légitimes, soit pour avoir voulu favoriser la fuite ou l'évasion de quelque déserteur des troupes de terre ou de mer, de contrebandier, ou de quelque autre individu que ce soit qui ne serait pas muni d'un passe-port légal, de tels fugitifs devant être remis au gouvernement, aussi bien que les criminels qui auraient pu se réfugier sur un tel navire; mais le gouvernement, dans les États respectifs, apportera une attention particulière à ce que lesdits navires ne soient pas retenus plus long-temps qu'il ne sera absolument nécessaire. Dans tous les cas susmentionnés, ainsi qu'à l'égard des délits personnels, chacun sera soumis aux peines établies par les lois du pays où le navire et l'équipage auront abordé, et l'on y procédera selon les formes judiciaires de l'endroit où le délit aura été commis.

XXIII. Si un matelot déserte de son vaisseau, il sera livré à la réquisition du maître ou patron de l'équipage auquel il appartiendra, et, en cas de rebellion, le propriétaire du navire ou le patron de l'équipage pourra requérir main-forte pour ranger les révoltés à leur devoir; ce que le gouvernement, dans les États respectifs, devra s'empresser de lui accorder, ainsi que tous les secours dont il pourrait avoir besoin pour continuer son voyage sans risque et sans retard.

XXIV. Les navires de l'une des hautes parties contractantes ne pourront, sous aucun prétexte, être contraints, en temps de guerre, de servir dans les flottes ou escadres de l'autre, ni de se charger d'aucun transport.

XXV. Les vaisseaux français ou russes, ainsi que leur équipage, tant matelots que passagers, soit nationaux, soit même sujets d'une puissance étrangère, recevront dans les États respectifs toute l'assistance et protection qu'on doit attendre d'une puissance amie; et aucun individu, appartenant à l'équipage desdits navires, non plus que les passagers, ne pourra être forcé d'entrer, malgré lui, au service de l'autre puissance. Ne pourront cependant rester à l'abri de cette dernière franchise, les sujets de chacune des deux puissances contractantes qui se trouveront à bord appartenant à l'autre; lesquels sujets elles seront toujours libres de réclamer.

XXVI. Lorsqu'une des hautes parties contractantes, sera en guerre contre d'autres États, les sujets de l'autre puissance contractante n'en continueront pas moins leur navigation et leur commerce avec ces mêmes États, pourvu qu'ils s'astreignent à ne point leur fournir les effets réputés *contrebande*, comme il sera spécifié ci-après. Sa majesté très chrétienne saisit avec plaisir cette occasion de faire connaître la parfaite conformité de ses principes, sur le cas dont il s'agit, avec ceux que sa majesté l'impératrice de toutes les Russies a manifestés pour la sûreté et l'avantage du commerce des nations neutres, dans sa déclaration du 28 février 1780.

XXVII. Les hautes parties contractantes s'engagent en conséquence, lorsqu'elles seront en guerre avec quelque puissance que ce soit, à observer scrupuleusement les principes fondamentaux des droits du commerce et de la navigation marchande des peuples neutres, et nommément les quatre axiomes suivans :

1° Que les vaisseaux neutres pourront naviguer librement de port en port et sur les côtes des nations en guerre;

2° Que les effets appartenant aux sujets des puissances en guerre seront libres sur les vaisseaux neutres, à l'exception de la contrebande de guerre, comme il sera détaillé ci-après;

3° Que, pour déterminer ce qui caractérise un port bloqué, on n'accordera cette dénomination qu'à celui qui sera attaqué par un nombre de vaisseaux proportionné à la force de la place, et qui en seront suffisamment proches pour qu'il y ait un danger évident d'entrer dans ledit port;

4° Que les vaisseaux neutres ne pourront être arrêtés que sur de justes causes et des faits évidens; qu'ils seront jugés sans retard; que la procédure sera uniforme, prompte et légale; et qu'outre les dédommagemens qu'on accordera toujours à ceux qui en auront souffert sans avoir été en faute, il sera donné une satisfaction complète pour l'insulte faite au pavillon.

XXVIII. En conséquence de ces principes, les hautes parties contractantes s'engagent réciproquement, en cas que l'une d'entre elles fût en guerre contre quelque puissance que ce soit, de n'attaquer jamais les vaisseaux de ses ennemis que hors de la portée du canon des côtes de son allié. Elles s'obligent de même mutuellement d'observer la plus parfaite neutralité dans les ports, havres, golfes et autres eaux comprises sous le nom d'eaux closes, qui leur appartiennent respectivement.

XXIX. On comprendra sous le nom de marchandises de contrebande de guerre ou défendues les armes à feu, canons, arquebuses, fusils, mortiers, pétards, bombes, grenades, saucisses, cercles poissés, affûts, fourchettes, bandoulières, poudre à canon, mèches, salpêtre, balles, piques, épées, morions, casques, cuirasses, hallebardes, javelines, fourreaux de pistolets, baudriers, selles et brides; et tous autres semblables genres d'armes et d'instrumens de guerre servant à l'usage des troupes. On en excepte cependant la quantité qui peut être nécessaire pour la défense du navire et de ceux qui en composent l'équipage. Mais tous les effets et marchandises qui ne sont pas nommément spécifiés dans le présent article, passeront librement sans être assujettis à la moindre difficulté, et ne pourront jamais être réputés munitions de guerre ou navales, ni sujets par conséquent à être confisqués.

XXX. Quoique, par l'article XXIX, la contrebande de guerre soit si clairement exprimée, que tout ce qui n'y est pas nommément spécifié doit être entièrement libre et à l'abri de toute saisie, cependant les hautes parties contractantes, voulant ne laisser aucun doute sur de telles matières, jugent à propos de stipuler qu'en cas de guerre de l'une d'entre elles contre quelque autre état que ce soit, les sujets de l'autre puissance contractante, qui sera restée neutre dans cette guerre, pourront librement acheter ou faire construire pour leur propre compte, et en quelque temps que ce soit, autant de navires qu'ils voudront chez la puissance en guerre avec l'autre partie contractante, sans être assujettis à aucune difficulté de la part de celle-ci, à condition que lesdits navires soient munis de tous les documens nécessaires pour constater la propriété légale des sujets de la puissance neutre.

XXXI. Lorsqu'une des deux puissances contractantes sera engagée dans une guerre contre quelque autre État, ses vaisseaux de guerre, ou armateurs particuliers, auront le droit de faire la visite des navires marchands appartenans aux sujets de l'autre puissance contractante qu'ils rencontreront naviguant sans escorte sur les côtes ou en pleine mer. Mais, en même temps qu'il est expressément défendu à ces derniers de jeter aucun papier en mer dans un tel cas, il n'est pas moins strictement ordonné auxdits vaisseaux de guerre, ou armateurs, de ne jamais s'approcher desdits navires marchands qu'à la distance au plus de la demi-portée du canon; et, afin de prévenir tout désordre et violence, les hautes parties contractantes conviennent que les premiers ne pourront jamais envoyer au-delà de deux ou trois hommes dans leurs chaloupes à bord des derniers, pour faire examiner les passe-ports et lettres de mer qui constateront la propriété et les chargemens desdits navires marchands. Et pour mieux prévenir tous accidens, les hautes parties contractantes sont convenues réciproquement de se communiquer la forme des documens et des lettres de mer, et d'en joindre les modèles aux ratifications.

Mais, en cas que ces navires marchands fussent escortés par un ou plusieurs vaisseaux de guerre, la simple déclaration de l'officier commandant de l'escorte, que lesdits navires n'ont à bord aucune contrebande de guerre, devra suffire pour qu'aucune visite n'ait lieu.

XXXII. Dès qu'il aura apparu, par l'inspection des documens des navires marchands rencontrés en mer, ou par l'assurance verbale de l'officier commandant leur escorte, qu'ils ne sont point chargés de contrebande de guerre, ils pourront aussitôt continuer librement leur route. Mais si, malgré cela, lesdits navires marchands étaient molestés ou endommagés de quelque manière que ce soit par les vaisseaux de guerre ou armateurs de la puissance belligérante, les commandans de ces derniers répondront en leurs personnes et leurs biens de toutes les pertes et dommages qu'ils auront occasionés; et il sera de plus accordé une réparation satisfaisante pour l'insulte faite au pavillon.

XXXIII. En cas qu'un tel navire marchand, ainsi visité en mer, eût à bord de la contrebande de guerre, il ne sera point permis de briser les écoutilles, ni d'ouvrir aucune caisse, coffre, malle, ballots ou tonneaux, ni déranger quoi que ce soit dudit navire. Le patron dudit bâtiment pourra même, s'il le juge à propos, livrer sur-le-champ la contrebande de guerre à son capteur, lequel devra se contenter de cet abandon volontaire, sans retenir, molester ni inquiéter en aucune manière le navire ni l'équipage, qui pourra, dès ce moment même, poursuivre sa route en toute liberté. Mais, s'il refuse de livrer la contrebande de guerre dont il serait chargé, le capteur aura seulement le droit de l'emmener dans un port où l'on instruira son procès devant les juges de l'amirauté, selon les lois et formes judiciaires de cet endroit; et, après qu'on aura rendu là-dessus une sentence définitive, les seules marchandises reconnues pour contrebande de guerre seront confisquées, et tous les autres effets non désignés dans l'article XXIX seront fidèlement rendus; il ne sera pas permis d'en retenir quoi que ce soit sous prétexte de frais ou d'amende.

Le patron d'un tel navire, ou son représentant, ne sera point obligé d'attendre malgré lui la fin de la procédure; mais il pourra se remettre en mer librement, avec son vaisseau, tout son équipage et le reste de sa cargaison, aussitôt qu'il aura livré volontairement la contrebande de guerre qu'il avait à bord.

XXXIV. En cas de guerre de l'une des hautes parties contractantes contre quelque autre État, les sujets de ses ennemis qui se trouveront au service de la puissance contractante qui sera restée neutre dans cette guerre, ou ceux d'entre eux qui seront naturalisés ou auront acquis le droit de bourgeoisie dans ses

États, même pendant la guerre, seront envisagés par l'autre partie belligérante et traités sur le même pied que les sujets nés de la puissance neutre, sans la moindre différence entre les uns et les autres.

XXXV. Si les navires des sujets des hautes parties contractantes échouaient ou faisaient naufrage sur les côtes des États respectifs, on s'empressera de leur donner tous les secours et assistances possibles, tant à l'égard des navires et effets qu'envers les personnes qui composeront l'équipage. A cet effet, on avisera, le plus promptement qu'il sera possible, le consul ou vice-consul de la nation du navire naufragé, et on lui remettra, à lui ou à son agent, la direction du sauvetage; et, où il ne se trouverait ni consul ni vice-consul, les officiers préposés de l'endroit veilleront audit sauvetage, et y procéderont en tous points de la manière usitée à l'égard des sujets mêmes du pays, en n'exigeant rien au-delà des frais et droits auxquels ceux-ci sont assujettis en pareil cas sur leurs propres côtes, et on procédera de part et d'autre avec le plus grand soin, pour que chaque effet, sauvé d'un tel navire naufragé ou échoué, soit fidèlement rendu au légitime propriétaire.

XXXVI. Les procès et autres affaires civiles, concernant les sujets commerçans respectifs, seront réglés et jugés par les tribunaux du pays auquel ressortissent les affaires du commerce des nations avec lesquelles les hautes parties contractantes ont des traités de commerce. Ces tribunaux leur rendront la plus prompte et la plus exacte justice, conformément aux lois et formes judiciaires prescrites aux susdits tribunaux. Les sujets respectifs pourront confier le soin de leurs causes à tels avocats, procureurs ou notaires que bon leur semblera, pourvu qu'ils soient avoués par le gouvernement.

XXXVII. Lorsque les marchands français et russes feront enregistrer aux douanes respectives leurs contrats ou marchés pour ventes ou achats de marchandises, par leurs commis, expéditeurs ou autres gens employés par eux, les douanes où ces contrats s'enregistreront devront soigneusement examiner si ceux qui contractent pour le compte de leurs commettans sont munis par ceux-ci d'ordres ou pleins pouvoirs en bonne forme, auquel cas lesdits commettans seront responsables comme s'ils avaient contracté eux-mêmes en personne; mais si lesdits commis, expéditeurs ou autres gens employés par les susdits marchands, ne sont pas munis d'ordres ou pleins pouvoirs suffisans, ils ne devront pas en être crus sur leur parole, et, quoique les douanes soient dans l'obligation d'y veiller, les contractans ne seront pas moins tenus de prendre garde eux-mêmes que les accords ou contrats qu'ils feront ensemble n'outre-passent pas les termes de procurations ou pleins pouvoirs confiés par les propriétaires des marchandises; ces derniers n'étant tenus à répondre que de l'objet et de la valeur énoncés dans leurs pleins pouvoirs.

XXXVIII. Les hautes parties contractantes s'engagent réciproquement à accorder toute l'assistance possible aux sujets respectifs, contre ceux qui n'auront pas rempli les engagemens d'un contrat fait et enregistré selon les lois et formes prescrites; et le gouvernement, de part et d'autre, emploiera, en cas de besoin, l'autorité nécessaire pour obliger les parties à comparaître en justice, dans les endroits où lesdits contrats auront été conclus et enregistrés, et pour procurer l'exacte et entière exécution de tout ce qu'on y aura stipulé.

XXXIX. On prendra réciproquement toutes les précautions nécessaires pour que le brac soit confié à des gens connus par leur intelligence et probité, afin de mettre les sujets respectifs à l'abri du mauvais choix des marchandises et des emballages frauduleux; et, chaque fois qu'il y aura des preuves suffisantes de mauvaise foi, contravention ou négligence de la part des bracqueurs ou gens préposés à cet effet, ils en répondront en leurs personnes et leurs biens, et seront obligés de bonifier les pertes qu'ils auront causées.

XL. Les marchands français, établis ou qui s'établiront en Russie, peuvent et pourront acquitter les marchandises qu'ils y achètent en la même monnaie courante de Russie qu'ils reçoivent, pour leurs marchandises vendues, à moins que, dans les contrats ou accords faits entre le vendeur et l'acheteur, il n'ait été stipulé le contraire : ceci doit s'entendre réciproquement de même pour les marchands russes établis ou qui s'établiront en France.

XLI. Les sujets respectifs auront pleine liberté de tenir, dans les endroits où ils seront domiciliés, leurs livres de commerce, en telle langue qu'ils voudront, sans que l'on puisse rien leur prescrire à cet égard; et l'on ne pourra jamais exiger d'eux de produire leurs livres de compte ou de commerce, excepté pour leur justification en cas de banqueroute ou de procès; mais, dans ce dernier cas, ils ne seront obligés de présenter que les articles nécessaires à l'éclaircissement de l'affaire dont il sera question.

XLII. S'il arrivait qu'un sujet français établi en Russie, ou un sujet russe établi en France, fît banqueroute, l'autorité des magistrats et des tribunaux du lieu sera requise par les créanciers pour nommer les curateurs de la masse auxquels seront confiés tous les effets, livres et papiers de celui qui aura fait banqueroute. Les consuls ou vice-consuls respectifs pourront intervenir dans ces affaires pour les créanciers et débiteurs de leur nation absens, en attendant que ceux-ci aient envoyé leurs procurations; et il sera donné copie des actes qui pourront intéresser les sujets de leur souverain, afin qu'ils soient en état de leur en faire parvenir la connaissance. Lesdits créanciers pourront aussi former des assemblées pour prendre entre eux les arrangemens qui leur conviendront concernant la distribution de ladite masse. Dans ces assemblées, le suffrage de ceux des créanciers qui auront à prétendre aux deux tiers de la masse sera toujours prépondérant, et les autres créanciers seront obligés de s'y soumettre; mais quant aux sujets respectifs qui auront été naturalisés, ou auront acquis le droit de bourgeoisie dans les États de l'autre puissance contractante, ils seront soumis en cas de banqueroute, comme dans toutes les autres affaires, aux lois, ordonnances et statuts du pays où ils seront naturalisés.

XLIII. Les marchands français, établis ou qui s'établiront en Russie, pourront bâtir, acheter, vendre et louer des maisons dans toutes les villes de l'empire qui n'ont pas de priviléges municipaux ou droits de bourgeoisie contraires à ces acquisitions. Toutes maisons possédées et habitées par les marchands français à Saint-Pétersbourg, Moscou, Archangel, Cherson,

Sevastopol et Théodosia, seront exemptes de tout logement aussi long-temps qu'elles leur appartiendront et qu'ils y logeront eux-mêmes; mais, quant à celles qu'ils donneront ou prendront à loyer, elles seront assujetties aux charges et logemens prescrits pour ces endroits. Les marchands français pourront aussi s'établir dans les autres villes de l'empire de Russie; mais les maisons qu'ils y bâtiront ou achèteront, ne jouiront pas des exemptions accordées seulement dans les six villes dénommées ci-dessus; cependant, si sa majesté l'impératrice de toutes les Russies jugeait à propos, par la suite, de faire une ordonnance générale pour acquitter en argent la fourniture des quartiers, les marchands français y seront assujettis comme les autres.

Sa majesté très chrétienne s'engage réciproquement à accorder aux marchands russes, établis ou qui s'établiront en France, la même permission et les mêmes exemptions qui sont stipulées par le présent article en faveur des Français en Russie, et aux mêmes conditions exprimées ci-dessus, en désignant les villes de Paris, Rouen, Bordeaux, Marseille, Cette et Toulon, pour y faire jouir les marchands russes des mêmes prérogatives accordées aux Français dans celles de Saint-Pétersbourg, Moscou, Archangel, Cherson, Sevastopol et Théodosia.

XLIV. Lorsque les sujets de l'une des puissances contractantes voudront se retirer des États de l'autre puissance contractante, ils pourront le faire librement quand bon leur semblera, sans éprouver le moindre obstacle de la part du gouvernement, qui leur accordera, avec les précautions prescrites, les passe-ports en usage pour quitter le pays et emporter librement les biens qu'ils auront apportés ou acquis, après s'être assuré qu'ils auront satisfait à toutes leurs dettes, ainsi qu'aux droits fixés par les lois, statuts et ordonnances du pays qu'ils voudront quitter.

XLV. Afin de promouvoir d'autant mieux le commerce des deux nations, il est convenu que, dans le cas où la guerre surviendrait entre les hautes parties contractantes (ce qu'à Dieu ne plaise), il sera accordé de part et d'autre, au moins l'espace d'une année, après la déclaration de la guerre, aux sujets commerçans respectifs, pour rassembler, transporter ou vendre leurs effets ou marchandises, pour se rendre dans cette vue partout où ils jugeront à propos ; et, s'il leur était enlevé ou confisqué quelque chose, sous prétexte de la guerre contre leur souverain, ou s'il leur était fait quelque injustice durant la susdite année, dans les États de la puissance ennemie, il sera donné à cet égard une pleine et entière satisfaction. Ceci doit s'entendre pareillement de ceux des sujets respectifs qui seraient au service de la puissance ennemie : il sera libre aux uns et aux autres de se retirer dès qu'ils auront acquitté leurs dettes ; et ils pourront, avant leur départ, disposer selon leur bon plaisir et convenance de ceux de leurs effets dont ils n'auraient pu se défaire, ainsi que des dettes qu'ils auraient à prétendre, leurs débiteurs étant tenus de les acquitter, comme s'il n'y avait pas eu de rupture.

XLVI. Le présent traité d'amitié et de commerce durera douze années, et toutes les stipulations en seront religieusement observées de part et d'autre durant cet espace de temps. Mais, comme les hautes parties contractantes ont également à cœur de perpétuer les liaisons d'amitié et de commerce qu'elles viennent de contracter, tant entre elles qu'entre leurs sujets respectifs, elles se réservent de convenir de sa prolongation ou d'en contracter un nouveau avant l'expiration de ce terme.

XLVII. Sa majesté le roi très chrétien, et sa majesté l'impératrice de toutes les Russies, s'engagent à ratifier le présent traité, et les ratifications en bonne et due forme en seront échangées dans l'espace de trois mois, à compter du jour de la date de sa signature, ou plus tôt, si faire se peut.

En foi de quoi, nous soussignés, en vertu de nos pleins pouvoirs, avons signé ledit traité, et y avons apposé le cachet de nos armes.

Fait à Saint-Pétersbourg, le trente-un décembre mil sept cent quatre-vingt-six (vieux style); et le onze janvier mil sept cent quatre-vingt-sept (nouveau style).

Signé, (L. S.) Louis Philippe, comte de Ségur.
(L. S.) Comte Jean d'Ostermann.
(L. S.) Comte Alexandre de Woronzow.
(L. S.) Alexandre, comte de Bezborodko.
(L. S.) Arcadie de Marcoff.

Nous, ayant agréable le susdit traité de navigation et de commerce en tous et chacun les points et articles qui y sont contenus et déclarés, avons iceux, tant pour nous que pour nos héritiers, successeurs, royaumes, pays, terres, seigneuries et sujets, acceptés et approuvés, ratifiés et confirmés ; et, par ces présentes signées de notre main, acceptons, approuvons, ratifions et confirmons ; et le tout promettons en foi et parole de roi, sous l'obligation et hypothèque de tous et un chacun nos biens, présens et à venir, garder et observer inviolablement, sans jamais aller ni venir au contraire, directement ou indirectement, en quelque sorte et manière que ce soit ; en témoin de quoi nous avons fait mettre notre scel à ces présentes. Donné à Versailles le quinzième jour du mois de mars, l'an de grâce mil sept cent quatre-vingt-sept, et de notre règne le treizième.

Signé, LOUIS.

Et plus bas, par le roi,

Signé, COMTE DE MONTMORIN.

Scellé du grand sceau de cire jaune, sur lacs de soie bleue tressés d'or, le sceau renfermé dans une boîte d'argent, sur le dessus de laquelle sont empreintes et gravées les armes de France et de Navarre, sous un pavillon royal soutenu par deux anges.

Suit le Formulaire des passe-ports et lettres de mer, etc.

FORMULAIRE

DES

PASSE-PORTS ET LETTRES DE MER

QUI SE DOIVENT DONNER DANS LES AMIRAUTÉS RESPECTIVES DES ÉTATS DES HAUTES PARTIES CONTRACTANTES AUX VAISSEAUX ET BATIMENS QUI EN SORTIRONT; CONFORMÉMENT A L'ARTICLE 31 DU PRÉSENT TRAITÉ, SAVOIR :

DE LA PART DU ROI DE FRANCE,

CONGÉ N°

POUR LES VAISSEAUX FRANÇAIS.

NN.—A tous ceux qui ces présentes lettres verront, SALUT. Savoir faisons que nous avons donné congé et passe-port à N.—maître du bâtiment français du lieu de N.—nom- N.—du port de N.—tonneaux ou environ, étant au port mé et hâvre de N.—de s'en aller au port et havre de N.— chargé de N.—après que visitation dudit navire et de son chargement aura été bien et dûment faite, et à la charge de se conformer aux ordonnances et réglemens de sa majesté, sur les peines y portées. En témoin de quoi nous avons signé ces présentes, et à icelles fait apposer le sceau de nos armes, et contre-signer par le secrétaire-général de la marine. Délivré à—le—17—

POUR L'ÉTRANGER.

NN.—A tous ceux qui ces présentes lettres verront, SALUT. Savoir faisons que nous avons permis à N.—maître du

N. — du port de N. — ou environ, de sortir du port et havre de N. — où il est présentement, pour aller à N. — chargé de N. — après que la présente permission aura été enregistrée au greffe de l'amirauté, et la visite de son vaisseau faite à l'ordinaire. En témoin de quoi nous avons signé ces présentes, à icelles fait apposer le sceau de nos armes, et contre-signer par le secrétaire-général de la marine. Délivré à — le — du mois de — 17 —

Et de la part de l'impératrice de toutes les Russies,

PASSE-PORT DE MER.

Par ordre de sa majesté impériale autocratrice de toutes les Russies, etc., etc., etc.

D'autant que le nommé N. — porteur de la présente, maître du navire marchand russe N. — en conformité d'un acquit à lui délivré par la douane de N. — veut mettre à la voile pour la ville de N. — avec son équipage, savoir : pilote, matelots, mousses, ayant à bord N. — en or et en argent ; en conséquence, nous enjoignons aux commandans des ports et vaisseaux de sa majesté, de donner libre passage audit maître N. — et à son équipage.

En foi de quoi nous lui avons fait expédier le présent passe-port sous le sceau du collège de l'amirauté. Donné, etc.

FORMULE DE CERTIFICAT DE LA DOUANE DE SAINT-PÉTERSBOURG.

Par ordre de sa majesté impériale autocratrice de toutes les Russies, etc., etc., etc.

La douane de sa majesté impériale à Saint-Pétersbourg, en vertu d'un témoignage vérifié par elle, certifie et fait foi par les présentes, que le navire N. — maître N. — chargé à

N. — pour N. — à l'adresse des sieurs N. N. — négocians dudit lieu, a été effectivement construit en Russie, aux dépens de sujets russes; qu'il a été chargé dans ce port pour le compte du sieur N. — négociant de N. — et frété par le sieur N. — négociant dudit lieu, à savoir :

83 balles de chanvre, première sorte ou net, pesant 3233 pouds, pour le compte du sieur N. — négociant de N. —

776 barres de fer pesant 1275 pouds, pour le compte du sieur N. — négociant de N. —

En marchandises appartenantes au maître et à l'équipage, et chargées pour leur compte, pour être vendues à N. — tant et tant.

En foi de quoi nous avons fait expédier le présent certificat signé de notre main, et muni du sceau de la douane impériale de Saint-Pétersbourg. Donné, etc.

(La formule du certificat restant toujours la même, on a seulement ajouté sous les lettres B, C, D, E, F, quelques dénominations tirées de différens certificats, pour indiquer la différence des cargaisons.)

Lettre B.

A savoir — " — " futailles ou lagounes de suif à savon, pesant " — " pouds et " — " livres, pour le compte, etc.

Fer non travaillé, pesant " — " pouds et " — " livres, pour le compte, etc.

En marchandises appartenantes au maître et à l'équipage, etc.

Lettre C.

A savoir, 95 futailles ou lagounes de suif à chandelle, pesant 896 pouds, 30 livres, pour le compte, etc.

500 ballots de toile à voiles, 2 pièces par ballot, en tout 1000 pièces, pour le compte, etc.

En marchandise, etc.

Lettre D.

A savoir, petit cordage goudronné, 96 pouds, 36 livres.

942 kouls de froment de 8 tschetvericks le koul, etc.

112 ballots de toiles à voiles, 2 pièces par ballot, en tout 224 pièces, etc.

4 pièces de ravendock à 50 archines la pièce, faisant 200 archines, etc.

Lettre E.

597 barres de fer de Sibérie, pesant 1000 pouds, etc.

22 balles de chanvre, seconde sorte, pesant 982 pouds.

24 balles de chanvre, première sorte, pesant 975 pouds, 25 livres.

11 balles de chanvre, seconde sorte, pesant 513 pouds, 20 livres.

Lettre F.

A savoir, 1594 balles de chanvre, première sorte, pesant 13495 pouds, 28 livres.

15 rouleaux contenant 315 cuirs rouges, pesant 517 pouds, 29 livres.

FORMULE ORDINAIRE DES CONNAISSEMENS.

Le soussigné, maître du navire N. — (*nom et surnom*) reconnaît avoir reçu du sieur N. — (*nom et surnom*) les marchandises suivantes :

8823 barres de fer pesant 15000 pouds.

572 balles de chanvre, troisième sorte, ou demi-net, pesant 21964 pouds, 10 livres.

174 balles de chanvre, seconde sorte, pesant 8116 pouds, 35 livres, qu'il délivrera à N. N. —

ACQUIT DE LA DOUANE DE SAINT-PÉTERSBOURG.

Par ordre de sa majesté impériale autocratrice de toutes les Russies, etc., etc., etc.

Le nommé N. — maître du navire N. — chargé pour N. — ayant dûment payé ses droits et charges à la douane, comparaîtra devant le collége de l'amirauté pour prendre son passe-port, lequel lui ayant été expédié, il ne mettra à la voile qu'après s'être présenté à la douane de Cronstadt, sous commination d'être puni selon les lois, en cas de contravention. Donné, etc.

ATTESTAT

DE L'AMIRAUTÉ DE SAINT-PÉTERSBOURG, MIS A LA SUITE DES CERTIFICATS DE LA DOUANE.

Le collége de l'amirauté atteste que le certificat ci-dessus a été délivré en effet au négociant N. — propriétaire du navire russe N. — et enregistré dans les livres dudit collége, N° — sous sa signature et son sceau. Donné, etc.

Cet attestat est toujours signé par un des plus anciens membres du collége.

FIN DU TOME TROISIÈME.

TABLE DES MATIÈRES

CONTENUES DANS CE TROISIÈME VOLUME.

DÉCADE HISTORIQUE.

TOME TROISIÈME.

                Page

Mémoire sur la révolution de Hollande, par Ant. Bern. Caillard, ci-devant chargé des affaires de France à Copenhague, Pétersbourg, la Haye, et ministre plénipotentiaire de la république française à Ratisbonne et à Berlin. 1

FIN DE LA TABLE DES MATIÈRES.

TABLE

DES

PIÈCES JUSTIFICATIVES.

                                                             Pages

Traité de navigation et de commerce entre la France et la Russie, conclu à Saint-Pétersbourg, le 31 décembre 1786 (vieux style) et le 11 janvier 1787 (nouveau style). 237

Formulaire des passe-ports et lettres de mer qui se doivent donner dans les amirautés respectives des États des hautes parties contractantes aux vaisseaux et bâtimens qui en sortiront, conformément à l'article 31 du présent traité. 268

FIN DE LA TABLE DES PIÈCES JUSTIFICATIVES.

TABLE

GÉNÉRALE ET ALPHABÉTIQUE

DES MATIÈRES

CONTENUES DANS CET OUVRAGE.

Nota. Les chiffres romains indiquent les tomes, et les chiffres arabes indiquent les pages de chaque tome.

A.

Abbema, nommé, par la régence d'Amsterdam, commissaire de cette ville. Sa mission. III. 101-102-103.

Ainsley, ambassadeur d'Angleterre en Turquie. Il engage la Porte ottomane à déclarer la guerre à la Russie. I. 88-89.

Albert, électeur de Brandebourg, dit *l'Ulysse* et *l'Achille*. Pourquoi ainsi nommé. I. 25.

Alcudia, ministre d'Espagne. Combat le système pacifique du comte d'Aranda. II. 199. Il détache l'Espagne de la coalition. 205. Pourquoi nommé *prince de la Paix*. 334.

Alliance. Proposition d'une quadruple alliance entre la Russie, l'empereur, l'Espagne et la France. I. 134-135-136. Quelles en furent les suites. 138.

Alsace, province qui devient le prétexte de la coalition. Pourquoi. II. 348-352.

AMERSFORT. La régence stathoudérienne y fait suspendre de ses fonctions le général Van-Ryssel. III. 145. Désertion des troupes provoquée par l'Angleterre. Dissension dans l'intérieur de cette ville. 152.

AMSTEL-VEEN. Perte des Prussiens à l'attaque de ce village. III. 221.

AMSTERDAM. Siége et capitulation de cette ville. I. 128. — Reprise de cette ville sur le stathouder et les coalisés par trente hussards français. II. 278. — *Mémoire de M. Caillard* : Assemblée de la bourgeoisie pour délibérer sur le degré d'influence que le peuple doit avoir dans les affaires. III. 100.-Manière dont les régens trompent le vœu de la bourgeoisie. 101 *et suiv.* Triomphe de la bourgeoisie, et rappel des trois nouveaux députés que la régence avait envoyés aux états-généraux. 103 *et suiv.* Émeute terrible. Combat entre les stathoudériens et les patriotes. 134. Péril auquel échappe cette ville. 140. Commission des cinq où le pouvoir est concentré pour veiller au salut de la Hollande. 141. Résolution désespérée de rompre la grande digue de Minden. 198-206. Capitulation avec le duc de Brunswick. 223. Proscriptions qui en furent les suites. *Ibid. et suiv.*

ANARCHISTES, faction composée de la lie de toutes les classes. II. 40.

ANGLAIS. Chassés de Sainte-Lucie, de la Dominique et de plusieurs autres îles par les habitans. II. 338.

ANGLETERRE. Partis qui la divisent. II. 117. Les wighs et les républicains applaudissent aux premiers élans des Français pour la liberté. 118. La Convention, ne pouvant se concilier avec le ministère britannique, lui déclare la guerre, ainsi qu'à la Hollande et à l'Espagne. 123-125. Elle s'empare de plusieurs îles françaises en Amérique, et de Toulon. 178-204. Viole le droit des gens dans le port de Gênes. 180. Ses lenteurs à secourir les royalistes de la Vendée. Fautes qu'elle fit à cet égard et qui la firent échouer dans son projet de ruiner et de démembrer la France. 190. Son intérêt dans la coalition. Seule elle en recueille les fruits. Son projet favori et caché de consommer la ruine de la France. 204. Sa politique ambitieuse, relativement aux Hollandais. Elle ne s'oppose à la paix qu'ils demandent que pour s'emparer de leurs possessions en Afrique et dans l'Inde, système qui fut réalisé par la prise du Cap et de Ceylan. 277. Provinces dont elle voulait dépouiller la France. 280. Ses motifs pour s'opposer à la paix. 282. Faiblesse et futilité de ses motifs. 283. Ligue que son ambition a suscitée contre elle. 284. Après avoir pris la Corse, la Martinique et les vaisseaux de Toulon, elle livre les Vendéens à leurs propres forces, refuse de descendre un prince français sur les côtes de France, et finit par abandonner les émigrés à Quiberon. 323. — Sa conduite et sa mauvaise foi à l'égard des Provinces-Unies, pendant la guerre d'Amérique. III. 28. La connivence du stathouder avec le cabinet de Saint-James. 29-30. Motif de la guerre qu'elle déclare à la Hollande. 33. Ses motifs pour compter sur la connivence et la partialité du stathouder. 34. Conseils perfides que lui donne le cabinet de Saint-James. Conseils intéressés que la France donne également aux patriotes. 35 *et suiv.*

Angrand – d'Alleray, magistrat vertueux, qui mérite l'auguste nom de *père des pauvres*. Il est traduit au tribunal révolutionnaire qui l'envoie à la mort. Réponse noble et touchante qu'il adresse à ses juges inhumains. II. 170.

Ankarstroem. Il assassine le roi de Suède dans un bal. II. 33.

Anselme (le général). Il s'empare de Nice. II. 114. Il est accusé de trahison. Pourquoi il échappe à ses ennemis. 143.

Anvers. Congrès tenu dans cette ville pour concerter les plans de guerre à suivre contre la France, après la défection de Dumouriez. II. 140.

Aout (séance du 4). Abolition de la noblesse et de tous ses privilèges. I. 224.

Aout (le 10). Événemens précurseurs et présages de cette journée. II. 55. Préparatifs de défense et d'attaque. 56. Disposition des esprits dans l'assemblée législative. 57. Mot affreux d'un des conjurés. 58.

Archenholz (M. d'), colonel au service de Prusse. Il démontre que le ministre Pitt est agresseur dans la guerre actuelle. I. 366.

Argone, défilés occupés par Dumouriez pour arrêter la marche de l'ennemi. II. 85.

Aristocrates, nom donné aux partisans de la cour de Louis XVI. I. 227.

Aristocratie. Sa conduite impolitique. Fautes graves qu'elle commet après la perte de ses privilèges. I. 239.

Armées. État respectif des armées républicaines et des armées coalisées en 1795. II. 194.

Armées françaises. Leurs exploits dans la campagne de la seconde année de la république. Vingt-trois sièges en forme. Gain de six batailles rangées. Prise de cent vingt-quatre villes. II. 198. Recrutement de trois cent mille hommes. 312.

Arnheim, ville pillée et dévastée par les troupes du prince d'Orange. III. 167.

Artois (le comte d'). Son opposition aux conseils donnés à Louis XVI après la prise de la Bastille. Son émigration. I. 219.

Assemblée constituante. Ses premiers travaux et les sentimens qu'elle inspire. I. 222-223. Abolition de la noblesse et de tous ses priviléges. 224. Sa conduite à l'égard du gouvernement. 226. Son enceinte forcée par les brigands du 5 octobre. 234. Elle vient fixer son séjour à Paris. 235. Membres qui se retirèrent après les crimes commis à Versailles; leurs motifs. Sa situation à Paris. 236. Ses fautes. 238 *et suiv.* Influence des jacobins sur elle. Partis et factions qui la déchirent. 243 *et suiv.* Lutte établie entre elle et le roi. 251. Suspension des pouvoirs de Louis XVI jusqu'à ce qu'il accepte la constitution. 259. Elle se sépare. Son dernier décret est l'une de ses fautes les plus graves. 262.

Assemblée législative. Vice de sa composition. Turbulence de sa minorité. II. 2. Ses manœuvres séditieuses. 3. Ses alarmes et ses dispositions à l'égard des rois. 4. Flétrissure dont elle se charge en protégeant les assassins d'Avignon. Elle proscrit les prêtres réfractaires à qui la loi avait laissé la liberté de prêter ou de refuser le serment. 9. Disposition des esprits relativement à l'approche du 10 août. Embarras des conspirateurs qui étaient dans son sein. Leur petit nombre; leurs artifices, leur audace et leur succès. 55 *et suiv.* Elle condamne la famille royale à être enfermée au Temple. 62. Elle déclare infâme et traître à la patrie tout agent du pouvoir exécutif, tout Français qui tendrait directement à modifier la constitution française, et à composer avec les puissances possessionnées en Alsace. 355.

Assemblées primaires de Paris. Elles acceptent la constitution de l'an III, et rejettent la loi des 5 et 13 fructidor, qui amena les troubles du 13 vendémiaire. II. 306-307-308.

Assignats. Leurs hypothèques sur la spoliation des riches et sur la place de la révolution, sous le gouvernement révolutionnaire. II. 169.

Autriche (maison d'). Elle est sauvée par la sagesse de Léopold. I. 270.

Autrichiens. Ils forcent Pichegru à lever le siége de Mayence, s'emparent de Manheim, après l'avoir battu auprès de cette ville, et se rendent maîtres du Palatinat. II. 339.

Averhoult, patriote hollandais qui battit les troupes du stathouder à Jutphaas. I. 118. — Il s'avance devant un autre corps de troupes envoyé contre la ville d'Utrecht, et le disperse. III. 120 *et suiv.*

Avignon. Cette ville et le comtat Venaissin furent enlevés au pape, pour avoir déclaré schismatiques tous ceux qui reconnaissaient les décrets de l'assemblée nationale. I. 310.

B.

Bailly, victime de la révolution et des jacobins, premier maire de Paris, quitte cette place lorsque l'assemblée constituante finit ses sessions. Faute qui lui fut commune avec la Fayette et plusieurs autres. I. 263.

Bale, ville de Suisse où furent signés les traités de paix entre la Prusse et la France, et entre cette dernière puissance et l'Espagne. II. 330-333.

Barnave, se réunit, ainsi que Duport et Lameth, avec la Fayette, pour sauver Louis XVI après son retour de Varennes. I. 259.

Barras, fut un des neuf députés qui, pour prévenir leur perte, conspirèrent contre Robespierre. II. 217. Il eut le commandement de Paris lorsque les jacobins délivrèrent Robespierre et le conduisirent à la commune. 223.

Barrère, décemvir et collègue de Robespierre, propose le remplacement des décemvirs qui étaient morts avec Robespierre. II. 225. Il est condamné à la déportation, mis en prison, s'évade, et depuis il est amnistié. 291.

Barthelemy. Son caractère; considération dont il jouit; honneurs et dignités qui lui sont conférés; injustice qu'il éprouve. II. 325. Chargé de négocier la paix en Suisse avec la Prusse. 326. Incident qui interrompit les négociations. 327. Conclusion du traité de paix. 328. Intérêts à régler. 330. Ses liaisons avec le chevalier d'Yriarte. 331. Il signe avec lui la paix avec l'Espagne. 333.

BASTILLE (prise de la), journée fameuse dans les annales de la révolution. Ce fut l'ouvrage du peuple. Le gouverneur y fut tué. I. 217.

BAVIÈRE. Son échange proposé contre les Pays-Bas. Guerre à ce sujet. I. 268.

BEAUREPAIRE, se brûle la cervelle pour n'avoir pu engager les habitans de Verdun à se défendre contre les Prussiens. II. 74.

BELLONET, officier français envoyé secrètement, avec une centaine de canonniers, à Utrecht. III. 194.

BENDER (le maréchal de), remet la Flandre et le Brabant sous l'empire de Léopold. I. 301. Pris au blocus de Luxembourg par les Français. — Il s'était rendu célèbre par la conquête rapide et facile du Brabant. II. 338.

BENTINCK (le comte de), accompagne la princesse d'Orange dans son voyage de Nimègue à la Haye. III. 163. Émeute qu'il court y susciter. 171.

BÉQUELIN (M.), académicien distingué, préposé à l'éducation de Frédéric-Guillaume II, roi de Prusse. I. 56.

BERKEL (VAN-), grand-pensionnaire de Hollande. Son discours aux états. Son apostrophe au comte de

Roonne. III. 114. Moyen qu'il emploie pour faire agréer aux patriotes et aux sociétés populaires la médiation de la France. 160.

Berlin, pris par les Russes, sous le règne du grand Frédéric. I. 42. Il devint le centre de la politique de l'Europe sous le ministre Hertzberg. 68.

Berne (canton de). Ordre donné aux régimens suisses qui étaient au service des Provinces-Unies, de garder la plus stricte neutralité pendant les troubles de ce pays. I. 114.

Bernstorff, ministre prudent du roi de Danemarck. La ligue anglo-prussienne ne peut le faire renoncer à son système d'alliance défensive avec la Russie. I. 301.

Bertrand de Molleville, ministre de Louis XVI. Il prouve, dans ses *Annales de la Révolution*, qu'il y eut à Mantoue une déclaration de Léopold et des agens de plusieurs puissances, pour contraindre le peuple français à rendre la liberté à Louis XVI. L'adhésion de Pitt à cette déclaration, au traité de Pavie et au traité de Pilnitz, serait une preuve que le cabinet de Saint-James a provoqué la guerre actuelle contre la France. I. 368. — Note sur son ouvrage intitulé : *les Annales de la Révolution*. II. 13. Il se cacha après le 10 août, et fit répandre le bruit de sa mort. 61 *et suiv.*

Besenval (le baron de). Services qu'il rendit au roi après la prise de la Bastille. I. 219.

Beurnonville, ministre de la guerre. Sa jonction avec Dumouriez, opérée par une faute du duc de Brunswick. II. 83. Il dénonce à la Gironde de nouveaux massacres projetés par les jacobins, et propose de les faire exterminer. 135. Livré à Cobourg par Dumouriez. 137.

Bialinski, profite de la terreur imprimée à la diète de Grodno pour signer le démembrement de la Pologne en faveur de la Prusse. II. 249.

Bicot, chambellan du stathouder. Crime que commet son perruquier; quelle en fut la suite. III. 61.

Billaud-Varennes, décemvir, condamné à la déportation avec plusieurs de ses collègues et complices. II. 291.

Biren. Comment il élude les demandes de la Russie et de la Prusse. I. 78.

Biron, attaque la ville de Mons. Ses vertus, et terreur panique répandue dans l'armée. II. 45. Sa situation en Alsace. 84. L'utilité de la diversion de son armée. 90.

Bischoffswerder, ministre et favori du roi de Prusse, l'engage à déclarer la guerre à la France. II. 20.

Bleeswick, grand-pensionnaire de Hollande; son caractère, ses talens. Acte honteux qu'il signe en faveur du duc Louis de Brunswick. Promesse que lui arrachent les patriotes. III. 26 *et suiv.*

Bois-le-Duc. Pillage et dévastation entière de cette ville. III. 227.

Boissy-d'Anglas. Son courage, et danger extraordinaire

qu'il courut à la tribune de la Convention, dans l'émeute du 1er. prairial. II. 297.

Bollman. Intrépidité de ce médecin, qui tenta d'enlever, avec le secours du jeune Huger, la Fayette, prisonnier à Olmutz. Il y réussit, et eut le bonheur de se réfugier en Prusse, où le roi le fit arrêter et livrer aux Autrichiens. La Fayette fut repris à huit lieues d'Olmutz. II. 375.

Bonaparte. Ses victoires en Italie, en Allemagne et en Égypte. Siéges et prises de villes dans ce pays. II. 342. Il exige la délivrance de la Fayette et de ses compagnons qui gémissaient dans les prisons. 382.

Borck (M. de), militaire instruit, à qui fut confiée l'éducation de Frédéric-Guillaume II. I. 56.

Borysthène (le). Fêtes sur les bords de ce fleuve, données à Catherine II dans son voyage en Crimée. I. 87.

Boufflers. Son courage à la cour de Prusse. Son opinion sur l'issue de la guerre que le roi voulait entreprendre contre la France, et qui compromettait la vie de Louis XVI qu'il voulait sauver. II. 22.

Bouillé, chargé de protéger la marche du roi dans son évasion. I. 258.

Bourgoing, négocie et conclut la paix avec l'Espagne. II. 324.

Bouvines, lieu où les Autrichiens attaquèrent Gouvion, qui se défendit courageusement. II. 47.

Brabançons. Ce peuple demande sa réunion à la France.

Décret impolitique qui promet assistance à tous les peuples qui s'insurgeront. II. 121.

Brabant (révolution de). Elle est occasionée par l'échange de la Bavière et la suppression des priviléges du pays. I. 271. Les états confédérés de Flandre et de Brabant déclarent leur indépendance et la souveraineté du peuple. 274. Factions qui divisent les esprits. 276 *et suiv.* Aristocrates qui se font démagogues pour écraser les démocrates. Succès rapide de cet artifice. 278. Rentrée des Autrichiens dans la capitale. 280. Sa soumission. 301. La conquête de cette province, cause véritable de la guerre entre la France et l'Angleterre. II. 127.

Brandebourg, Prusse et Poméranie. État, mœurs et habitudes des habitans de ces contrées après la chute de l'empire romain. I. 18. Leur culte avant le christianisme, et leur superstition après l'avoir adopté. 19. Savans qui y portèrent le premier rayon de lumière. 20. Influence des réfugiés français. Avantages qui résultèrent de leur échange avec les naturels du pays. 20. Origine de la maison de Brandebourg. 23. L'électorat acheté et vendu plusieurs fois. 24.

Branecki. Ce Polonais, neveu du prince Potemkin, livra sa patrie aux Russes et se réfugia dans leur pays. II. 247.

Brienne (le cardinal de). Système puéril de ce ministre pour sauver la Hollande. I. 127. Pusillanimité de ce ministre, ses lenteurs; paralysie qu'il introduit dans le gouvernement. 132 *et suiv.* Frayeurs qu'il inspire à Louis XVI. Désarmement proposé et exécuté. 138.

— Il détourne les fonds préparés pour la formation du camp de Givet. III. 186.

Brissot, accuse de Lessart d'intelligence avec l'empereur et le fait décréter d'accusation. II. 26.

Broglie (le maréchal de), rassemble une armée pour contenir Paris, avant le 14 juillet. Usage qu'il en fait. I. 217.

Brumaire (loi du 3). Comment cette loi étouffait la constitution de l'an III dans son berceau. II. 308.

Brunswick (Élisabeth de), première femme du roi de Prusse, répudiée; pourquoi. I. 70.

Brunswick (le duc de). Son portrait, sa conduite; fautes qu'il aurait épargnées au roi de Prusse, si ses avis avaient été suivis. I. 66-67. Il envoie reconnaître le camp de Givet. Paroles remarquables de ce prince à l'occasion de ce camp. 127. Sa marche rapide en Hollande. 128. Il s'empare d'Amsterdam et soumet le pays au stathouder. 129. — Imprudence de son manifeste. II. 42. Il s'empare des villes de Longwy et de Verdun. Fautes qu'il commet. 73-83. Après l'affaire de Valmy, il négocie une trêve que Dumouriez rompt. Perte de plus de vingt-cinq mille hommes. 87. Il capitule avec Dumouriez. Problème à résoudre sur les causes de cette retraite. 92. Il est abandonné par les Autrichiens en Alsace. Convention secrète pour livrer cette province à l'empereur. 183. Il est battu par Hoche et Pichegru. Ses plaintes au roi de Prusse du peu de concert qui règne entre les alliés. 184. Il quitte l'armée. Son départ et ses plaintes occasionnent un refroidissement entre les cours de

Prusse et de Vienne. 185. Sa déclaration aux habitans de la France était impolitique et insolente par les promesses et les menaces qu'elle contient; dans sa déclaration additionnelle, les menaces sont encore plus extravagantes : on dirait qu'il est maître absolu des destinées de la France. *Voyez* ces deux pièces au second volume, *pag.* 358 et 364. Quelle différence de langage dans sa lettre au roi de Prusse pour le détacher de la coalition, et dans les motifs qui lui font donner sa démission. II. 383. — Pouvoirs illimités qu'il reçoit. Émissaire qu'il envoie à Givet. III. 202-203. Son entrée sur le territoire hollandais. 215. Il surprend un poste inexpugnable. 222. Il force Amsterdam à capituler. 223. Il est nommé général de la coalition.

Brunswick (le duc Louis de), préside à l'éducation de Guillaume V. Sa conduite. Son départ de Hollande. III. 24.

Bulgakow, une des causes principales de la guerre entre la Russie et la Turquie. I. 89-90. Il est renfermé au château des Sept-Tours. 94. Il détruit auprès de l'impératrice de Russie les insinuations du roi de Prusse contre la France. 142.

Bureau de Puzy. Sa détention avec la Fayette, Latour-Maubourg et Lameth. Horrible traitement qu'ils éprouvent en Prusse et dans la forteresse d'Olmutz. C'est à Bonaparte qu'ils doivent leur délivrance. II. 370-382.

Burke. Couleurs sous lesquelles il peint l'assemblée constituante. I. 222. — Ce qu'il dit de la France et ce que lui répond Mirabeau. II. 116.

C.

CAILLARD (M.), chargé des affaires de France à la Haye. Il a rédigé un excellent mémoire sur la révolution des Provinces-Unies. I. 130.

CALLEMBERG (le comte de). Bon mot que lui dit le rhingrave de Salm. III. 212.

CALONNE (M. de). Convention des notables. Imprudence dans leur choix. I. 170. — Sa prodigalité envers le rhingrave de Salm. III. 210.

CAMILLE DESMOULINS, auteur du *Vieux Cordelier*. Robespierre, qui parut le défendre, l'envoya lui-même au supplice. II. 213.

CAMUS, BANCAL, QUINETTE et LAMARQUE, commissaires de la Convention que Dumouriez livre à Cobourg. II. 136.

CAPELLEN (le baron de). Danger qu'il courut à Zutphen. Sa fuite. Dévastation de ses biens. III. 167. Mort des traitemens barbares qu'il reçut à Utrecht. 216-217.

CARLETTI, signe un traité de paix avec la France, au nom du grand-duc de Toscane. II. 318.

CARNOT. Révolution qu'il fait dans la tactique. II. 172.

CARRIER. Ses mariages républicains. II. 181. Sa mort. 226.

CASIMIR-LE-GRAND. Constitution favorable qu'il donne à la Pologne. II. 231.

CATEAU-CAMBRESIS. Bataille gagnée par les alliés, qui viennent à quarante lieues de Paris. II. 194.

CATHERINE II. Ses menaces au duc de Courlande. I. 77. Alarmes que répand son voyage en Crimée. 78 *et suiv.* Son entrevue avec le roi de Pologne. 87. Avec l'empereur Joseph II. 90. Son projet de ressusciter les républiques grecques. 91. Plan de conciliation avec la Turquie. 94 *et suiv.* Ses motifs de vengeance contre les cours de Londres et de Berlin. 135. Elle consent au projet d'une quadruple alliance. *Ibid.* Orage contre elle dans le Nord. 146. Sa position à l'égard de la Suède. 151. Affront qu'elle reçoit de Gustave. Ses alarmes et crise dangereuse de son empire. 152. Elle soulève l'armée suédoise. 156. Refuse la médiation de la Prusse et de l'Angleterre. Ses ennemis. 160. Propose à Stanislas-Auguste un traité d'alliance entre la Pologne et la Russie. 161. Proposition de paix avec les Turcs, par l'organe de Choiseul-Gouffier. 178. Sa flotte est battue par le roi de Suède. 284. Menacée par le roi de Prusse et la Pologne, en guerre avec la Suède et les Turcs, sans espoir du côté de l'empereur. 285. Elle fait la paix avec le roi de Suède, sans l'intervention d'aucune puissance. 298. Progrès rapides de ses armées en Turquie. 304 *et suiv.* Nouvelle ligue contre elle, dont le motif est la révolution de France. 306. Paix d'Yassy qui sauva l'empire turc. 307. — Sa politique et ses vues contre la Pologne. II. 36. Sous quel injuste prétexte elle s'en empare. 176. Elle déclare la guerre aux Polonais pour s'être donné une constitution. 238. Ses piéges et promesses au roi de Prusse et à l'empereur pour les faire consentir à un partage de la Pologne. 240. Elle trompe les fédérés de Targowitz, qui réclament ses secours contre le roi de Prusse, avec qui elle était secrètement liée.

243. Sa conduite à l'égard du général Kosciusko. 266. Ses vengeances après la prise de Warsovie. 268. Lettre des ministres de Russie et de Prusse à la confédération de Targowitz. 398.

Ceylan. Prise de cette île et du cap de Bonne-Espérance par les Anglais, sur les Hollandais leurs alliés. II. 277.

Chabot. Mot affreux et sublime de ce conjuré. II. 58. Envoyé au supplice par Robespierre. 214.

Champ-de-Mars. Fédération. I. 242. Rassemblement séditieux. Pétition pour la déchéance. Fusillade. 261.

Charette, organise et conduit la guerre de la Vendée. II. 181. Il dépose les armes et fait la paix. 298.

Charlemagne. Liberté du peuple français sous son règne. I. 187.

Charles IV, roi d'Espagne. Motifs qui l'ont engagé à la paix et à reconnaître la république. II. 320.

Chasteler (le marquis de), chargé par l'empereur de négocier avec la Fayette et les autres prisonniers français de leur liberté. II. 381.

Chateauvieux. Indignation et mépris que ce régiment inspire à la garde nationale. II. 5.

Chauvelin, ministre envoyé à Londres pour solliciter la médiation de l'Angleterre entre la France et les puissances coalisées. II. 34. L'Angleterre refuse de le reconnaître pour ambassadeur. 120. Ordre d'évacuer le territoire. 124-125.

Chevalerie (la). Ce qu'elle était sous le règne de la

féodalité. Preuve de la barbarie et de l'ignorance de ces temps. I. 189.

Cicéron (Jean), électeur de Brandebourg, fondateur de l'université de Francfort. I. 20.

Clairfait et Cobourg. Leurs victoires; ils forcent Dumouriez à évacuer la Hollande et les Pays-Bas. II. 130-133.

Clergé (le). Sa puissance sous la hiérarchie féodale. I. 188. Réunion du bas-clergé à la minorité de la noblesse. 212. — Dans quel esprit fut décrétée la nouvelle constitution du clergé. II. 9.

Closter-Seven. Capitulation de l'armée anglaise. I. 41.

Club des cordeliers. Tableau de la situation affreuse où la France fut plongée. II. 205. Traits héroïques dans ces temps d'une atrocité infernale. 208. Voile jeté sur la déclaration des droits. Ronsin, Hébert, Chaumette, Momoro, envoyés au supplice. 215.

Coalition des puissances. Leurs erreurs sur les ressources de la France, à l'époque où la guerre fut déclarée. II. 39. Indignation générale qu'elle excite. 40. Cause de l'affreuse anarchie jacobine. 41. Effets des premiers succès de la coalition. 74 *et suiv.* Comment elle a secondé les vues des révolutionnaires du 10 août. 100. Elle resserre ses nœuds après le décret de la Convention qui promet assistance à tous les peuples qui s'insurgeront. 116. Nouveaux alliés qu'elle acquiert. 117. Système étrange qu'elle adopte après la défection de Dumouriez. Sa conduite à l'égard de la Vendée et des princes français. Système de spoliation. Prétexte que l'émigration de quelques Polonais lui fournit pour la conquête et le partage de la Pologne. 174-175. Refroidissement entre les cabinets de Berlin et de Vienne. 185. Défection du roi de Prusse. 190. Il y rentre, moyennant les subsides que lui donne l'Angleterre. 192. Double prétexte dont elle se couvre : la tyrannie contagieuse de la démocratie, et l'instabilité d'un gouvernement ambitieux. 201. Fausseté de ces deux assertions, et combien elles lui ont été funestes à elle-même, ainsi qu'à la France. 202. Elles n'ont été avantageuses qu'à l'Angleterre. 204. Elle perd le roi d'Espagne. *Ibid.* Parallèle de la conduite des rois avec celle des jacobins. 270-274. Provinces qu'elle voulait enlever à la France. 280. Détail des pertes qu'elle éprouve dans la campagne de 1795. *Ibid.* Alliés qu'elle perd. 281-298-316-324-327. Sa conduite plus qu'équivoque à l'égard des princes français et des émigrés. 322-323. Ce qu'elle devait faire; ce qu'elle n'a pas fait. Reproche que lui adresse le duc de Brunswick. Le défaut de plan et de concert la fait échouer à Dunkerque, à Maubeuge, à Lyon, à Toulon, à Landau. 383-385.

COBLENTZ. Réunion des émigrés. II. 10. Avec quelle joie ils reçoivent le roi de Prusse. 42.

COBOURG. Ses victoires sur Dumouriez. II. 130-132. Manifeste pour donner un roi à la France. 138. Il assiége et prend Valenciennes. 143. Il désavoue le manifeste de Dumouriez. 173. Son inaction après la prise de Valenciennes et de Condé. 177. Bataille de Fleurus. Sa retraite. 198.

COCARDE NATIONALE, présentée à Louis XVI. I. 219.

Collot-d'Herbois, comédien et bourreau exécrable. Ce qu'il a fait à Lyon. II. 179. Attentat contre sa vie qui fit égorger une foule d'infortunés. 215. Déporté à Cayenne avec Billaud, son collègue et son complice. 291.

Comédiennes françaises. Sévérité du roi de Prusse à leur égard. Dans quelles circonstances il les fait chasser de Berlin. I. 71.

Comité de salut public, première autorité du gouvernement révolutionnaire. II. 154. Ordre de ne point faire d'Anglais prisonniers, et de les égorger sur le champ de bataille. 180. Traités de paix qu'un autre comité conclut avec l'Espagne, la Prusse et le landgrave de Hesse-Cassel. 326-330-333. *Voyez* l'article *Traité de paix*.

Commerce (traité de) entre la France et la Russie, un des griefs d'Angleterre contre cette dernière puissance, et l'un des prétextes pour allumer la guerre entre elle et les Turcs. I. 81.

Commune de Paris, formée la nuit du 9 au 10 août par des commissaires des sections. II. 58. Elle s'empare de tous les pouvoirs et fait triompher le crime jusqu'au moment de sa chute avec Robespierre. 62. Conduite à l'échafaud. 224. Circulaire atroce pour les massacres de septembre. 355.

Condé. Sa lettre, de concert avec les princes de Bourbon et d'Enghien, à Louis XVI. I. 389. — Comment il est traité par les puissances. II. 323.

Confédération de Pologne. Lettres que lui écrivent les

ministres de Russie et de Prusse. Sous quel prétexte la guerre lui est déclarée. II. 398.

Constitution de l'an III. Ce qu'elle était, malgré les reproches qu'on lui a faits, et la conduite des premiers directeurs. II. 304.

Constitution de Pologne. Sagesse de la diète dans sa rédaction. I. 317 *et suiv.* Protestation des fédérés à Targowitz. 321.

Contre-révolution. Sens donné à ce mot dans les clubs et comités révolutionnaires. II. 171.

Convention entre la république française et le roi de Prusse. Son objet. II. 407.

Convention nationale (la), divisée en deux partis, la Gironde et la Montagne. II. 102. Elle fait le procès au roi. Chefs d'accusation. 104-105. Son incompétence. 106. Motifs de ceux qui voulaient faire périr le roi. 108. Elle déclare la guerre à la Hollande, à l'Angleterre, et quelque temps après à l'Espagne. 125-127. Arrestation de vingt-deux de ses membres. Subjuguée au 31 mai par le parti de la Montagne. Origine de la tyrannie la plus odieuse et la plus sanglante. 146. Sa position critique après le 9 thermidor. 285 *et suiv.* Sagesse de sa conduite. 288. Sa conduite impolitique dans le procès qu'elle intente aux collègues de Robespierre. Cause de la journée du 1er prairial, et du danger où elle faillit périr. 292. Délivrée par le courage de quelques sections, elle fait attaquer et désarmer les factieux. 294 *et suiv.* Elle rappelle les émigrés qui ont fui depuis le 31 mai pour se soustraire à des mandats d'arrêt. Elle nomme une commission pour rédiger la constitution de l'an III. 297. Elle fait la paix avec plusieurs puissances, et se rejette dans de nouvelles terreurs. 298-300. Situation de l'esprit public, qu'elle a presque toujours méconnu. 302. Fautes qui ont amené le 13 vendémiaire. *Ibid.* 307. Fautes qui en furent la suite, et qui influèrent sur le gouvernement, pendant toute la durée de la constitution de l'an III. 309.

CONVENTIONNELS (les). Égaremens que la peur leur inspire. Journaux qu'ils protégent; chansons qu'ils prohibent; personnages qu'ils persécutent. II. 301 *et suiv.*

CORDAY (Charlotte), assassine Marat; mot de madame Roland à ce sujet. II. 160.

CORPS FRANCS, milice bourgeoise établie en Hollande, pour réprimer les abus de l'autorité stathoudérienne. III. 62.

CORSE. Prise de cette île par les Anglais. II. 200. Ils en font la conquête au nom du roi d'Angleterre. 204.

COUR DE FRANCE (la). Fautes qu'elle commet au commencement des états-généraux. I. 212-213. Sa consternation à la prise de la Bastille. 218. Son opinion sur l'augmentation de puissance de l'assemblée constituante après le 4 août. 227.

CRACOVIE. Acte d'insurrection. Serment de fidélité à la nation et d'obéissance à Kosciusko. II. 254-255. Pouvoir dictatorial qui lui est confié. *Ibid.* Ses victoires. 256 *et suiv.*

CRIMÉE (voyage en). Artifice que le prince Potemkin emploie pour tromper l'impératrice de Russie. I. 84.

Custines (madame de). Son courage pour sauver son père et son époux. II. 208.

Custines. Sa marche rapide et hardie sur Spire. Prise de Mayence, et la reprise par le roi de Prusse. II. 97. Il prend le commandement des débris de l'armée de Dumouriez. Soupçonné de trahison. 143. Il attaque les Hessois sans motifs, et cause leur réunion avec le roi de Prusse, que, par impolitique, il avait troublé dans ses cantonnemens. 311.

D.

Dampierre. Mort héroïque de ce général. II. 142.

Danemarck (le). Il se déclare pour la Russie et l'abandonne. I. 155.

Danton, un des principaux auteurs des massacres du 2 septembre. II. 73. Sa férocité dans le procès de Louis XVI. 111. Son caractère : ce qu'il dit de Louis XVI. Il veut terminer la révolution en donnant la couronne au duc d'Orléans. 161. Forcé de quitter le comité de salut public par Robespierre, qui ajourne sa mort. 162. Il perd sa puissance dès qu'il cesse d'être terrible. 165. Envoyé au tribunal révolutionnaire et à l'échafaud. 214.

Dantzick. Prétentions du roi de Prusse sur cette ville. I. 78. — Il s'en empare, ainsi que de Thorn. Sous quel prétexte. II. 242.

Décemvirs (les), nom donné aux membres du comité de salut public. II. 170. Tableau de leur gouvernement. 206-211. Acte d'accusation porté contre ceux qui avaient échappé au 9 thermidor. Condamnés à la déportation. 289-291. Mouvemens séditieux excités par leurs partisans, le 1er prairial. 292.

DE GRAVE. Son attachement pour Louis XVI. II. 26. Renseignemens qu'il donne sur l'état incomplet de l'armée. 46.

DÉMAGOGUES. Leur tactique et leurs secrets. II. 144.

DÉMOCRATES, nom donné au parti populaire. I. 227.

DÉNONCIATIONS, arme décemvirale, décret de proscription ou de mort. II. 159.

DESÈZE, défenseur de Louis XVI. II. 108. La simplicité de son plaidoyer. 109. Ce qu'il aurait pu être si Louis XVI ne s'y était pas opposé. 110. Mot du roi quand Desèze lui présenta la péroraison. 111.

DE WITT, grand-pensionnaire de Hollande. Résolution prise pour autoriser chaque membre à émettre impunément son vœu. III. 72.

DIÈTE POLONAISE. Sagesse de cette assemblée. I. 317.

DILLON (Arthur). Service signalé qu'il rendit à la France. II. 83. Sa mort. 215. *Voyez* l'article *Laflotte*.

DILLON (Théobald). *Voyez* l'article *Mons*. II. 46.

DIRECTOIRE DE LA RÉPUBLIQUE FRANÇAISE. Sa conduite impolitique à l'égard de la Suède. II. 319. Tableau de ses opérations, opposé à celles de Bonaparte. 353.

DOGGER-BANCK. Combat naval entre les Hollandais et les Anglais. I. 108.

Dombrowsky. Sa conduite contre quarante mille Prussiens. II. 263.

Droit de recommandation, ainsi nommé pour exprimer l'influence du stathouder sur l'élection des régens et des magistrats. III. 21.

Duisbourg. Prise de cette ville par le parti du prince d'Orange. III. 167.

Dumouriez. Son caractère. II. 26. Quel parti la cour pouvait retirer de sa popularité. 27. Se trompe sur les dispositions du roi de Prusse, et provoque la guerre contre l'empereur. *Ibid.* Ce ministre change le plan de campagne concerté entre Luckner, la Fayette et Rochambeau. 45. Querelle scandaleuse entre lui et les trois autres ministres. Il se fait employer comme lieutenant-général, sous les ordres de Luckner. 47. Sa désobéissance à la Fayette facilite les progrès de l'ennemi. 65. Il parvient au commandement-général de l'armée. 66. Position avantageuse qu'il prend pour arrêter l'armée combinée de Prusse et d'Autriche, et sa lettre au général Biron, sur les moyens de repousser l'ennemi. 83 *et suiv.* Bataille de Jemmapes et victoire complète sur les Autrichiens. Prise de Mons. 115. Prise des Pays-Bas. Il menace la Hollande, et affaiblit ses forces en les divisant. *Ibid.* Ses conquêtes en Hollande. 129. Titre qu'il prend dans ses lettres avec lord Aukland. *Ibid.* Chute aussi rapide que son élévation. Bataille de Nervinde. 129-132. Il veut donner un roi à la France. 133. Accusé de trahison par Marat. 136. Présens qu'il offre à Cobourg, pour garans de la sûreté de la famille royale. 137. Son escorte autrichienne indigne l'armée. 139. Il est obligé de s'enfuir du territoire français. *Ibid.*

DURANTHON, ministre de Louis XVI, distingué par la modération de ses principes. II. 26.

E.

ECKEREN DE ZUIDRAS. Motif de son voyage à la Haye. III. 170.

ÉCLUSES. *Voyez* l'article *Minden.* III. 206.

ÉDIT sur la liberté de la presse. I. 62. Édit de religion. 323.

EFFEREN. Bataillon du prince d'Orange, battu par un détachement de la bourgeoisie d'Utrecht. III. 120-121.

ELBOURG, HATTEM. Troupes envoyées contre ces deux villes. Résolution magnanime des habitans. I. 111. — *Mémoire de M. Caillard :* Pillage d'Elbourg. III. 167.

ÉLECTEURS. Leur rassemblement à l'hôtel-de-ville, au commencement de la révolution. I. 216.

ÉLISABETH (madame). Son angélique pureté inspira des remords même à Robespierre. II. 209.

ÉMIGRATION. Espoir des émigrés d'armer les étrangers, et de reconquérir leurs priviléges. I. 252.

ÉMIGRÉS (les). *Voyez* l'article *Coblentz.* Leur ardeur pour une guerre dont ils croyaient prédire le terme et l'issue prochaine. II. 8. Décret de proscription qui les assimile tous, sans distinguer l'âge, le sexe, ni les motifs de leur absence. 10. Déclaration du roi de

Prusse et de l'empereur en leur faveur. 14-15. Considération dont ils jouissent chez l'étranger. 17. Leur rappel en France. Séquestre de leurs biens. 24. Ils reçoivent le roi de Prusse à Coblentz comme un sauveur. 42. L'Angleterre les abandonne à Quiberon. Sacrifiés dans les attaques, dans les retraites, et honteusement livrés dans toutes les capitulations. 323-324. Rappel de ceux qui se sont expatriés depuis le 31 mai. 325.

ENHOFF (comtesse d'), la troisième des femmes vivantes du roi de Prusse. I. 71.

ESPAGNE, menacée par l'Angleterre. Elle dut aux conseils et à l'attitude imposante de la France, la continuation de la paix. I. 301. — Après la mort de Louis XVI, elle entre dans la coalition. II. 117. Battue à Saint-Jean-de-Luz, à Figuières, à Irun. 199. Les injustices qu'elle éprouve des Anglais la déterminent à la paix. 205. Motifs apparens de cette cour pour continuer la guerre avec la république. 319. Menacée d'une ruine totale. 320. Négociations rapides et conclusion de la paix. 331-333. Prières publiques dans tout le royaume. 334.

ESTERNO (le comte de). Plan de conciliation pour apaiser les troubles de Hollande. I. 114.

ÉTATS (les) de Brandebourg. Changement qu'ils subissent. I. 18-19-20.

ÉTATS-GÉNÉRAUX. A quelle occasion, et quel fut le premier qui en demanda la convocation. I. 170-210.

ETON. Erreurs de cet historien sur l'impératrice de Russie. I. 135. — Et sur le prince de Nassau. 146.

Être suprême (fête de l'). Déclaration ridicule et sacrilége arrachée par Robespierre à la Convention. II. 217. Beau mot d'un gendarme à ce monstre baigné dans son sang, au 9 thermidor. 223.

Europe. Situation des puissances de cette partie du monde à la mort de Frédéric-le-Grand. I. 8. Pourquoi l'histoire de l'Europe moderne nous intéresse si peu pendant le cours de tant de siècles. 9 *et suiv.* Son tableau politique en 1786. 47-97.

Eward. Influence de ce ministre anglais sur la cour de Prusse. Alarmes qu'il y répand sur le projet de la quadruple alliance. I. 137.

F.

Fahrwasser. Droits de péage relatifs au commerce de Dantzick. I. 78.

Famars (camp de). Bataille où périt héroïquement le général Dampierre, après que ce camp fut dispersé. II. 142.

Fédéralisme (guerre du). II. 155.

Fédération du Champ-de-Mars. Situation des esprits à cette époque. I. 242.

Féodal (système). Ressemblance qu'il donne aux nations modernes de l'Europe avec les Tartares et les habitans du Caucase. I. 13.

Féraud. Il est tué dans le sein de la Convention, et sa tête portée sur une pique. II. 293.

FERSEN. Il gagne la bataille de Maciejowice, ou Kosciusko fut blessé et pris par les Russes. II. 265.

FINANCES. *Voyez* l'article *Prusse*.

FINK (le comte de), ministre de Frédéric-le-Grand. Sa nièce fut maîtresse du roi de Prusse. I. 71.

FLANDRE. Situation de ce pays avant l'insurrection des Brabançons. I. 274. Troubles et massacres qui eurent lieu après l'arrestation du général Van-der-Mersch. 279. Rentrée des Autrichiens dans le pays insurgé. 280. Soumission des Pays-Bas. 301.

FLESSINGUE. Émeutes et massacres dirigés par le parti d'Orange. III. 167.

FLEURUS. Victoire remportée sur le prince de Cobourg. II. 198.

FLORIDA-BLANCA (M. de). Son influence sur le caractère timide de Brienne. I. 139.

FOCZANY. Conférences qui y eurent lieu pour terminer la guerre de Turquie. *Voyez* les articles *Sistow* et *Yassy*.

FRANCE. Tentatives de la cour de Pétersbourg auprès de Louis XVI, pour se joindre à elle et à l'empereur contre la ligue formée dans le Nord. Tableau de la France à cette époque. I. 176 *et suiv*. Perte graduelle de sa considération. 181. La ligue anglo-prussienne cherche à diriger toutes les puissances contre elle. 287. La France offre de soutenir l'Espagne de toutes ses forces contre l'Angleterre, qui veut lui déclarer la guerre. 301.—Ses ressources contre la coalition. Erreur des puissances à ce sujet. II. 39. Nombre des factions qui la divisent, et leur caractère. 40. Situation affreuse de la France sous les décemvirs. 207-223. Énumération de ses conquêtes, et sa position brillante dans la célèbre campagne de 1795. 280. Après avoir lutté contre la coalition, repoussé et battu les armées étrangères, affranchi la Hollande et soumis toute la rive gauche du Rhin, elle fit trembler l'Espagne et l'Empire. 317. Elle entre en négociation de paix avec la Prusse, l'Espagne, le landgrave de Hesse-Cassel. Traités avec trois puissances. 329-330-403-412-416. — Intérêts de cette puissance dans la querelle des Provinces-Unies avec le stathouder. III. 92. Proposition qu'elle fait d'intervenir en leur faveur et de mettre fin à leurs troubles. 159-160. (*Mémoire de M. Caillard.*)

François II, succède à Léopold. Il répond avec aigreur aux dépêches menaçantes de Dumouriez. Vues intéressées de la maison d'Autriche, à l'époque de la guerre. II. 28 *et suiv.* Griefs dont il se plaint dans son manifeste. 42. Il demande la levée en masse de tous les cercles. Le roi de Prusse s'y oppose. 186. Imprudence de cette demande. 187. Il vient prendre le commandement des troupes en Flandre, bat les Français à Cateau-Cambresis, et s'avance à quarante lieues de Paris. Terme des prospérités autrichiennes en France. 193-194. Il fait le plan d'une attaque générale auprès de Tournay, où les alliés sont battus deux fois. 196. Violation du droit des gens dans les personnes de la Fayette, Puzy et Maubourg. Il donne audience à madame la Fayette, et lui permet, ainsi qu'à ses filles, de partager la captivité de cet illustre prisonnier. Conditions mises à leur liberté. 374-381.

Fraser, courrier extraordinaire envoyé par lui à Londres, concernant la quadruple alliance proposée par la cour de Versailles. I. 137.

Frédéric Ier, électeur de Brandebourg. Il abattit la tyrannie féodale et anarchique du pays. I. 20.

Frédéric IV, électeur de Brandebourg. Il fit prisonnier, en 1332, Frédéric d'Autriche, époque d'où l'on peut dater la rivalité qui depuis éclata si souvent entre cette maison et celle de Brandebourg. I. 23.

Frédéric-Dent-de-Fer, électeur de Brandebourg, refuse deux royaumes. I. 24.

Frédéric-Guillaume, électeur de Brandebourg, répara tout ce que son prédécesseur avait perdu. Présages de sa grandeur. Guerres qu'il soutint. Alliés et puissances qu'il secourut. Il mérita et obtint le surnom de *grand-électeur*. I. 28-30.

Frédéric Ier, roi de Prusse. Toute son ambition fut d'être roi. Il obtint ce titre de l'empereur Joseph Ier, qui érigea pour lui le duché de Prusse en royaume. I. 31. Placé entre le grand-électeur et Frédéric-Guillaume, il en parut plus petit. 32.

Frédéric-Guillaume Ier, roi de Prusse. C'est à une plaisanterie de deux Anglais que fut due la création d'une puissance qui changea tout le système politique de l'Europe. I. 32. Guerres qu'il entreprit. Nombreux traités qu'il signa. Sa dureté envers son

fils. Son caractère, par Frédéric-le-Grand. 33.
Quel surnom lui fut donné. 35.

FRÉDÉRIC-LE-GRAND, roi de Prusse. Différence entre lui
et Frédéric-Guillaume II. I. 4. Emprisonné à Cus-
trin; obligé d'assister au supplice de Katt, son ami·
35. Il offre des secours à Marie-Thérèse, et s'empare
de la Silésie. Victoire qui met le sceau à sa réputation. Lettre à Louis XV. 37-38. A l'ambassadeur
d'Angleterre, 39. Au maréchal de Belle-Ile. *Ibid.*
Il soutient la guerre contre la moitié de l'Europe, et
triomphe de ses ennemis. 40-43. Il s'oppose à la
conquête de la Bavière. 44. Sa politique depuis la
paix de Hubertzbourg. 65. Rapprochement entre les
cabinets de Versailles et de Berlin. Cause qui empêcha l'effet de cette révolution politique. *Ibid.* Son
opinion sur les troubles de Hollande. 113-114. — Ses
adieux à la princesse d'Orange. III. 18. Bon mot au
sujet de la paix sur la navigation de l'Escaut. 46.

FRÉDÉRIC-GUILLAUME II. Son portrait. I. 4. Espérances
que son règne fait concevoir. 55. Paroles flatteuses
que lui adresse le grand Frédéric. 57. Surnom qu'il
désire de mériter. *Ibid.* Il donne la première idée
de la ligue germanique. *Ibid.* But qu'il se propose
au commencement de son règne. 59. Sa devise. 60.
Opérations qui, dans l'intérieur, excitent le plus de
mécontentement. 61. Changement de conduite dans
sa politique. 65-67. Nombre de ses femmes légitimes
vivant en même temps. 70. Pouvoir que la secte des
illuminés prend sur lui, et fautes qu'elle lui fait commettre. 72. Contradictions frappantes dans sa conduite. 76. Réparations qu'il demande aux états-

néraux des Provinces-Unies. 122. Son opinion sur la guerre des Turcs avec les Russes. 137. Sa conduite impolitique. Malheurs qu'elle aurait entraînés sans des circonstances favorables. 143. Son influence sur tous les cabinets de l'Europe. 144. Il fomente des troubles dans Liége. 282. Ses intentions en protégeant la démagogie. 283. Il change de système et de ministère. 286. Raison qui le détermine à changer de système. 290 *et suiv.* Ses plaintes, dans une réponse au roi de Pologne, du tort que les villes de Dantzick et de Thorn font au commerce prussien. 349. Il demande la cession de ces deux villes. 351. Lettre à l'évêque de Liége sur les troubles entre lui et ses sujets. 357. Contradiction honteuse de ce monarque. 320. — Ses illusions sur la conquête de la France. II. 20. Illusions brillantes du roi sur la nature et l'issue de cette guerre. 30. Sa conduite envers les Polonais, dont il avait approuvé la constitution, et qu'il avait soulevés contre la Russie. 37. Son manifeste aux Français, et sa marche avec une armée de cinquante mille hommes. 42. Traitement indigne et cruel qu'il fait éprouver à la Fayette, à Bureau de Puzy, à Latour-Maubourg et à Lameth. 70. Il s'avance imprudemment jusque sur les frontières de Châlons en Champagne. 74. Position critique de son armée. 83-89 *et suiv.* Lettre à sa maîtresse, et cause probable de sa retraite. 96. Convention secrète 97. Il la ratifie après la reprise de Mayence, et se sépare de la coalition. 98. Ses motifs pour prendre les armes contre la France. 348 *et suiv.* Faute grave qu'il commit en exaspérant une partie du peuple français. 99. Révolution complète dans l'esprit national après sa retraite. 114 *et suiv.* Il chasse les Français de Francfort, reprend Mayence, et force les lignes de Weissembourg. 156. Il s'empare des villes de Thorn, Dantzick et d'une partie de la Grande-Pologne, sous le prétexte de jacobinisme. 176. Juste motif de ses plaintes à l'égard de l'empereur. 187. Il renonce à la coalition. 188 *et suiv.* Nouveau traité de subsides qu'il y fait entrer. 193. Fausseté avec laquelle il dément ses promesses et trahit les Polonais. 235-237. Il s'empare de Dantzick, de Thorn et de la Grande-Pologne. 242. Il bat, à la tête de quarante mille hommes, Kosciusko qui n'en avait que douze mille. 258. Il s'empare de Cracovie après la bataille de Szezekocin. 259. Il assiége Warsovie, en abandonne le siége, ses malades et ses munitions. 260-261. Il est le premier qui marche à la tête de la ligue qui voulait subjuguer la France, et est le premier à se retirer de cette coalition. Quelle part il a prise aux trois campagnes qui ont précédé le traité de paix. 310. Il refuse les subsides de l'Angleterre, abandonne le stathouder, renonce à ses possessions sur la rive gauche du Rhin, et assure la tranquillité du nord de l'Allemagne. 320. Peuples dont il a soutenu et trahi les intérêts. 322. Il donne au comte de Goltz pleins pouvoirs pour traiter de la paix. 326. Marque de déférence qu'il refuse au comité de salut public. *Ibid.* Ses dispositions à l'égard de la révolution de Hollande et l'abolition du stathoudérat. *Ibid.* Projets de démembrement et de sécularisation que lui présente le comité de salut public. 338. Puissances qu'il avait trompées. 349. Sa lettre au comte de Goltz, et ses éloges sur les travaux de la diète de Pologne. 386.

Sa réponse à Stanislas-Auguste, dans laquelle il dément les assurances de secours qu'il avait faites. Sa déclaration sur les affaires de Pologne. Il blâme les patriotes d'avoir résisté aux armées de l'impératrice de Russie, qui protégeait les rebelles ou fédérés de Targowitz. Inculpation de jacobinisme faite aux Polonais. Il exige le serment de fidélité. 388-391.

Frédéric-Guillaume III. Preuves de sagesse qu'il donne en montant sur le trône. Punition des dilapidateurs. Économie de son administration. Système pacifique qu'il a adopté. II. 339-340.

Frères de Louis XVI (lettre des) au roi, sur le traité de Pilnitz et les dispositions des puissances. I. 376.

Frise (la). Son attachement à la France. Division et rupture entre les agens frisons et ceux de Hollande. I. 144.

Fructidor (5 et 13). Loi de la charte constitutionnelle que les sections de Paris ne voulurent point recevoir, et qui donna lieu aux troubles du 13 vendémiaire. II. 307.

G.

Garde nationale. Sa création. I. 217. Sauve la famille royale dans la nuit du 5 au 6 octobre. 233. Elle ramène le roi et l'assemblée nationale à Paris. 234.

Gardes-du-corps. Banquet donné au régiment de Flandre. Suites tragiques de ce banquet. I. 232 *et suiv.*

Gecomiteerde-raad, ou *comité-conseil*. Émeute apaisée. Pouvoirs dont il est revêtu. III. 49.

Généralité (pays de la). Ses rapports politiques avec les états-généraux des Provinces-Unies. III. 3.

George-Guillaume, électeur de Brandebourg. En quel état était l'armée avant lui ; ce qu'elle fut sous lui et sous les premiers rois de Prusse. I. 22. Il fut au moment de perdre tout ce que ses prédécesseurs avaient acquis. 27.

Gironde (députés de la). Cause de leurs égaremens. Victimes de la faction qu'ils secondèrent. II. 7.

Girondins (les), nom donné au parti qui attaquait le trône constitutionnel, et qui fit la journée du 20 juin. II. 102. Présages de leur chute. 103. Leur première défaite. 104. Première faute de ce parti et de ceux qui ne voulaient point voter la mort du roi. 105-106. Leur conduite dans le procès qui lui fut intenté ; ils votent vainement l'appel au peuple ; ainsi, par la journée du 20 juin, ils sapèrent les fondemens du trône constitutionnel ; en reconnaissant que le roi était coupable, ils le conduisirent, malgré eux, à l'échafaud. 111.

Gislaer. Émeute qu'il excite à la Haye. I. 109. Il justifie auprès de l'envoyé de Prusse la conduite des patriotes hollandais. 123. — Conspiration contre sa vie. III. 60. Sa générosité. 61. Son discours aux états de la Haye. 73. Son entretien avec l'ambassadeur de Prusse, sur l'outrage prétendu dont se plaignait la princesse d'Orange. 180.

Givet (camp de), destiné à soutenir les patriotes hollandais contre l'invasion des Prussiens. I. 122. Brienne en empêche la formation. III. 186.

Goertz (le comte de), envoyé de Prusse à la Haye. Sa conduite en cette ville. I. 113. Son caractère; ses talens. III. 82. Étrange forme de ses lettres de créance. *Ibid.* Instructions moins vicieuses et plus pacifiques. 94.

Goltz, envoyé en Suisse pour traiter de la paix avec le ministre de la république française. II. 326. Sa mort suspend les négociations, et réveille les intrigues de l'Autriche et de l'Angleterre, pour traverser la paix. 327. Ce ministre prussien donne, au nom du roi, l'approbation la plus complète à la nouvelle constitution de la Pologne. 398.

Gorcum, ville de Hollande, qui se rendit aux Prussiens à la première bombe. III. 216.

Gouffier (Choiseul-), ambassadeur de France à la Porte. Il conseille aux Turcs de se mettre en état de défense contre la Russie. I. 89. Causes qui rendirent inutile sa médiation entre les Russes et les Turcs. 94.

Gouvion. Sa conduite courageuse à Bouvines. II. 47. Tué à l'avant-garde de l'armée de la Fayette. 48.

Gower-Welsche-Sluys, lieu où la princesse d'Orange, qui se rendait à la Haye, eut ordre de rebrousser chemin. III. 163.

Grand-Pré, défilé que Dumouriez occupa avec une poignée d'hommes, pour arrêter le duc de Brunswick. II. 86.

Gray (Charles). Le parlement d'Angleterre lui décerne des remercîmens, ainsi qu'à Jones Jervis, pour s'être emparé des îles françaises. II. 201.

Grèce. Projet de Catherine et de Joseph II, de ressusciter les républiques grecques. I. 91.

Greig (l'amiral). Premier combat naval entre les Russes et les Suédois. I. 154.

Grodno, ville où se rassemblent les fédérés de Pologne, pour y consommer la ruine de leur patrie. II. 248. Arrestation de plusieurs membres qui s'opposent aux mesures concertées entre la Russie et la Prusse. 249.

Gueldre (la). Révolution de cette province et sa situation. III. 69. Suppression de la liberté de la presse. 71. Composition des états. 73. Demande singulière des états de cette province aux états-généraux. 129.

Guillaume III, prince d'Orange. Source des divisions qui ont agité ces provinces. I. 101. — Invasions des pouvoirs. I. 102.

Guillaume IV. Le stathoudérat déclaré héréditaire dans sa famille, avec une extension de droits et de pouvoirs. I. 102.

Guillaume V, prince d'Orange. Son caractère. I. 103. Forcé, dans la guerre de l'Amérique, de se réunir malgré lui aux Français qu'il déteste. 106. Abus d'autorité qui fut le signal de la guerre civile. 111. Il rejette les propositions pacifiques des états-généraux. 117. On déclare qu'il a perdu la confiance des états. 128. Il recouvre toute son autorité. 139. — Il se fait investir du pouvoir directorial. II. 277. Il s'oppose à la paix, veut arrêter l'invasion des Français par une levée en masse et par des inondations; obligé de s'enfuir en Angleterre avec sa famille. 278. — Mémoire de *M. Caillard* : sa connivence avec le cabinet de Saint-James dans la guerre d'Amérique. III. 30-38-40. Auteur d'une émeute à la Haye; événement qui amène la première intervention de la cour de Berlin, et l'origine de la guerre civile. 49-52. Menace singulière aux états de Hollande. 53. Commandement de la garnison de la Haye ôté au prince, ou première atteinte portée aux prérogatives abusives du stathoudérat. 55. Autorité de ce prince dans la Gueldre. 69-71. Il envoie des troupes contre les deux petites villes d'Elbourg et d'Hattem. 79. Suspension provisoire de ses fonctions de capitaine-général. 80. Il met en problème la souveraineté de la province de Hollande. 91. Nombre de courriers qu'il expédie en un seul jour. 118. Ordre à ses troupes de marcher sur Utrecht. 119. Indignation publique excitée par son manifeste. 131. Ses plaintes aux états, sur un affront fait à son épouse. 176. Mesures prises à cet égard. 181. Rentrée triomphante de ce prince à la Haye. 218. Renouvellement des émeutes. 219. Le stathouder est réintégré. *Ibid.* Résolution ironique concernant la France. 220.

GUSTAVE III, roi de Suède. Avertissement que lui donne le grand Frédéric. I. 147. Sa passion pour la guerre et pour les alliances offensives. 148. Causes qui le déterminent à se déclarer contre la Russie. 150. Stratagème cruel et puéril. 151. Sa note arrogante et ses prétentions. 152. Ses lenteurs et l'inertie de la Prusse sauvent l'empire de Russie. 154. Mécontentement de son armée. 156. Activité, prudence et fermeté du roi dans ce danger. 157. Victoire célèbre, qu'il remporte sur la flotte russe, et dangers imminens où il est exposé. 285. Paix avec la Russie. 301. Il insiste pour la guerre contre la France. 318. — Assassiné dans un bal. II. 33.

H.

HADDICK, marche sur Berlin. I. 41.

HAILES, ministre d'Angleterre en Pologne. Il fait rejeter l'alliance entre la Russie et les Polonais. I. 167.

HARDENBERG (le baron de). Ce ministre est chargé de continuer les négociations de paix entamées en Suisse. Elle fut signée le 16 germinal à Bâle. II. 327-328-330.

HARLEM. Cette ville propose aux états de Hollande s'il ne conviendrait pas d'accorder au peuple un certain degré d'influence dans les affaires. Suite de cette proposition. III. 100.

HARNIER, négociateur prussien, envoyé au comité de salut public pour annoncer les dispositions pacifiques du roi. II. 326.

HARRIS (le chevalier), depuis lord Malmesbury, ambassadeur d'Angleterre. Son caractère. Ses intrigues pour allumer la guerre civile en Hollande. I. 116. Émeutes qu'il soudoie en faveur du stathouder. Artifice qu'il emploie pour engager le roi de Prusse à se déclarer contre les patriotes. 117 *et suiv.* Bal préparé pour célébrer le triomphe anticipé du parti stathoudérien. III. 117. Ses distractions au jeu, et quelle en était la cause. 170.

HASSAN-PACHA. Le sultan Sélim lui fait couper la tête. I. 305.

HATTEM. *Voyez* l'article *Elbourg*.

HELVOET-SLUYS. Sédition violente qu'y excite le parti d'Orange. III. 164.

HENRI (le prince). Son portrait. Sa conduite à l'égard du roi son neveu. I. 66. — Il veut détourner le roi de Prusse de faire la guerre à la France. II. 21.

HENRIOT. Ce qu'il fit pour assurer les succès de son parti, au 31 mai contre les députés girondins. II. 145. Danger imminent où il exposa la Convention. 222. Sa mort. 224.

HERBERT, internonce autrichien, se concerte avec Bulgakow et le ministre français Ségur, pour concilier la Russie et la Porte. I. 92.

HERTZBERG (le comte de), le plus habile ministre de Frédéric-le-Grand. Manière dont Frédéric-Guillaume II reconnaît ses services. I. 58. Cause principale des grands événemens qui ont bouleversé l'Europe et surtout la Hollande. 64. Il engage les Turcs à déclarer la guerre aux Russes. 93. Il fomente les troubles du Brabant et des Provinces-Unies. 113. — Il s'oppose à la quadruple alliance projetée par le cabinet de Versailles. 137. Il irrite les Polonais contre la Russie, qui leur avait proposé un traité d'alliance. 165. Il quitte le ministère. 288. Quelles en furent les causes. 290. — *Mémoire de M. Caillard:* Instructions données au comte de Goertz. III. 82.

HESSE (la princesse de), deuxième femme du roi de Prusse. Sa sagesse et sa disgrâce. I. 70.

Hesse-Cassel (le landgrave de.). Ce prince fait la paix avec la république française, lui cède les pays qu'il possède sur la rive gauche du Rhin, et cesse de fournir son contingent à l'empereur. II. 330-412.

Histoire (l'). Pourquoi l'histoire des nations modernes a tant de sécheresse et si peu d'attraits. I. 11 et suiv. Ce qu'elle était autrefois. Tableaux intéressans qu'elle avait à peindre. 13. A quoi ils se réduisirent dans la décadence de l'Empire et dans l'invasion générale qui donna lieu aux nouvelles monarchies. 14. Ce qu'elle devint à la renaissance des arts. 16.

Hoche. Ce général contribue beaucoup au gain de la fameuse bataille livrée au duc de Brunswick auprès de Haguenau. II. 184-313.

Hohenzollern (maison de), tige des rois de Prusse. Jusqu'où elle remonte. I. 23.

Hollandais (patriotes) proscrits par suite de la capitulation avec le duc de Brunswick, et à l'instigation de la princesse d'Orange. III. 225 et suiv. Accueillis en France et rassemblés à Saint-Omer. *Ibid.*

Hollande. Cause générale des troubles de ce pays. I. 101 et suiv. Les états annulent le réglement et le droit de patentes de 1674. 112. Signal de la guerre civile. 113. — Sous Pichegru une de ses flottes est prise par un escadron. II. 275. — Sommation des états au prince de retirer ses troupes, et menace, en cas de persévérance, de le destituer. III. 77. Suspension provisoire du stathouder dans ses fonctions de capitaine-général. 79. Disposition pacifique des états. 90 et suiv. Ils établissent une commission souveraine. Gratification qu'elle donne aux soldats restés fidèles. 153. Réponse des états à la note impérieuse du roi de Prusse. 202. Demande qu'ils font au comte d'Esterhazy. 205.

HONSCOTE. Bataille gagnée par l'armée du Nord. II. 313.

HOOD. Cet amiral s'empare de Toulon. II. 178.

HOOFT. Honneurs qu'il reçoit du peuple dont il avait servi la cause. III. 109.

HORN (LILIEN-), un des conjurés contre la vie du roi de Suède. II. 33.

HOUCHARD. Victoire complète qui eut l'échafaud pour récompense. II. 178-312.

HUGER, fils de l'homme chez lequel la Fayette avait débarqué la première fois en Amérique. Projet hardi qu'il exécute pour tirer la Fayette de la forteresse d'Olmutz. II. 375.

I.

ILLUMINÉS, secte de visionnaires en Prusse. Fautes qu'ils firent commettre à Frédéric-Guillaume III. I. 72. Cause de sa mort prématurée. 147.— II. 340.

INGELSTROM. Ce général russe exige de la diète de Grodno qu'elle anéantisse tous les actes qui pouvaient réveiller l'énergie polonaise. II. 250.

ISMAÏL. Prise de cette ville; affreux carnage qu'y font les Russes. I. 305.

J.

JACOBINISME, un des prétextes dont se servit Catherine II pour s'emparer de la Pologne. II. 238. Couleurs sous lesquelles il est représenté par l'impératrice de Russie, dans sa déclaration aux confédérés de Targowitz. 398. Il sert de prétexte aux cours de Berlin, de Pétersbourg et de Vienne, pour effacer la Pologne du nombre des puissances. *Ibid. Voyez* la déclaration du roi de Prusse. 391.

JACOBINS (les). Leur origine. Puissance dangereuse qui s'élève à côté de l'assemblée constituante. Multiplicité de leurs clubs affiliés, et inquiétude qu'en conçoivent les citoyens éclairés. I. 244 *et suiv.* Leur influence sur l'assemblée nationale; leurs principes. 247. Langue nouvelle qu'ils imaginent. 248. Ils demandent la déchéance du roi. 260. — La mort de l'empereur Léopold leur est faussement attribuée. II. 20-33. Anarchie affreuse dont l'univers fut menacé. 40. Ils demandent que Louis XVI soit détrôné. 44. Ils désorganisent l'armée et paralysent ses premières opérations. *Ibid.* et 45. Legendre ferme leur club au 9 thermidor. 225. Leurs mouvemens après le 9 thermidor pour empêcher le procès que la Convention voulut faire à la Montagne. Procès qu'elle changea arbitrairement dans un acte de déportation. 288. Leurs intrigues pour amener la journée du 1er prairial. 292. *Voyez* l'article 1er *prairial.*

JANVIER 1793 (21), jour où Louis XVI périt sur un échafaud. II. 112. Terribles conséquences qui en résultèrent. *Ibid.*

Jasinski. Faiblesse de son armée en Lithuanie contre le général Fersen et dix-sept mille Russes. II. 256-263.

Joachim II. Prudence avec laquelle cet électeur de Brandebourg se conduisit du temps de Luther. C'est à lui que remontent les droits de la maison de Brandebourg sur la Prusse. I. 25.

Joseph II. Son entrevue avec le roi de Pologne. I. 87. Avec l'impératrice de Russie, dans son voyage en Crimée. 90. Flatteries de ce prince. *Ibid*. Projet concerté avec Catherine II de ressusciter les républiques grecques. 91. Sa conduite pacifique au commencement de la rupture. 95. Sa médiation entre les Russes et les Turcs se change en hostilités. 141. Il combat en personne à la prise de Sabach. 145. Faute et revers qui l'obligent à se retirer devant l'ennemi. 177. Sa mort, son caractère, ses erreurs politiques, sa conduite à l'égard de la Bavière et des Pays-Bas. 267 *et suiv*. A l'égard des Brabançons et des Flamands, cause de leur révolution. 271 *et suiv*. — Marché honteux de cet empereur avec la Hollande, sous l'arbitrage de la France. Bon mot de Frédéric-le-Grand à ce sujet. III. 46.

Jourdan, bat le prince de Cobourg à Fleurus. Victoire complète. II. 198. Il le force à repasser le Rhin, et fait lever le blocus de Luxembourg et de Mayence. 314.

Juillet 1789 (14). Prise de la Bastille. I. 217. Cette journée fut, en quelque sorte, préparée par celle du 23 juin, qui souleva tout Paris, sous prétexte que le roi, dans sa déclaration, n'offrait pas de garantie suffisante à la liberté. 213-217.

Juin 1791 (21). Fuite de Louis XVI. I. 258.

Juin 1792 (20). Journée où une populace effrénée et féroce pénétra dans le château des Tuileries, sous le prétexte d'obtenir la sanction de quelques décrets. II. 49. Ouvrage des girondins, qui voulaient gouverner la France par leurs ministres. 103.

K.

Karlskreuth. Entrevue de ce général prussien à Francfort avec les commissaires français. II. 188.

Katt. Son supplice, et pourquoi. I. 35.

Kellermann. Sa jonction avec Dumouriez. Hauteurs de Valmy, où l'armée combinée fut repoussée dans l'attaque du 20. II. 83-87. Il pénètre dans l'électorat de Trèves. 115.

Kilburn. Victoire de Suwarow sur les Turcs. I. 142.

Kinkel, excite les troubles de la Hollande sous la direction du chevalier Harris. III. 190.

Kinsberg. *Voyez* l'article *Dogger-Banck*.

Kiow. Triste perspective que ce pays présente à Catherine dans son voyage en Crimée. I. 86.

Kollin, lieu où fut battu Frédéric-le-Grand. I. 40.

Kosciusko, célèbre par ses victoires sur les Russes. Il reçoit l'ordre funeste de retirer son armée, et la Pologne passe sous un joug étranger. II. 38. Il revient des États-Unis d'Amérique, où il s'était distingué, pour délivrer la Pologne du joug de la Russie et de la Prusse. 252. Sa conduite politique. 253. Il bat le roi de Prusse avec une poignée d'hommes. *Ibid.* Battu à Szezekocin, il ne peut secourir Cracovie. 258. Il punit les auteurs d'une émeute. 59. Découverte du traité de partage entre les deux cours impériales et le roi de Prusse. 262. Provinces de France qui devaient passer à l'électeur de Bavière. *Ibid.* Crise effrayante où il se trouve entre les trois puissances. 263. Il est fait prisonnier par la trahison d'un de ses généraux. 265. Paul Ier lui rend la liberté. Honneurs que lui rend la ville de Warsovie dans le temps même que les Russes en faisaient le siége. 266.

KRIMPENER-WAARD, endroit célèbre par l'affront qu'y essuya la princesse d'Orange. III. 162.

L.

LA FAYETTE (madame de). Sortie des cachots de Robespierre, elle se rendit à Vienne, et partagea à Olmütz la captivité de son mari avec ses deux filles. II. 208-377.

LA FAYETTE, propose la déclaration des droits. I. 214. Il est élu commandant de la garde nationale, et rétablit le calme dans Paris. 217. Le 5 octobre, la commune l'envoie à Versailles. Le 6, il sauve la famille royale. 234. Au Champ-de-Mars, il fait tirer sur les séditieux. 261. — Ses plaintes sur la faiblesse des moyens qu'on lui donne pour la première campagne. II. 45. Arrivé à Givet, il reçoit l'ordre de ne pas continuer les opérations commencées. 46. Il dénonce à l'assemblée nationale la désorganisation que les jacobins mettent dans l'armée. 48. Sa pétition contre les auteurs de la journée du 20 juin. Conseil qu'il donne au roi, et réponse de la reine. 51. Moyens employés pour le perdre. 65. Il ordonne à Dumouriez de quitter le camp de Maulde. *Ibid.* Il fait arrêter à Sédan les commissaires de Paris. 68. Décrété d'accusation, il quitte la France. 69. Prisonnier des Autrichiens et livré au roi de Prusse; traité et conduit comme un criminel. 70. Enfermé à Wesel. 371. Transféré à Magdebourg, de là à Glatz, en Silésie. Livré à l'empereur, qui le fait enfermer à Olmutz. 374. Enlevé par Bollman, et bientôt repris. 375. Sa femme et ses enfans viennent partager sa captivité. 377. Sollicitations impuissantes auprès de l'empereur. Conditions mises à sa liberté. 378-381.

LAFITTE, ingénieur français, au service de la Turquie. Son opinion sur la durée du siége d'Oczakow. Siége de cette ville pendant dix mois. I. 157.

LAFLOTTE, fourbe connu par la dénonciation d'une prétendue conspiration des prisonniers au Luxembourg. II. 215.

LA HAYE. A qui doit appartenir le commandement militaire de cette ville. III. 47. Négociations politiques à ce sujet. 50 *et suiv.* Plan d'émeutes et d'incendies. 169. Causes qui firent échouer ce projet. 171. Autre tentative pour massacrer les patriotes dans une seule nuit. 172. Fuite des patriotes qui composaient les états, et des trois pensionnaires. 214-225. Massacres et incendies à la nouvelle de l'approche de l'armée prussienne. 117. Outrages faits à l'hôtel de l'ambassadeur de France. *Ibid.*

Lally-Tollendal, quitte l'assemblée nationale après les crimes du 6 octobre. I. 236.

Lamballe (la princesse de), est massacrée dans les journées de septembre. II. 77.

Lameth (Alexandre). Son caractère; ses efforts pour empêcher la chute du trône dont il avait attaqué le pouvoir. II. 68. Sa captivité à Magdebourg. 372. Tombé dangereusement malade, il ne suivit pas la Fayette dans les prisons d'Olmutz. Le roi de Prusse lui permit de rester dans ses États, et lui rendit la liberté après la paix. 373-374.

La Rochefoucauld. Les massacreurs de septembre l'égorgent en Normandie. II. 79.

Lascy (le maréchal de). Faute grave qu'il fait commettre à l'empereur dans la campagne contre les Turcs. I. 177.

Latour-Maubourg. Sa captivité. II. 371-382.

Launay, chef de la régie française établie à Berlin pour la direction des finances. I. 73.

Lavoisier, citoyen vertueux, époux tendre et fidèle, savant célèbre, administrateur éclairé, contribua par ses découvertes à étendre le règne de la chimie. Sa mort indigne toute l'Europe savante contre les Vandales qui le firent périr. II. 208.

Legendre, conspire contre Robespierre. II. 217. Il ferme le club des jacobins. 225. Il délivre la Convention dans la journée du 1er prairial. 294.

LÉOPOLD. État de crise où se trouva la maison d'Autriche à son avénement au trône. I. 270. Sa conduite politique et pacifique lui assure l'empire, et fait rentrer ses provinces rebelles dans le devoir. 287 *et suiv.* Après la convention de Reichenbach, il fait passer quarante mille hommes dans les Pays-Bas. 296. Il apaise les troubles de la Hongrie, et est élu empereur sans opposition. 301. Il concerte à Mantoue, avec les ambassadeurs d'Angleterre et de Prusse, les moyens de conciliation entre Louis XVI et le peuple français. 311. Son entrevue à Pilnitz avec le roi de Prusse, le comte d'Artois et l'électeur de Saxe. 312. Suspension d'hostilités d'après le conseil de Louis XVI. 316. Sa convention avec le roi de Prusse. 317. Nouvelle lettre circulaire qu'il adresse aux puissances. 321. — Sa déclaration commune avec le roi de Prusse, qu'il regarderait comme une déclaration de guerre l'entrée des Français dans l'électorat de Trèves pour en chasser les émigrés. II. 14. Ses plaintes, ses préparatifs de guerre; conseil qu'il donne à l'électeur de Trèves. 18-19. Congrès qu'il veut ouvrir pour concilier les intérêts des rois avec la constitution française. Mort de cet empereur. Soupçons à ce sujet contre les jacobins. 20.

LESSART, succède à Montmorin dans le ministère. II. 11. Il est décrété d'accusation, sous prétexte d'intelligence avec l'empereur. 26.

LIANCOURT (le duc de LA ROCHEFOUCAULD-), informe le roi de la prise de la Bastille. Conseils qu'il lui donne. I. 218. — Il offre au roi de le conduire à Rouen pour le soustraire aux jacobins. II. 52.

LIBERUM VETO, droit qui s'introduisit dans la diète de Pologne. Cause de l'influence tyrannique des puissances étrangères. II. 233.

LIÉGE. Insurrection dans cette ville. Expulsion de l'évêque. I. 281. Conduite artificieuse du roi de Prusse. 282. Les Liégeois obligés de se soumettre. 301. — Ordonnance remarquable du gouvernement liégeois à l'occasion d'un grand nombre d'émigrés hollandais. III. 228. *(Mémoire de M. Caillard.)*

LIGNITZ, lieu célèbre où le roi de Prusse se vit menacé par quatre armées. I. 42.

LIGUE ANGLO-PRUSSIENNE. Plan de cette ligue, dirigée contre les cours de Versailles, Vienne et Pétersbourg. I. 139. Elle arme le roi de Suède contre l'impératrice de Russie. 146. Elle fomente les troubles de la Flandre et du Brabant, et veut y établir une petite république pour la gouverner. 275. Elle change de principes et de système, abandonne les Brabançons pour tourner ses vues contre la France. 280. Ambition de cette ligue dirigée contre la Russie, l'empereur, la France et l'Espagne. Ses efforts pour réunir toutes les puissances contre la France. 283. Elle est déjouée dans le Nord par la paix avec la Russie. 300. Elle excite les Polonais à profiter des embarras de la Russie et de l'Autriche pendant la guerre des Turcs, pour se donner un gouvernement stable, et se soustraire à leur domination. 240.

LILLE. Siége et bombardement de cette ville. II. 119.

LOCHEM, ville dévastée par les troupes du prince d'Orange. III. 167.

LOMÉNIE (le cardinal de), ou M. de Brienne. Appelé à la régénération des finances, il fait tout ce qui pouvait les anéantir. Ses fautes. I. 170-172.

LONGWY, première ville française qui se rendit aux Prussiens. II. 74.

LOUIS XVI. Son caractère considéré relativement à la révolution. I. 204. Lenteur funeste dans le rassemblement des états. 210. Sa déclaration le 23 juin. Suite de cette démarche. 213. Sa situation après la révolution du 14 juillet. 219. Il résiste à ceux qui lui conseillent la fuite et la guerre civile. 231. Danger où il fut exposé dans la nuit du 5 au 6 octobre. 233. Il est ramené par la garde nationale à Paris. 234. Sa situation avant son départ de Paris. 257. Son évasion et son retour. 258. Il accepte la constitution. 315. — Il sacrifie ses ministres au parti jacobin. II. 11. Il sollicite auprès des puissances le désarmement des émigrés. 15. Il change de ministre, et donne à la minorité une plus grande force. 25. Sa crainte de voir la reine dénoncée à l'assemblée législative. 26. Il déclare la guerre au roi de Hongrie et de Bohême. Position du roi à cette époque. 28 *et suiv.* Danger où l'exposent les manifestes des cours de Vienne, de Berlin, du duc de Brunswick. 42-43. Il est obligé, au 20 juin, de prendre le bonnet rouge au château des Tuileries. 50. Il refuse de se rendre à Compiègne et à Rouen. 52. Il abandonne les soins de sa sûreté et de sa défense personnelle, le 10 août. 60. Il cherche un asile dans le sein de l'assemblée législative. 61. Elle le fait enfermer dans la tour du Temple avec sa famille. 62. Il est soupçonné d'avoir écrit au roi de

Prusse en Champagne. 95. Son procès. Premier combat entre la Montagne et la Gironde. 102-103. Chefs d'accusation contre lui. 105. Moyen infaillible de sauver Louis XVI. 106. Ses défenseurs. 108. Illégalité du décret qui le condamne à mort. 111. Avec quelle dignité il reçut son arrêt. Sa mort et ses derniers vœux pour la France. 112.

Louis, fils de Louis XVI. Sa captivité et sa mort. II. 303.

Luchesini (le marquis de), ministre de Prusse à Warsovie. Son portrait. I. 165. Comment il excite les Polonais à recouvrer leur indépendance; il les irrite contre la Russie. 166. — Il négocie avec Dumouriez, et dégage les Prussiens de leur triste situation en Champagne. II. 92. Il est chargé de présenter à Stanislas-Auguste les craintes du roi sur les orages que la Russie élève en Pologne. 391.

Luckner. Plan d'envahir les Pays-Bas, concerté avec la Fayette et Rochambeau. II. 45.

Luxembourg (prison du). Conspiration imaginée pour perdre les prisonniers. II. 215.

Luxembourg, première source de division entre la Prusse et l'Autriche. Prise de cette ville et du maréchal Bender. II. 338.

Lyon, victime célèbre et malheureuse des fureurs de Collot-d'Herbois. II. 179.

M.

MACDONALD, général français devenu célèbre par ses victoires en Italie. En Hollande, il passa le Vahal, qui était glacé. Sa marche hardie déconcerta les ennemis et décida la conquête de la Hollande. II. 278.

MACIEJOWICE. Bataille où Kosciusko fut blessé et prisonnier des Russes. II. 265.

MACK, appelé au congrès d'Anvers pour y proposer des plans à la coalition, qui, divisée d'intérêts, n'en suivit aucun, et lui imputa les mauvais succès de la campagne. Chaque puissance, en croyant conquérir séparément pour elle-même, ouvrit les yeux de l'Europe sur les motifs de cette guerre. II. 140-177.

MADALINSKY, Polonais qui se révolta le premier contre la tyrannie des Russes. Ses victoires. II. 254.

MADAME, fille de Louis XVI. Courage de cette jeune princesse, qui survivait, dans le Temple, à ses parens immolés. Ses derniers mots, en s'éloignant de la France, furent des vœux pour le bonheur de sa patrie. II. 210.

MAESTRICHT. Émigration considérable de cette ville et de toutes les Provinces-Unies. III. 228.

MAGDEBOURG, ville où furent détenus, dans un souterrain, la Fayette, Maubourg et Lameth. II. 372.

MAI (le 31), journée célèbre et conduite par les montagnards, les jacobins et la commune. But de ce soulèvement. II. 145. Arrestation de vingt-deux députés girondins. 146. Constitution du 31 mai, la plus favorable à l'anarchie. 154. Renfermée jusqu'à ce que la patrie ne fût plus en danger. *Ibid.* Anéantie et livrée au mépris, après la défaite des anarchistes au 1er et 3 prairial. 297.

Maison du Bois, château de plaisance du prince d'Orange. Trames projetées dans ce lieu d'écraser tous les républicains d'un seul coup. I. 30 *et suiv.*

Malesherbes, défenseur de Louis XVI. Portrait de ce digne magistrat. II. 108. Il proteste contre l'illégalité du décret qui le condamne à mort. 111. Son stoïcisme. Il vécut et mourut comme Socrate. 208.

Mandat, commandant de la garde nationale, égorgé au 10 août, par ordre de la commune. Influence de sa mort sur cette journée. II. 58.

Manifestes de la cour de Vienne; ses griefs contre la France. De Berlin. Du duc de Brunswick. Crimes qui en furent le prétexte et la suite. II. 42-43.

Mantoue. Convention qui a préparé le traité de Pilnitz. I. 311.

Marat, auteur des massacres de septembre. II. 73. Accusé par la Gironde. Absous par l'influence de la commune. 135. Il accuse Dumouriez de trahison. 136. Son horrible caractère. 160.

Marbois, envoyé à Vienne pour engager les puissances à ne pas s'immiscer dans les affaires de France, et pour faire cesser l'armement des émigrés. II. 15.

Maret, deux fois envoyé à Londres pour prévenir la rupture entre les deux nations. II. 124.

Maret et Sémonville, arrêtés sur un terrain neutre, et mis aux fers par les Autrichiens. II. 180.

Mariages républicains. Ironie et cruauté atroce de Carrier. II. 181.

Marie-Thérèse d'Autriche. Guerre pour son mari. I. 36.

Marlborough, présente la serviette et l'aiguière au premier roi de Prusse. I. 32.

Massacres du 2 septembre. Une partie de leurs auteurs s'est fait connaître dans une circulaire aux départemens. II. 355.

Masse (levée en), moyen révolutionnaire qui opposa douze cent mille hommes à l'ennemi. II. 168.

Maury (l'abbé), gagna le chapeau de cardinal pour avoir défendu les intérêts du pape qui perdit Avignon. I. 310.

Maximum, moyen décemviral qui produisit une disette générale. II. 206. Un des prétextes dont les jacobins se servirent pour soustraire à la déportation les collègues de Robespierre. 292.

Meaux. Les massacreurs de septembre y firent couler le sang. II. 79.

Menou (le général), se porte au faubourg Saint-Antoine, et désarme les séditieux qui avaient sauvé du supplice les assassins du député Féraud. II. 296. *Voyez* l'article *Prairial*.

Michelson. Stratagème de ce général prussien contre les Suédois. I. 154.

Middelbourg. Pillages et massacres que la populace fait dans cette ville. III. 168.

Minden, grande écluse auprès d'Amsterdam, que les patriotes voulurent opposer au duc de Brunswick, pour sauver cette ville. III. 206.

Ministres prussiens. Lettre hardie qu'ils écrivent au roi. I. 73.

Mirabeau. Sa demande au roi d'éloigner les troupes du lieu où les états-généraux tenaient leurs séances. I. 214. Créateur des assignats. 254. Son caractère. Il se rapproche de la cour. 256. Sa mort. Regrets qu'il inspire. 257.

Modérés, hommes prudens, confondus par les rois avec les jacobins, et parmi les ennemis de la patrie dans l'opinion démagogique. II. 17.

Mollendorff, général prussien, qui remplace le duc de Brunswick. II. 314. Chargé par le roi de concourir avec les Russes au démembrement de la Pologne. 393.

Monarchie (la), sauvée en Europe par les fautes des révolutionnaires. Menacée d'y être détruite par la faute des rois. II. 335.

Monarchistes constitutionnels, parti qui avait pour objet l'alliance du trône avec la liberté. II. 40.

Mons. Terreur panique à l'attaque de cette ville par le général Biron. II. 46.

Monsieur, frère du roi, appuie la double représentation proposée en faveur du tiers-état. I. 211.

Montagne (la), nom donné à la minorité de la Convention. II. 103. Motifs de ses chefs, qui voulaient faire périr le roi. 106. Elle se condamne à exercer un pouvoir tyrannique. 113. Décret d'accusation, après le 9 thermidor, contre plusieurs de ses membres. 289. Acte de déportation. 291.

MONTESQUIOU. Conquête rapide de la Savoie. II. 114. Il se sauve en Suisse. 143.

MONTMORIN. Sa conduite envers les Hollandais. I. 126. Projet d'une quadruple alliance proposée à Louis XVI. 134. Malheurs qu'elle aurait prévenus. 136. Sa lettre aux ambassadeurs de France. 371. — Il quitte le ministère. II. 11. Massacré dans les journées de septembre. 77.

MORMALE, forêt où se retranchèrent les Autrichiens, après avoir été battus à Maubeuge. II. 182.

MOUNIER, quitte l'assemblée nationale après les crimes du 6 octobre. I. 236.

MUILMAN, MUNTER et VAN-DER-GOES, déposés pour avoir trahi, aux états, le vœu général de la ville d'Amsterdam. III. 102.

MUNICIPALITÉ DE PARIS (la). Sa destitution opérée par un petit nombre de jacobins. Origine de cette commune, célèbre par ses crimes, jusqu'à sa chute avec Robespierre. II. 58-63.

MYSTIFICATIONS, moyen employé par les illuminés de Prusse pour tromper le roi. I. 72.

N.

NARBONNE, ministre de la guerre. Son caractère, sa conduite. II. 12. Préparatifs de guerre. 14. Son renvoi. 26. Comment il a échappé au 10 août. 61.

NASSAU (le prince de), détruit, dans le Liman, la flotte et l'armée du capitan-pacha. I. 145. Son voyage à Vienne, Versailles et Madrid, pour garantir l'intégralité de la Pologne. 160. Galères de ce prince coulées à fond par le roi de Suède. 285. Il bat l'intrépide Hassan pacha. 304.

NECKER (M.), succède au cardinal de Loménie. Ce qu'il était. I. 172. Avantage qu'il fait accorder au tiers-état. 211. Son renvoi du ministère. 213. Son buste promené dans Paris. 216. Son rappel après le 14 juillet. 218. Terme de son triomphe et de son crédit. 254. Sa seconde sortie de France. 255.

NERWINDE, lieu où les Autrichiens battirent les Français commandés par Dumouriez. II. 132.

NESTOR (Joachim), le Léon X du Brandebourg. I. 20.

NEUTRALITÉ ARMÉE DU NORD. Accession de la Hollande à ce traité. III. 31. Cause de la guerre que l'Angleterre déclare aux Provinces-Unies. 33.

NEUTRALITÉ. Convention signée entre les ministres de France et de Prusse, pour établir la neutralité du nord de l'Allemagne. II. 330-407.

NEUTRALITÉ (ligne de). Les Autrichiens la franchissent. II. 338. Étendue et limites de cette ligne. 408.

NIEVERSLUYS. Perte des Prussiens au siége de cette ville. III. 221.

NOAILLES (mesdames de). Leur courage en marchant au supplice. II. 209.

NOBLESSE (ordre de la). Jalousie de la noblesse des provinces contre celle de la cour, une des causes de la révolution. I. 209. Son motif en proposant qu'on délibérerait par ordre, et non par tête. 211. Sa minorité réunie au bas-clergé. 212. Son abolition. Sacrifice de ses priviléges. 224. — Quel parti elle espère tirer des désordres répandus dans toute la France. II. 8.

NOTABLES, une des principales causes de la révolution. I. 209.

O.

OCTOBRE (journée du 5), célèbre par les massacres commis au château de Versailles. I. 233.

OCZAKOW. Prise et massacre. I. 158.

OLMUTZ, célèbre par la détention de la Fayette, Maubourg et Puzy. II. 374.

OPINION PUBLIQUE (l'), sert de contre-poids au pouvoir arbitraire, et finit par le renverser. Son influence sur les trois derniers siècles. I. 197.

ORANGE (le prince d'), refuse le titre de comte de Hollande, que le peuple voulait lui donner dans son ivresse. III. 218 et suiv.

ORANGE (princesse d'). Sa réponse orgueilleuse aux états-généraux. I. 117. Affront qu'elle prétend avoir reçu à Welche-Sluys; ses plaintes au roi de Prusse. 122. — Paroles que lui adresse le grand Frédéric. III. 18. Prétextes pour attirer les armes de Prusse en Hollande. 174. Son influence sur le cabinet de Berlin. 202. Ses proscriptions; ses vengeances. 224 *et suiv.*

Ordre équestre. Ses prérogatives en Hollande. III. 5.

Orléans (duc d'). Son buste promené dans Paris. I. 216. Son caractère, et faction qui porte le nom de ce prince. 229. Conduite que cette faction tient à l'occasion du banquet donné au régiment de Flandre. 233. On lui impute les massacres et la journée du 5 octobre. 235. Voyage du duc, ou son exil. *Ibid.* Son retour à Paris. 250. — Enfermé à Marseille avec ses parens. II. 158. Danton veut le faire roi. 161. Incertitude de Robespierre à son égard. Il l'abandonne à la hache révolutionnaire. 167.

Oscaritz, envoyé d'Espagne, le seul ministre qui, après la condamnation de Louis XVI, osa faire une noble tentative pour prolonger sa vie. II. 112. Il fit connaître au cabinet de Madrid les dispositions pacifiques du gouvernement français. 324.

Osterman (le comte). Un de ses commis trahit le secret de la quadruple alliance projetée entre la France, la Russie, l'Autriche et l'Espagne. I. 137.

P.

Pape (le). Le comtat Venaissin lui est enlevé. Malheur de cette contrée. I. 310.

Papier-monnaie. Sa création due à Mirabeau. I. 254.

Paris. Fermentation des esprits avant le 14 juillet. I. 215 et suiv.

Parker, amiral anglais, battu par les Hollandais, sur les côtes de Jutland. III. 41.

Parlemens (les). Leurs fautes avant la révolution. I. 208.

Patentes (droit de), prérogative attachée à la charge de capitaine-général. I. 111.

Paul-Jones. Sa jalousie contre le prince de Nassau. I. 146.

Paul Ier, rend la liberté à Kosciusko. II. 266.

Paulus, envoyé des Provinces-Unies en France, pour y solliciter des secours. I. 124. — Restaurateur de la marine hollandaise. III. 38. Chargé de concerter avec M. de Montmorin les moyens de conciliation avec le roi de Prusse. 193. Dépouillé de ses emplois à l'instigation de l'Angleterre. 226.

Paume (le jeu de), devenu célèbre par le serment des députés qui s'y réfugièrent. I. 213.

Pavie (conférence de). Préliminaire du traité de Pilnitz. I. 368.

Pays (le plat). Ce qu'il désignait dans la constitution des Provinces-Unies. III. 5.

Pays-Bas. Conduite de l'empereur Joseph II à l'égard de ces provinces. I. 269.

Pérignon, menace l'Espagne d'une ruine complète. Ce

fut lui qui signa le traité d'alliance entre la république et l'Espagne. II. 320.

Pétion, maire de Paris, attise le feu de la discorde. II. 8. Il demande la déchéance du roi. 44. Destitué pour avoir favorisé l'invasion des Tuileries et du château. Son triomphe. Ivresse du peuple pour lui. 50. Suspendu de ses fonctions par la commune. 58.

Peuple (le). Son esclavage politique dans les temps de féodalité. I. 187. Son alliance en Angleterre avec la noblesse, en faveur de la liberté, contre l'autorité royale. Origine du pouvoir des communes et de l'abaissement du pouvoir féodal. 193. En France, l'union du peuple avec le roi diminue l'influence du clergé et de la noblesse, augmente l'autorité royale. 194. Instrument terrible de la révolution. 207.

Philosophes (les). Leur influence sur la révolution. Honneurs qu'ils reçoivent des cours étrangères. I. 175.

Philosophie (la). Son influence sous les derniers rois de France. I. 200 *et suiv*. Contradictions entre les mœurs et l'esprit de la monarchie. 202.

Piastes (famille des), célèbre en Pologne, s'éteignit dans la personne de Casimir-le-Grand. II. 231.

Pichegru, défait, avec Hoche, les alliés auprès de Haguenau. Suite de cette bataille. II. 184. Bat les Anglais dans les Pays-Bas, et menace la Hollande. 198. Il attaque les alliés sur tous les points, depuis l'Océan jusqu'au Rhin, et les bat partout. Tableau de cette belle campagne, et conquête entière des Provinces-

Unies. 278 *et suiv.* Détails des provinces et pays enlevés à la coalition, des batailles gagnées et des prises. 280. Il s'empare de Manheim. Battu auprès de cette ville. 339.

Pierre III, empereur de Russie. Son enthousiasme pour le roi de Prusse, une des causes de sa perte. I. 43.

Pilnitz. Conférences qui y eurent lieu au sujet de Louis XVI. Quelle idée on doit se former du traité de Pilnitz. I. 312. Convention entre le roi de Prusse et l'empereur. 316. Déclaration signée en commun pour agir de concert, et avec les puissances, contre la France. 370.

Pitt. Sa politique dans les troubles de la révolution. II. 18. Autrefois attaché au parti des wighs, il change d'opinion quand il est ministre. 117. Il exprime son vœu pour l'établissement solide de la liberté en France. Il se dispose à lui faire la guerre, après avoir contribué à détruire la liberté chez les Polonais. 118. Ses motifs pour ne point déclarer la guerre aux Français, et ses conseils pacifiques au roi de Prusse. 119. Ses motifs de guerre après la conquête du Brabant. Il fait rappeler, après le 10 août, l'ambassadeur Gower, et refuse de reconnaître Chauvelin. 120. Raison de ne pas intervenir en faveur de Louis XVI. Il veut rendre la guerre nationale et populaire, en forçant la France à prendre les armes la première. 121. Prétextes que lui fournissent les jacobins anglais et français. 122. Il enfreint les conditions du traité de commerce, et suscite la Hollande contre la France. 124. Sur l'ordre donné à Chauvelin de sortir d'Angleterre, la Convention remplit le vœu de Pitt en lui déclarant la guerre. 125. Décret ridicule de cette assemblée, qui le déclare l'ennemi du genre humain. 180. Discours à la chambre des communes en 1790. Vœux que ce ministre faisait alors pour la liberté et le rétablissement de l'ordre en France. 366.

Poix (le prince de). Son attachement pour Louis XVI. Il se cacha dans Paris après le 10 août, et fit courir le bruit de sa mort. II. 61.

Politique. Moyen d'en deviner les énigmes. I. 75.

Politique (garantie). Exemples monstrueux de cette garantie. I. 236.

Pologne. Sa nouvelle constitution. Sagesse avec laquelle elle est rédigée. Sa proclamation. I. 317 et suiv. Protestations faites contre elle par les fédérés de Targowitz. 319. — Exposé succint de ce qu'elle était sous Casimir-le-Grand. II. 233. Changement qu'elle subit en donnant le *liberum veto* à chaque noble. *Ibid.* Occasion favorable qui se présente pour se soustraire à la domination de ses voisins. *Ibid.* Enthousiasme et sacrifices de toute espèce, dans toutes les classes, pour se donner une constitution. 234. Nobles qui s'y opposent. 235. Division de ses forces, après la levée du siége de Warsovie par le roi de Prusse. 262. Partage de cette malheureuse contrée. 269. Influence de cette révolution sur les Français, et ardeur qu'elle leur inspire contre la coalition. 270.

Polonais (les). Ce qu'ils ont été. I. 161. Ce qu'ils

étaient depuis un siècle. 163. Leur haine contre les Russes. 164. Indignation que leur inspire une proposition d'alliance avec la Russie. 165. Sages propositions rejetées par les insinuations de la Prusse. 166-169 *et suiv.* Exposé succinct des motifs qui les engagèrent à faire dans leurs lois des changemens qui furent le prétexte et la cause de leur perte. Hommes qui se sont illustrés dans les lettres et dans les sciences. II. 231 *et suiv.*

PONINSKI. Sa trahison présumée livre la Pologne aux Russes, et arrache la victoire à Kosciusko. Sa justification. II. 264.

PORTE STATHOUDÉRIENNE OU PORTE DU NORD, commencement de la querelle entre le stathouder et les Hollandais. III. 20-56-57. Événement remarquable au passage de cette porte. Sa description. 59 *et suiv.*

POSEN. Insurrection des Polonais, qui force le roi de Prusse à lever le siége de Warsovie. II. 261.

POTEMKIN (le prince de). Ses vues sur la Courlande. I. 77. Il rassemble une armée de cent mille hommes en Ukraine et en Crimée. 82. Ses motifs pour engager l'impératrice de Russie à faire le voyage de Crimée. 84. Artifices qu'il emploie pour lui faire illusion. 86. Dénuement où se trouvait l'armée russe, quand les Turcs déclarèrent la guerre. Sa marche sur Oczakow. Il l'assiége, la livre au pillage et au massacre. 141-159. Reçoit le grand cordon de Saint-Georges. Il propose à Catherine d'accepter la médiation offerte par l'Angleterre et la Prusse, qui cependant avaient allumé cette guerre. Son inconstance dans les traités.

159. Sa politique pour conquérir la Crimée. Ses progrès en Turquie. Prise de Bender. 304.

Potocki (le maréchal de). Discours qu'il adresse à la diète pour s'opposer à la vente des starosties. Faute qu'il reproche à l'assemblée nationale de France, sur la vente des biens nationaux. I. 320-391.

Potocki, Rzewouski, Branitzki et autres, Polonais fédérés de Targowitz, contre la constitution donnée par la diète. En réclamant l'influence de la Russie, ils ont préparé et accéléré l'invasion et le partage de la Pologne, dont le plan était déjà concerté. II. 235.

Potocki (Félix). Appelle dans sa patrie les troupes russes, et court vainement à Pétersbourg implorer, contre l'invasion des Prussiens, Catherine II, qui était de concert avec eux. II. 247.

Poushkin, général russe qui commandait l'armée de Catherine en Finlande. I. 155.

Prairial (journée du 1er). Soulèvement du faubourg Saint-Antoine. Massacre du député Féraud. Auteurs et motifs de cette émeute. Belle conduite de Boissy-d'Anglas. Les sections voisines du lieu où siégeait la Convention, vinrent la délivrer. II. 292-294.

Prêtres. Abjuration de la part de ceux qui siégeaient à la Convention. Nouveaux dieux qu'ils adoptent pour plaire aux décemvirs. II. 170.

Princes français (les). Leur déchéance, et séquestre de leurs biens s'ils ne retournent en France. II. 23.

Prisons. Massacres qui y furent commis. *Voyez* l'article

Septembre (2). II. 76. Asile de l'innocence, de la vertu, des talens, de la beauté, pendant le décemvirat. 207. Conspirations qui y furent imaginées par Robespierre, afin de livrer à l'échafaud les victimes qu'elles contenaient. 216. Elles s'ouvrirent après le 9 thermidor. 224.

Procès du roi. Délits dont il est accusé. II. 104-105. Principe infaillible pour le sauver, qui ne fut soutenu que par cinq députés. 106. Première faute du parti qui ne voulait point voter sa mort, et qui le défendit vainement ensuite, mais avec courage. 107-111.

Proscriptions (code de), ou suite des massacres de septembre. II. 81.

Provinces-Unies. Causes de leur prospérité et de leurs malheurs. I. 97. Leur alliance avec la France, sous Louis XVI. 108. — Conquises par Pichegru, elles imputent tous leurs maux à l'Angleterre. II. 278. — Formation politique des états-généraux. III. 2. Origine de la différence des droits dans les villes des Provinces-Unies. 4. De combien de voix ils étaient composés. 5. Principe de leur destruction. 6. Dépouillés de leurs pouvoirs par Guillaume III. 9 *et suiv.* Manière de répartir les troupes en Hollande, et de les solder. 74. Insuffisance des troupes dévouées au stathouder. Supériorité des états. 86. Position singulière des états-généraux. 90. Faute grave dans la voix d'Utrecht. 91. Vices de leur constitution militaire. 128. Suspension du général Van-Ryssel. Ordre de désobéir aux ordres des états de Hollande. 145. Danger d'une défection presque générale, et d'une scission entière. 146. Plan pour donner aux patriotes la supériorité dans les états-généraux. 147. Il est déjoué en faveur de la province de Hollande. Abrogation des mesures précédentes. 149. Inconséquences et irrégularités des états. 150. Défection des troupes. 151. Zèle et courage de la bourgeoisie pour y suppléer. 152. Nombre des partis qui les divisaient en 1787. Faute du parti patriote. 155 *et suiv.* Projet des états pour une réponse verbale aux plaintes de la princesse d'Orange, et de séparer entièrement ses intérêts de ceux de son mari. 176. Proposition qui leur est faite de déférer à la France la médiation des différends qui partageaient les Provinces-Unies. 185. La Prusse et l'Angleterre offrent aussi là leur. Inconvenance de cette offre. 187. Alliance de ces provinces avec l'Angleterre et la Prusse. 230. (*Mémoire de M. Caillard.*)

PRUSSE (la). Ce duché passe des rois de Pologne à la maison de Brandebourg. Peuples qui habitèrent successivement ce pays. I. 26. Finances. Leur évaluation. Épargnes de Frédéric-le-Grand. 73-74.

PUGATSCHEFF, rebelle dont les succès firent trembler l'impératrice de Russie. I. 342.

Q.

QUIBERON. Descente des émigrés sur les côtes de France. Conduite équivoque des Anglais et cruautés à leur égard, dont l'histoire offre peu d'exemples. II. 324.

R.

Ratisbonne (diète de). Elle reçoit les plaintes des princes allemands, à qui l'assemblée constituante avait ôté leurs droits en Alsace. I. 302.

Raynal (l'abbé). Démarches que fit le roi de Prusse Frédéric-Guillaume II, pour le retenir à Berlin. I. 58.

Rayneval, envoyé de France en Hollande. Les intrigues du chevalier Harris y rendent inutile la médiation de la France. I. 114.

Razoumowski (le comte), ministre de Russie en Suède, fournit à Gustave III le prétexte de déclarer la guerre à Catherine II. Singularité de ce prétexte I. 150. Les troubles qu'on l'accuse de fomenter en Suède motivent son renvoi, et Gustave demande qu'il soit puni. 344-345.

Réfractaires (prêtres). Mot imaginé pour proscrire en masse des classes entières de citoyens. II. 9.

Réfugiés (Français). Heureux changemens qu'ils introduisent dans le Brandebourg. Avantages qui résultèrent de leur mélange avec les naturels du pays. I. 20.

Régence (conseils de). Artifice des régens stathoudériens pour annuler toute influence du peuple dans les assemblées. III. 102 *et suiv.*

Réglement de 1674. Spoliation de pouvoirs dont jouissaient plusieurs provinces unies. I. 101. Son abolition. 111.

Reichenbach (conférence de). Intérêts qui y furent traités pour prévenir une rupture prochaine entre les cours de Vienne et de Berlin. I. 293 *et suiv.* Convention qui y fut signée. 296. Son influence sur les autres puissances pour les armer contre la France. 298.

Reine de France (Marie-Antoinette d'Autriche), courut risque d'être assassinée au 6 octobre. I. 234. — Réponse qu'elle fit à un aide-de-camp de la Fayette. II. 52. Elle est livrée au tribunal révolutionnaire. Sa fermeté en marchant à la mort. 167.

Repnin (le prince de), bat le grand-visir Yusuph. I. 305.

Républicain (le parti), se montre pour la première fois à l'époque de l'évasion du roi. Faiblesse de ce parti. I. 259. Fusillé au Champ-de-Mars. 261.

Républicains, faibles par le nombre, et bien éloignés de prévoir leurs triomphes. II. 40.

République française (la). Son établissement dans la première séance de la Convention. II. 82.

Réquisition, moyen employé, sous le gouvernement révolutionnaire, pour l'entretien des armées nombreuses de la république. II. 169.

Résomption, formalité nécessaire pour donner force de loi à une résolution des états-généraux. III. 130.

Réveil du peuple, hymne qui rappelait la chute de la tyrannie jacobine, et que les conventionnels défendirent de chanter. II. 302.

Révolution (la), ouvrage de tous et le sujet des plaintes

de tous. I. 205 *et suiv.* Par qui prédite. Facilité d'en prévoir les désastres. 207. Opinion qu'on eut d'elle en France et au dehors. 220. — Son but en 1789, la réforme des abus. La cour et les deux premiers ordres furent les seuls qui y perdirent. II. 149. Son but en 1792 : une égalité trop absolue, la force et la crainte pour moyens, la chute du trône et la mort du roi pour objet. 149-150. Après le 31 mai, la spoliation de tous les propriétaires et leur extermination, l'atrocité et la terreur pour moyens. 151.

Révolutionnaire (gouvernement), chef-d'œuvre d'atrocité de Robespierre, Danton, Marat, Collot-d'Herbois, Billaud, Couthon. II. 153. Confié à douze députés. 155. Son énergie terrible et ses ressources prodigieuses. 156. État déplorable de la France sous ce gouvernement. 158. Horribles spoliations, empoisonnemens, jugemens arbitraires. 159-160. Horrible admiration qu'il inspire par ses succès, et ses moyens de terreur au dehors et dans l'intérieur. 168.

Révolutionnaires (clubs, comités). Demandes singulières qu'ils faisaient à un pétitionnaire. II. 171.

Révolutions. Leurs causes principales? I. 102.

Richelieu (le cardinal de), porte le dernier coup à l'anarchie féodale. I. 196.

Rietz (madame de), maîtresse du roi de Prusse, et célèbre par le déréglement de ses mœurs. I. 70. — Son arrestation après la mort du roi. II. 341.

Rivarol. Son opinion sur les journées et les massacres du 6 octobre. I. 235.

Robespierre, auteur des massacres de septembre. II. 73. Son motif en faisant périr le roi sur un échafaud, plutôt que de s'en délivrer secrètement. 102. Il force Danton à se retirer du comité de salut public. Son caractère. 162. Cause de sa parfaite ressemblance morale avec la populace. 164. La peur est sa divinité. C'est pour ne pas être sacrifié qu'il y sacrifie tous ceux qu'il craint. 165. Sa tactique. 166. Il livre au tribunal révolutionnaire la reine de France et le duc d'Orléans. 167. Il trahit lâchement Camille Desmoulins, son ami, et l'envoie au supplice. 213-214. Il livre au tribunal révolutionnaire Danton, Fabre-d'Églantine, Chabot et autres députés hardis. 214. Tableau de sa tyrannie après l'assassinat prétendu dont la jeune Renaud fut accusée. 215. Ses motifs en établissant une fête en l'honneur de l'Être suprême. 217. Conspiration de neuf de ses collègues, qui, pour prévenir leur perte, jurent la sienne. *Ibid.* Il se plaint, à la tribune, des calomnies répandues contre lui. 218. Sa harangue violente sur la situation de la république. *Ibid.* Accusé à son tour, il est obligé, pour la première fois, de se justifier. 221. Le lendemain, 9 thermidor, décrété d'accusation, arrêté à l'hôtel-de-ville, où il s'était réfugié avec ses complices, il périt sur l'échafaud avec cette commune du 10 août. 223-224.

Rochambeau, se plaint des intrigues ourdies pour désorganiser l'armée. II. 45. Il rassure les fuyards à l'attaque de Mons. 46. Fatigué des intrigues dirigées contre lui, il se démet de son commandement. 47.

Rohan, élu évêque de Liége. I. 281. Renvoyé. 301.

Roland, ministre renvoyé avec Clavière et Servan. II. 47. Effet pernicieux que produit l'impression de la lettre qu'il écrivit à Louis XVI. 53. Il reprend le ministère. 72. Le seul Français qui eut le courage de dénoncer à l'assemblée législative les massacres de septembre. 77.

Rosenberg (le prince de), touché des vertus de madame de la Fayette, obtient pour elle et pour ses filles une audience de l'empereur. II. 377.

Roterdam. Révolution dans la régence de cette ville. III. 113 *et suiv.*

Roumanzow (le maréchal). Son mécontentement contre Potemkin. I. 86. Sa marche sur Choczim. État de son armée. 141.

Royalistes absolus, faction faible par le nombre, et dont la puissance était au dehors. II. 40. Royalistes ardens dans l'intérieur. Leur conduite et leur aveuglement après le 9 thermidor. 286.

Royauté. Son abolition dans une des premières séances de la Convention. II. 82.

Rzewouski, Polonais fédéré, un des auteurs de la perte de sa patrie. II. 235. Son exil. 247.

S.

Saint-Domingue. Cession de la partie espagnole à la république française. II. 333.

Sainte-Croix, envoyé à Trèves pour engager les puissances à ne point s'immiscer dans les affaires de France. II. 15. Promesses vagues de l'électeur. 18.

Sainte-Ménehould, camp des Français, d'où le général Dumouriez empêcha les ennemis de pénétrer plus loin en Champagne. II. 84. Force respective des deux armées. 96 *et suiv.*

Saint-Priest (le comte de). Sa lettre au marquis de la Fayette sur les affaires de Hollande. I. 339.

Salm (le rhingrave de). Son caractère, sa perfidie envers la France et les Hollandais. I. 120. Il abandonne honteusement la ville d'Utrecht. 128. Son ambition. III. 215 *et suiv.* Sa duplicité. 219. Sa trahison. 223.

Saron, premier président du parlement de Paris, magistrat intègre, académicien estimé, immolé par le tribunal révolutionnaire. Il s'occupe d'une découverte la veille de sa mort. II. 208.

Savoie (la), conquise par Montesquiou. II. 114. Elle demande sa réunion à la France. 116.

Saxe (l'électeur de). Les Polonais, ayant rendu le trône héréditaire, offrent à sa fille de commencer la dynastie de leurs nouveaux rois après la mort de Stanislas-Auguste. I. 302.

Saxe-Teschen (le duc de), refuse des passe-ports à Lameth, la Fayette, Maubourg et Bureau de Puzy, arrêtés par un poste autrichien. II. 371.

Schlieffen. Lettre de ce général prussien au général la Fayette. I. 355.

Schonfeld, général prussien qui commandait les Brabançons insurgés. I. 281.

Sections, arsenal et magasin de dénonciations sous Robespierre. II. 159. Elles sont désarmées, après avoir sauvé la Convention des anarchistes. Se soulèvent contre les lois des 5 et 13 fructidor. 307-308.

Ségur (le maréchal de): Demande inutile qu'il fait au conseil pour la formation du camp de Givet. I. 126.

Ségur, fils du maréchal et ministre de France à Pétersbourg, signe un traité de commerce entre la Russie et la France. I. 81. Ses représentations à l'empereur Joseph sur l'intérêt que la France prenait à la conservation de l'empire ottoman. 90. Se concerte en Crimée avec le ministre Bulgakow et l'internonce autrichien Herbert, pour prévenir une rupture entre la Russie et la Porte. 92. Négocie une quadruple alliance. 134-148. Est nommé ambassadeur à Rome. 310. — Il refuse le ministère. II. 11. Envoyé à Berlin pour engager les puissances à ne point s'immiscer dans les affaires intérieures de la France, et pour faire cesser l'armement des émigrés. 15. Dispositions du roi de Prusse à déclarer la guerre. 20 *et suiv.* Succès passagers de cette négociation. 23.

Septembre (2 et 3). Massacres dans Paris. Leurs auteurs. II. 72. Bruits semés pour étouffer tout sentiment de pitié dans le peuple. 75 *et suiv.*

Servan. Pouvoir que lui donne le comité de salut public pour traiter de la paix avec le ministre d'Espagne. II. 333 *et suiv.*

Siévers. Catherine II lui donne l'ordre de se concerter avec Bucholz, ministre de Prusse, sur les moyens de régler le partage de la Pologne. II. 246. Comment il arrache, par force, le consentement de la diète. 249.

Sigismond, le dernier de la famille des Jagellons. Fin de la constitution de Casimir-le-Grand. II. 232.

Sigismond (Jean), électeur de Brandebourg. Contestations sur l'héritage de Juliers, Clèves, la Marck, etc. Soufflet donné par Sigismond à son compétiteur. I. 26.

Silésie. Invasion de ce pays par Frédéric-le-Grand. I. 37. Elle lui fut cédée par le traité de Dresde. 39.

Sistow, ville où furent entamées les négociations pour la paix entre les Russes et les Turcs. I. 304.

Sociétés populaires. Leur établissement dans les principales villes des Provinces-Unies. Leur zèle, leurs orateurs, leurs députations et leurs erreurs politiques. III. 158.

Soignes (forêt de). Perte qu'y fit le prince de Cobourg de sept mille hommes après la bataille de Fleurus. II. 198.

Sombreuil (mademoiselle de). Sa piété filiale. II. 208.

Spielman, habile négociateur autrichien. Une des causes du renvoi du ministre Hertzberg. Il rapproche et unit les cours de Vienne et de Berlin. I. 290 et suiv.

Sprengporten, officier-général suédois, soulève l'armée suédoise contre Gustave. I. 155.

Stael (le baron de), envoyé par le régent de Suède au nom de son neveu, pour offrir à la nation française l'assurance de l'amitié que la cour de Stockholm avait pour elle. II. 318.

Stanislas-Auguste, roi de Pologne. Son entrevue avec l'impératrice de Russie et l'empereur Joseph. I. 87. Son caractère. Il se laisse entraîner contre la Russie par l'esprit qui régnait dans la diète. 168. Félicitations qu'il reçoit des têtes couronnées sur la constitution donnée à la Pologne. 320. — Il implore les secours du roi de Prusse, et réclame vainement le traité qui devait les lui assurer. II. 37. Menacé et trompé par l'impératrice de Russie, il trompe à son tour l'espoir des Polonais, qui passent sous une domination étrangère. 38. Il réclame contre la Russie les secours de la Prusse, stipulés par un traité. Réponse évasive et peu loyale de Frédéric-Guillaume. 236-237. Sa lettre au roi de Prusse, sur les sentimens de justice et d'amitié que la Pologne attend de lui. (*Voyez* cette Lettre, tome I, p. 347, *Pièces justificatives*.) Révolution française, cause indirecte de la perte des Polonais. 238. Il se laisse tromper par l'impératrice, paralyse ainsi le courage de l'armée, et lui ordonne de déposer les armes. 238-239. Il accède à la fédération de Targowitz, et laisse entrer les Russes dans Warsovie. 239. Il adhère au démembrement de la Pologne, à la diète de Grodno. 248. Délivré des Russes, dans le court intervalle des succès qu'eut l'insurrection polonaise, le roi reste, après leur expulsion de Warsovie, sans aucune espèce d'autorité ni de confiance. 258. Il survit peu de temps à la chute de son trône et à l'humiliation de sa patrie. 268. Sa réponse aux notes des cours de Berlin et de Pétersbourg. Il y déclare qu'il n'a accédé à la confédération de Targowitz que pour conserver l'intégrité de la Pologne. 402.

STATHOUDER. La politique des stathouders pour envahir les pouvoirs. Leurs prérogatives. Titre de capitaine-général qui leur est donné. Prérogatives qui y étaient attachées. III. 8 *et suiv.*

STATHOUDÉRAT. Son abolition et son rétablissement, cause principale des troubles. I. 102-103. Le commandement de la force armée de la Haye en est séparé : c'est la première atteinte portée contre les abus de cette dignité. 110.

SUDERMANIE (le duc de), frère de Gustave III. Réputation qu'il acquiert contre les Russes dans le premier combat naval de cette guerre. I. 154. — Sa conduite envers les assassins de son frère. II. 33. Motifs qui l'engagèrent à garder la neutralité. 34.

SUÈDE. Note impérative du chargé des affaires de Suède en Russie. I. 341 *et suiv.*

SULCHOWSKI. Privilége qu'il fait accorder à la bourgeoisie polonaise. I. 318.

SURETÉ GÉNÉRALE (comité de), instrument du gouvernement révolutionnaire. II. 155.

SUWAROW, remporte sur les Turcs la victoire de Kilburn. I. 142. Prend Ismaïl d'assaut ; quinze mille hommes y sont égorgés. 305. — Ses victoires en Pologne, à Chelin, à Brzesk, à Warsovie. Ses cruautés dans cette ville. II. 267 *et suiv.*

SYEYES. Popularité immense qu'il acquiert. I. 212.

SYRAKOWSKI, s'oppose à la marche de Suwarow. II. 263. Battu à Brzesk. 267.

SZEZEKOCIN. Bataille gagnée par le roi de Prusse en personne sur le général Kosciusko. II. 259.

T.

TABLEAU POLITIQUE DE L'EUROPE. But que l'auteur s'est proposé dans cet ouvrage. I. 183.

TALLIEN, demande l'arrestation de Robespierre, et menace, en cas de refus, de le poignarder. II. 221.

TARGOWITZ (chefs des fédérés de). II. 235. Ils sont trompés, comme les autres Polonais, par les deux cours qui réglèrent leur projet de partage. 243. Elles déclarent leur volonté à la confédération même, qu'elles accusent d'ingratitude et de rebellion. 243-244.

TERNANT (M. de), officier français qui défendit la ville d'Amsterdam contre le duc de Brunswick. I. 128. — On lui confia aussi la défense de l'Over-Yssel. III. 154. — *Mémoire de M. Caillard :* Prise du fort d'Ommerskans. *Ibid.* Son caractère, ses talens. Obstacles qu'il éprouve. Sa fuite. 221 *et suiv.*

TER-VERE. Émeutes et massacres par la populace en faveur du prince d'Orange. III. 169.

TESCHEN (le duc de SAXE-), battu par les insurgens de Flandre et du Brabant. I. 272. — Il refuse des passe-ports à la Fayette, et par-là devient une des causes de sa captivité et des souffrances qui l'ont accompagnée. II. 371. (*Voyez* l'article *Saxe-Teschen.*)

THERMIDOR (le 9), jour où éclata la conspiration contre Robespierre, et mit fin à la tyrannie. Ses auteurs. Proposition de Barrère, laquelle aurait fait perpétuer le même système de cruauté si elle n'eût pas été rejetée. II. 218-225.

THULEMEYER, demande, au nom du roi de Prusse, réparation de l'outrage fait à la princesse d'Orange. I. 124. — *Mémoire de M. Caillard :* Conférence entre ce ministre et les états. III. 178 *et suiv.* Sa menace de faire envahir le territoire, si dans quatre jours les intentions du roi de Prusse ne sont point remplies. 201.

TIERS-ÉTAT. Avantage qui lui est accordé. Cause majeure de la révolution. I. 211.

TOSCANE, la première des puissances coalisées qui reconnut la république française. II. 318.

TOULON, pris par les Anglais. Armée singulière qu'ils y débarquent. Reprise de cette ville. Incendie de ses vaisseaux et de ses magasins. Cruauté des Anglais presque égale à celle des décemvirs. III. 178-179.

TOURNAY. Deux victoires sur la coalition. II. 196-197.

TRAITÉ DE PAIX entre la Russie et la Suède. Ce traité rétablit tous les rapports qui existaient avant la rupture. Il a pour motifs la guerre contre la France et la Pologne. I. 362. Traité entre la France et la Toscane. II. 318. — Avec la Suède. *Ibid.* Pourquoi ce dernier traité n'eut pas les avantages qui en devaient être la suite. 319. — Entre la France et la Prusse : négociations à ce sujet. 327. Conditions réciproques. 329-403-407. — Entre la France et l'Espagne, secret des négociations, leurs incidens et leur rapidité. 331 *et suiv.* Articles du traité. 416. — Entre la France et le landgrave de Hesse-Cassel. 412-413-414.

TRÈVES (l'électeur de). Invitation que lui fait Louis XVI

de faire cesser l'armement des émigrés. II. 15. Sa réponse évasive. 18. Conseils que lui donne Léopold. 19.

Tribunal révolutionnaire. Institution fatale qui couvrit la France de comités révolutionnaires, d'armées révolutionnaires, de bastilles et de bourreaux. II. 158. Victimes qu'il immola à la tyrannie des décemvirs. 166.

Tronchet, défenseur de Louis XVI. II. 108.

Troppau. Belle conduite du duc de Brunswick en se maintenant sans échec dans ce poste.. I. 67.

Tuileries (château des). Prise et siége du château. Préparatifs de défense et d'attaque. II. 55. Disposition des esprits dans l'assemblée législative. 56. Mot affreux d'un des conjurés. 58.

U.

Utrecht. Tentative contre les abus du stathoudérat. III. 62. Suppression des magistrats. 66. Retraite à Amersfort de l'ordre équestre et du clergé. 68. Préparatifs de défense contre le stathouder. 156. Abandonné par la trahison du rhingrave de Salm. 215.

V.

Valence. Ce général prend Courtray. II. 48. Il se distingue à l'affaire de Valmy. 87. Il négocie et signe la capitulation qui force les Prussiens à rendre Longwy et à évacuer la France. 93. Il prend Namur. Après que Lanoue fut battu et que Miranda eut levé le siége de Maestricht, il rallie les troupes dispersées, et dégage un corps entouré. 130. A la bataille de Nervinde, il commande l'aile droite; et, à la tête de la cavalerie, il enfonce les ennemis. Il est blessé. 132. Après la défection de Dumouriez, il est forcé de se retirer en pays neutre. 139.

Valenciennes. Siége et prise de cette ville. II. 143.

Valmy, hauteurs où les Français furent attaqués par le duc de Brunswick. Journée célèbre qui dissipa les illusions des coalisés. II. 87.

Van-der-Mersch. Son arrestation. Troubles qui en furent la suite. I. 279.

Van-der-Noot, auteur de l'insurrection de la Flandre et du Brabant. I. 272.

Van-Eupen, un des auteurs de la révolution de France et du Brabant. I. 272.

Varela, ville où furent signés les préliminaires de paix entre la Suède et la Russie. Ce traité surprit la ligue anglo-prussienne, dont il déjoua les vues. I. 300.

Varela, plaine sur les bords du Kilmène, où la paix fut signée, le 14 août 1790, entre la Suède et la Russie. I. 65.

Varennes, lieu où fut arrêté Louis XVI fugitif. I. 258.

Vendée (rebelles de la). Système de la coalition, à l'égard de ce malheureux pays. II. 174. Situation des royalistes. Leurs défaites. 191. Pourquoi la révolte ne s'est pas étendue dans les grandes villes. 192. Traitent avec la Convention, posent les armes. 298.

VENDÉENS (les), abandonnés par l'Angleterre à leurs propres forces. II. 324.

VENDÉMIAIRE (le 13). Soulèvement des sections de Paris contre la Convention. II. 307.

VERDUN, seconde ville de France, qui se rendit au roi de Prusse, après une capitulation honteuse. II. 74.

VERGENNES (le comte de). Instruction aux ambassadeurs de France, contre l'Autriche. I. 65. — Une de ses opérations politiques les plus importantes. III. 44.

VERGNIAUD. Il dénonce à la Convention une circulaire de la commune, tendante à provoquer les meurtres de septembre dans les départemens. II. 78.

VERSAILLES. Les prisonniers d'Orléans massacrés par les assassins de la commune de Paris. II. 78.

VETO. Illusion de ce pouvoir. II. 233.

VOSS (mademoiselle de). Sacrifice qu'elle fait à la gloire du roi de Prusse, son amant. I. 71.

W.

WALMODEN, à qui le duc d'Yorck laissa le commandement de l'armée, montra beaucoup de constance et de courage; mais il ne put ralentir la marche de Pichegru, qui le força de se réfugier jusqu'à Brême. II. 276.

WARSOVIE. Conspiration contre les Russes, formée par quatre personnes. Kosciusko en devient le chef. II. 254. Les Russes en furent chassés après un combat de quarante-huit heures, et une perte de six mille

hommes. 255. Désordres occasionés par la populace.
259. Siége mémorable de cette ville; les Russes et
le roi de Prusse sont obligés de le lever. 260. Illu-
mination de toutes les rues pour célébrer la fête
de Kosciusko, prisonnier en Russie. 266. Assaut
meurtrier d'un de ses faubourgs, où périrent neuf
mille Polonais. Prise de cette ville par Suwarow, et
cruautés des Russes. 267.

Wassenaer-Starembourg, envoyé à Pétersbourg pour
l'accession de la Hollande à la neutralité armée.
III. 32.

Wawrzeck. Il est nommé au commandement général, après la prise de Kosciusko. II. 267.

Wayvodes, nobles de Pologne qui gouvernaient sous
le pouvoir suprême du roi. II. 231.

Weissembourg (lignes de). Bataille où les Français,
attaqués par les Autrichiens et les Prussiens, perdirent quinze mille hommes. II. 154.

Wesel. Rassemblement de vingt mille Prussiens, pour
entrer en Hollande. III. 90.

Wilna. Reprise de cette ville sur les Russes par Jasinski,
général polonais. II. 256.

Woerden. Défense que la commission souveraine de
cette ville fit à la princesse d'Orange. III. 166.

Wraclawitz, première victoire de Kosciusko. II. 256.

Wurmser, livre sans succès plusieurs combats sanglans
à l'armée du Rhin. Réuni avec le duc de Brunswick,

il force les positions des Français, et les contraint de se retirer jusqu'aux portes de Strasbourg. II. 313. Il quitte le commandement. 314. L'armée ennemie, quelque temps après, fut obligée de se retirer sur Mayence. *Ibid.*

Y.

Yassy (paix d'), qui sauva l'empire turc. I. 307.

Yorck (le duc d') complétement battu devant Dunkerque. II. 177. Battu auprès de Tournay, il ne dut son salut qu'à la vitesse de son cheval. 193-197.

Yranda (le marquis d'), envoyé par la cour de Madrid pour traiter de la paix avec le général Servan. II. 332.

Yriarte, ministre espagnol pour négocier la paix avec la république française. Obligé de sortir de Warsovie. II. 331. Incident qui ralentit la négociation dont il est chargé. 333. Il signe le traité de paix. Sa mort interrompt un traité d'alliance, négocié entre la France et l'Espagne. 334.

Yusuph pacha, successeur du malheureux Hassan, battu par Repnin, général russe. I. 305.

Z.

Zamoyski, auteur de l'oppression et de l'esclavage des paysans polonais. II. 232.

Zayonczek. État de son armée pour défendre la Gallicie contre deux puissances. II. 263. Battu par les Russes à Chelm. 267.

Zélande. Massacres par le parti Orange. III. 166.

Zorndorff, bataille sanglante gagnée par le roi de Prusse contre les Russes. I. 42.

Zoutman. *Voyez* l'article *Dogger-Banck*.

Zutphen. Pillage et dévastation de cette ville par les soldats du prince d'Orange. III. 166.

FIN DE LA TABLE GÉNÉRALE DES MATIÈRES.

SUPPLÉMENT

AUX

PIÈCES JUSTIFICATIVES.

OBSERVATIONS

ET

ÉCLAIRCISSEMENS HISTORIQUES

SUR LA DÉCLARATION *

DE S. M. LE ROI DE SUÈDE,

EN DATE DE HELSINGFORS, DU 21 JUILLET 1788,

AVEC DES ANNEXES.

* *Voyez* t. 1, p. 152, et 341 des Pièces justificatives.

DÉCLARATION

DE

SA MAJESTÉ

LE ROI DE SUÈDE.

Le roi, pendant dix-sept ans de règne, a donné trop de preuves de son amour pour la paix, et du soin avec lequel S. M. a tâché de maintenir la bonne harmonie avec ses voisins, pour que le roi croie nécessaire de faire l'apologie des sentimens aussi connus, et que tant d'années de repos et de tranquillité ont justifiés aux yeux de l'univers entier.

OBSERVATIONS

ET

ÉCLAIRCISSEMENS HISTORIQUES

RÉDIGÉS PAR L'IMPÉRATRICE DE RUSSIE.

Le commencement de la pièce qui porte ce titre est mot pour mot conforme à la note remise, par le sieur Schlaff, au vice-chancelier de Russie, comte d'Ostermann, le $\frac{1}{12}$ juillet de l'année courante. Elle était signée par lui, et, ayant été imprimée dans toutes les gazettes, son authenticité a paru douteuse à bien des gens. (*Voyez* n° 1.)

I. ÉCLAIRCISSEMENT.

Une pareille note, par sa nature, n'était pas susceptible de réponse; mais, pour en témoigner le juste ressentiment de l'impératrice, il fut enjoint, une heure après, à celui qui l'avait présentée, ainsi qu'à toute la légation suédoise, de quitter Pétersbourg et l'empire de Russie.

Cette singulière production

reparaît présentement, pour la seconde fois, et dans les mêmes termes, sous les yeux du public. Elle devait servir la première fois, à ce que le roi de Suède prétendait, au rétablissement de la paix, que lui-même venait de rompre; mais, comme son contenu, énoncé d'un ton romanesque et d'une éloquence ampoulée, ne renfermait presque que des assertions fausses, des calomnies et des offenses, elle ne paraissait pas avoir été dictée dans des vues pacifiques. Présentement cette même pièce sert de déclaration de guerre, usage auquel la manière d'écrire de l'auteur pourrait bien l'avoir destinée dès son origine.

2. ÉCLAIRCISSEMENT.

Il est étrange et rare que la même pièce ait pu servir à des propositions de paix et à une déclaration de guerre; il est plus étrange encore qu'elle n'ait été publiée que lorsque le roi avait déjà fait part à toutes les cours étrangères, et nommément à une des plus voisines, de la situation affligeante dans laquelle il se trouvait alors en Finlande, et qu'il eut requis leur médiation pour lui procurer la paix. Il n'est pas difficile de voir combien ces deux démarches sont contradictoires.

3. ÉCLAIRCISSEMENT.

Dès la première de ces dix-sept années de règne, peu de temps après le couronnement du roi et du serment, prêté à cette occasion, de maintenir la forme de gouvernement selon le souhait des états du royaume, il est connu comment le roi renversa à main armée cette forme de gouvernement. Après que ceci fut exécuté, le roi de Suède s'en alla vers les frontières de la Norwége, et les préparatifs qu'il fit démontrèrent suffisamment le dessein qu'il avait d'attaquer le Danemarck. Mais, pour entretenir, d'un côté, sa nation dans l'opinion qu'en pareil cas elle n'avait rien à craindre de la Russie, et, de l'autre, pour gagner celle-ci par un prétendu compliment, le roi témoigna alors le désir d'envoyer un ambassadeur extraordinaire à Pétersbourg. La susdite cour non-seulement déclina cette intention d'une manière convenable, mais elle donna encore à entendre fort clairement au ministère suédois que les liaisons de la Russie avec S. M. le roi de Danemarck étaient d'une telle nature et contexture, que, dès que la Suède agirait contre le Danemarck en ennemi, on regarderait cela, de ce côté, comme une agression commise contre la Russie même. L'humeur guerrière du roi de Suède disparut tout de suite; il déclara formellement qu'il n'avait jamais eu des intentions hostiles contre le Danemarck; et la bonne harmonie avec les voisins parut de nouveau avoir pris le dessus. (*Voyez les pièces* n° 2 et 3.) Il aurait été à souhaiter que ces années de paix n'eussent jamais éprouvé la moindre altération.

Le roi a surtout mis tous ses efforts à maintenir la paix avec la Russie, que S. M. trouva conservée durant tout le règne du roi son père. Et, quoique cette puissance donnât au roi, dès son avénement au trône, les plus justes sujets de mécontentement par les intrigues réitérées qu'elle se plaisait d'entretenir contre la personne même du roi,

Rien de plus faux que cette accusation, et on défie le roi d'en fournir la moindre preuve. S'il y a eu en Suède des mécontens qui n'ont pas vu renverser l'ancienne constitution d'un œil indifférent, ce n'est pas aux intrigues de la Russie, comme le dit la déclaration, qu'il faut l'attribuer, mais au génie de la liberté, qui de tout temps anima la nation suédoise, et la révolta contre toute oppression. La Russie se comporta, durant cet important changement, non-seulement d'une façon entièrement passive et très modérée, mais encore l'impératrice, ayant égard à ses propres sentimens, se persuada que les liens du sang et ceux d'une juste reconnaissance de la maison royale de Suède, suffiraient pour resserrer les liens de l'amitié et d'un utile voisinage, sous telle forme de gouvernement qu'ils pourraient exister.

4. ÉCLAIRCISSEMENT.

comme elle l'avait déjà fait contre la personne du feu roi pendant les dernières années de la vie de ce prince,

La Russie, au lieu de mériter ce nouveau reproche, a sauvé le feu roi, en qualité de successeur désigné au trône, d'une situation très critique. Car, lorsqu'alors les Dalécarliens révoltés vinrent tumultueusement dans la capitale pour renverser la succession établie par la paix d'Abo, qui leur déplaisait, et que la Suède entière paraissait menacée d'un dangereux orage, la Russie se hâta d'assister son voisin avec un corps de troupes sous les ordres du général Keith : de ceci, le roi de Suède d'aujourd'hui n'a pas jugé à propos de faire mention.

S. M. sacrifia son juste ressentiment à la tranquillité publique,

Ce sacrifice du ressentiment du roi à la tranquillité publique aurait fait beaucoup d'honneur à son cœur, s'il avait été fondé sur des raisons légitimes. Mais, comme l'imet crut que l'impératrice, égarée par des rapports faux et exagérés, éclairée par la conduite uniforme du roi, et ouvrant les yeux sur ses vrais intérêts, rendrait enfin justice aux sentimens de S. M., et cesserait de vouloir porter la division et le trouble dans le sein d'une nation réunie par le courage du roi, et qui avait eu la noble fermeté de briser les liens que ses voisins étaient occupés à lui donner par le soutien de l'anarchie et du désordre.

pératrice n'avait provoqué ce sentiment d'aucune manière, cette imputation ne saurait que paraître très injuste, et ce sacrifice volontaire se réduire qu'à rien.

Ici l'on pourrait demander quels sont ces rapports faux et exagérés, et qui ils ont égaré ?

5. ÉCLAIRCISSEMENT.

Depuis 1772, les nouvelles de la Suède étaient peu intéressantes ; ou c'étaient des arrangemens de finances qui paraissaient plus lucratifs qu'ils ne l'étaient en effet, et par-là même éprouvaient de fréquens changemens ; ou il s'agissait aussi de beaux tournois, opéra, comédies, et de quantité d'autres divertissemens de cour, qui se donnaient dans la résidence et dehors, et dont les plaisirs étaient quelquefois diminués pour les spectateurs passifs par la rigueur de l'arrière-saison. Une autre fois c'étaient de petites revues d'un régiment ou détachement, quelques querelles particulières, quelques disputes de rang, des cérémonies de cour de peu d'importance, nouvellement introduites, et d'autres petites circonstances très peu signifiantes, et plus capables d'inspirer de l'ennui que liées à des intérêts d'État; puis les fréquens voyages et longues absences du roi hors du royaume. Toutes ces nouvelles n'étaient point d'une essence à induire quelqu'un en erreur, et encore moins la personne sacrée de l'impératrice.

Ne serait-on pas plutôt fondé à retourner la feuille et à croire que le roi, égaré par des nouvelles fausses et exagérées, enfin éclairé par l'égalité de la conduite de l'impératrice, ouvrirait les yeux sur son vrai intérêt, et qu'en rendant justice aux intentions de l'impératrice, il cesserait d'imaginer des projets contraires aux lois, aux traités, au vrai bien-être de ses propres sujets et à la tranquillité de ses voisins, lesquels, depuis 1772, n'avaient pas pris la moindre part aux discussions et divisions de la nation suédoise, et regardaient cela même, dans les circonstances d'alors, comme entièrement contraire à leurs intérêts ?

La déclaration dit *que les voisins se servaient de la précédente forme de gouvernement pour donner des liens à la nation par le soutien de l'anarchie et du désordre.*

C'est ainsi que la déclaration caractérise la constitution du royaume, introduite en Suède depuis 1720, par laquelle la maison royale parvint à la couronne, et la Suède obtint la paix après des guerres cruelles. Si la Suède, par la forme chancelante introduite de force en 1772, a beaucoup gagné en union, en bon ordre et autres arrangemens utiles, c'est ce que chaque Suédois, dans l'état présent des choses, peut aisément résoudre lui-même.

L'époque où la Russie, accablée d'une guerre onéreuse, longue et sanglante, quoique remplie de succès, éprouvant les calamités de la disette et de la peste, déchirée dans son sein par la révolte qui menaçait jusqu'au trône de l'impératrice, où Moscou, tremblant à l'approche du rebelle Pugatscheff, demandait un prompt secours, et où, pour le lui donner, l'impératrice, forcée de dégarnir sa frontière, la laissait ouverte et sans défense,

En vérité, ces lignes témoignent, comme il est dit ci-dessus, qu'*égaré par des nouvelles fausses et exagérées*, le roi mesurait l'empire de Russie avec une aune un peu courte. *L'époque*, dit-il, *où la Russie, accablée d'une guerre onéreuse, longue et sanglante, quoique remplie de succès*, etc.

N. B. Sans doute toutes les guerres sont sanglantes. Heureux celui qui n'a jamais été coupable de l'effusion du sang humain, et qui, sans raison indispensable, n'y a pas donné lieu! Le roi avoue pourtant que la guerre d'alors a été accompagnée de bonheur : c'est ainsi qu'il caractérise les victoires remportées par la Russie ; et c'est beaucoup encore qu'il en convienne.

6. ÉCLAIRCISSEMENT.

Dans la guerre passée contre les Turcs, à chaque victoire et action de grâces à Dieu, il y avait des correspondans gagés, lesquels écrivaient de Pétersbourg chacun à son principal ce qui

pouvait lui être agréable ;
ainsi souvent les victoires les
plus glorieuses, obtenues par
le courage le plus intrépide,
on les donnait pour des actions perdues; bien des milliers de guerriers étaient tués
avec la plume trempée dans
de l'encre, et bien des fois
on répandit le bruit que
tout était perdu.

Les suites montrèrent
combien les nouvelles des
envieux étaient fausses, illusoires et exagérées.

L'envie diminue le bien et
agrandit le mal. C'est sous
cette catégorie qu'il faut ranger les expressions sonores de
la déclaration suédoise, qui
représentent la Russie *accablée
par la guerre, éprouvant les
calamités de la disette et de la
peste, et déchirée dans son
sein par la révolte.*

7. ÉCLAIRCISSEMENT.

La Russie, *accablée par
la guerre,* payait, durant
la dernière guerre avec les
Turcs, huit cent mille rou-

bles de plus par an qu'en temps de paix; de cinq cents hommes elle en donnait un pour recrue, et deux fois extraordinairement de cent hommes un.

L'horreur de la famine, de laquelle il est question ici, doit être comptée entre les nouvelles *fausses, illusoires et exagérées* de ce temps-là, parce qu'aucun mortel vivant jusqu'à cette heure n'en avait entendu parler. Il se peut que sur une étendue de seize mille verstes, çà et là un cercle dans l'empire ait souffert d'une mauvaise récolte, mais assurément pas de famine, chaque cercle pouvant aisément et sans aucune charge se procurer des cercles voisins ce dont il pouvait avoir besoin.

Qu'en Russie beaucoup de gens meurent journellement d'indigestion, ceci est une vérité incontestable; mais, autant qu'il est connu, jamais personne n'a encore rendu l'âme par famine.

8. ÉCLAIRCISSEMENT.

La peste fit du ravage dans les années 1771 et 1772 dans différentes provinces de la Russie et aussi à Moscou durant quelques mois, et emporta beaucoup de monde.

Lorsqu'elle fut passée, et que, pour régler les taxes, on fit une nouvelle révision des habitans, il se trouva par cette révision exacte que la quantité d'hommes était plus nombreuse que dans la précédente.

La déclaration suédoise rappelle soigneusement, et raconte, avec un ton rempli de fiel et très empoisonné, l'histoire des voleurs de grand chemin de 1773, commencée par la révolte d'Orenbourg.

N. B. Ne serait-ce pas pour la première fois qu'une histoire de voleurs de grand chemin, et le nom d'un chef de bandits, se trouvent sans aucune nécessité insérés, premièrement dans une note ministérielle, et puis secondement avec les mêmes paroles dans une déclaration royale?

Cette circonstance paraît si agréable au roi et le nom du chef si sonore, que non-seulement il l'a répété deux fois, mais qu'il découvre encore à cette occasion ses pensées secrètes au monde. Il veut qu'on lui compte pour grande vertu le mérite de ne s'être pas lié avec le chef de bandits pour faire avec ce misérable scélérat et son essaim de voleurs et meurtriers qui pendaient tous les gentilshommes et bourgeois considérables, pillaient les églises, brûlaient les villes, détruisaient les villages, emmenaient par force avec eux les paysans et ouvriers, et dont la première question pour faire amitié était : Veux-tu piller? veux-tu assassiner? faire cause commune contre l'impératrice, les lois de l'empire, la justice. Faut-il le louer de ce qu'il né s'est pas mis en campagne pour de telles actions?

Fier de cette pensée, il aurait pu, dit la déclaration, porter des coups funestes à l'empire de Russie. L'horreur d'une pareille entreprise ne pouvait faire assurément à personne plus de tort qu'au roi lui-même près de la postérité encore la plus reculée ; et, s'il a résisté à cette tentation du méchant, il s'est abstenu d'une démarche, laquelle en vérité n'aurait pas fait beaucoup d'honneur à son cœur, à ses principes et à sa dignité.

Si, au reste, quelques matrones âgées à Moscou ont tremblé de la révolte de la populace d'Orenbourg ou non, ceci en peut rester là.

9. ÉCLAIRCISSEMENT.

Par les actes du procès qui fut fait à ces malfaiteurs et à leur chef, il est constaté suffisamment que cet essaim de voleurs tremblait plus devant Moscou que Moscou devant lui. Aussi n'eurent-ils jamais le dessein de s'approcher de cette capitale, de laquelle ils disaient eux-mêmes qu'elle pourrait les étouffer avec des bonnets seuls.

Mais, si l'impératrice, pour mettre un frein à cette bande de voleurs, avait dégarni des places frontières et les avait laissées sans défense, il ne pouvait lui en résulter aucun reproche; mais elle donnait par-là une marque bien innocente de sa confiance en ses voisins, auxquels, à dire la vérité, elle n'avait pas donné une seule raison de rompre les traités authentiques de la paix perpétuelle qui subsistaient entre la Russie et eux.

suivit bientôt celle où elle ne paraissait qu'occupée d'ébranler le trône du roi.

Ceci est aisé à coucher par écrit, mais fort difficile à démontrer, parce que la Russie, et particulièrement l'impératrice, ne se sont jamais encore occupées à ébranler le trône de la Suède, et ceci doit être regardé comme une vraie calomnie destituée de toute vérité.

On se souviendra que la Russie, conformément aux sept articles de la paix de Nystadt (*voy.* n° 4), avait garanti la forme du gouvernement de la Suède, et assurément ce n'était pas elle qui l'ébranlait. Par cette forme de gouvernement, la maison royale de Suède d'à présent, avec l'assistance et par le soutien de la Russie, parvint au trône de ce royaume. Ce n'était donc pas la Russie qui cherchait à ébranler le trône de la Suède : tout au contraire elle avait des engagemens à maintenir l'ancienne constitution et la bonne harmonie entre les deux États, et à la rendre plus intime.

10. ÉCLAIRCISSEMENT.

Le cabinet de Saint-Pétersbourg, depuis le premier jour des vingt-six années de règne de l'impératrice, a eu pour base de vivre avec tous ses voisins en paix et tranquillité, et jamais cette souveraine n'a eu l'intention de tirer le redoutable glaive de guerre de la Russie autrement que pour la juste défense de cet empire. C'est l'injuste agression du roi de Suède qui en a fourni la troisième occasion.

Si S. M. n'avait consulté que les mêmes principes qui déterminaient les démarches du cabinet de Pétersbourg, le roi eût pu porter des coups funestes à la Russie, et qui auraient même rejailli sur la personne de l'impératrice.

Si le roi de Suède avait suivi des principes pareils à ceux

du cabinet de Saint-Pétersbourg, la guerre n'aurait pas éclaté. La Russie, en temps de paix, n'a point porté ni voulu porter des coups funestes à la Suède. Ainsi de pareilles intentions restent encore toujours du côté du roi de Suède.

N. B. Dans sa déclaration, le roi s'approche de la personne de l'impératrice en cet endroit, pour la troisième fois, d'une manière aussi peu convenable que d'un ton amer, et avec une sorte de menace insignifiante qui ne font honneur ni au roi ni à sa dignité.

Loin de se livrer à des sentimens qui, par tout ce qui avait précédé, eussent peut-être été excusables, le roi resta dans une parfaite tranquillité, et espéra par une conduite aussi pure convaincre l'impératrice de ses sentimens particuliers, et des principes qu'il s'était prescrit de suivre pendant tout le cours de son règne.

Ici l'on voit clairement, selon les propres paroles de la déclaration, l'animosité enracinée du roi. *Il ne se livra point*, dit-il, *à des sentimens qui, par tout ce qui avait précédé, eussent peut-être été excusables ; mais il resta dans une parfaite tranquillité.*
Le lecteur pourrait demander ici, avec raison, quels sont les incidens, et quand y en a-t-il eu qui aient produit une pareille animosité ?

Non content d'une conduite aussi pacifique, et voulant ne rien négliger pour arracher jusqu'aux moindres sentimens d'animosité que les succès mêmes du roi pouvaient avoir laissés dans l'esprit de l'impératrice, en même temps éteindre toutes les haines nationales que tant de guerres avaient allumées, S. M. chercha par une connaissance personnelle à convaincre l'impératrice de son amitié et de son désir de maintenir la paix et la bonne harmonie entre les deux États.

11. ÉCLAIRCISSEMENT.

Du côté de la Russie, il ne se trouve rien du tout depuis 1772. Dans cette année il plut au roi de renverser de force la forme de gouvernement de la Suède, par laquelle sa maison était parvenue au trône. Avant cette époque, il était bien naturel et juste que la Russie cherchât à soutenir une constitution qu'elle avait garantie, et qui avait été introduite pour le bien de la paix après de longues et sanglantes guerres; et qu'à chaque tentative qui parut la menacer, les amis de cette constitution et des lois pussent se qualifier amis de la Russie.

L'impératrice connaissait la façon de penser du roi, comme lui-même, et la pureté de ses intentions. L'impératrice n'était dirigée par aucune animosité, et n'en avait point contre le roi. Les heureux succès de celui-ci, dans la destruction de la forme de gouvernement, lui auraient été très supportables aussi longtemps que la paix et la tranquillité n'auraient pas souffert de ce pouvoir usurpé.

L'expérience malheureusement a suffisamment démontré combien il était prudent et nécessaire de maintenir une constitution qui liait les mains d'un souverain inquiet, pour l'empêcher de troubler le repos de ses voisins et d'exposer ses propres sujets, inconsidérément et d'une manière injuste, à la ruine et aux calamités de la guerre.

Le roi aimerait à s'arrêter à cette époque, dont le souvenir, encore cher à son cœur, lui rappelle la douce et trompeuse illusion dont il fut pendant long-temps ébloui, et pendant laquelle il croyait pouvoir regarder l'impératrice comme son amie personnelle, si les circonstances qui se sont depuis développées lui permettaient de se re-

Il semble être question ici du voyage du roi à Pétersbourg en 1777, et de l'entrevue de Fredrichshamm qui s'ensuivit bientôt.

Le roi dit dans cet endroit dans quelles intentions il prétend avoir entrepris ces voyages : selon le manifeste de la Russie, ses voyages en Russie avaient le même but que ses visites à la cour royale de Danemarck ; c'est-à-dire d'inspirer aux deux hauts al-

tracer ces momens de son règne.

liés de la méfiance l'un pour l'autre ; d'affaiblir, s'il était possible, leur alliance, ou même de la rompre ; et enfin d'observer la position des choses de plus près.

12. ÉCLAIRCISSEMENT.

Tel était le vrai but du premier voyage du roi : c'est ce qui s'est montré en partie plus clairement encore durant la seconde entrevue à Fredrichshamm. Là il témoigna à l'impératrice le désir formel de se lier à la Russie par une alliance ; sur quoi cette souveraine lui donna pour réponse que les deux ministères pourraient entrer là-dessus en négociation ; mais dès que, de ce côté-ci, on lui donna à entendre qu'on souhaitait que le Danemarck, comme une puissance déjà alliée à la Russie, prît part à cette alliance, l'envie du roi de Suède pour négocier se passa tellement, que, depuis ce temps-là, il répandit, à chaque occasion, dans les cours étrangères, des imputations odieuses contre la Russie, et se donna toutes les peines dont il se put aviser pour priver cette dernière de l'amitié du Danemarck.

Si le roi retourna, dans le fond de son âme, aussi content qu'il le dit de ses voyages, après lesquels tout resta en politique comme par le passé, si cette époque est chère à son cœur, et s'il lui en reste un doux souvenir, c'est ce qu'il faut déjà qu'on mette de côté.

Ce qu'il y a de sûr, c'est qu'on lui témoigna tous les égards et attentions possibles, qu'il en parut content et qu'il ne pouvait que l'être, ainsi que ses propres lettres semblent le prouver.

Ce dont la déclaration fait mention de circonstances changées, est obscur et vague : il est difficile de deviner quand et pourquoi les circonstances auraient pu changer ; ceci sert plutôt à prouver, premièrement, que le roi n'avait aucun fait à alléguer que sa propre volonté arbitraire de déclarer la guerre, et que, comme il voulait pourtant dire quelque chose, il eut recours à des paroles obscures et indéterminées, dont il enveloppa ses prétendues raisons, et les donna à lire au public; secondement, que, comme depuis 1772 et 1777 les circonstances étaient toujours les mêmes, et que, pendant cet espace, non-seulement il ne s'était rien passé d'important entre la Russie et la Suède, mais même rien du tout qui eût pu troubler la bonne harmonie entre les deux États; que l'animosité du roi n'était pas nouvelle, mais qu'elle existait sous les dehors d'une amitié simulée, comme le feu sous la cendre, jusqu'au moment de l'explosion.

13. ÉCLAIRCISSEMENT.

Toutes les constructions militaires en Suède et tous les préparatifs de guerre du roi furent chaque fois ar-

Le roi en appelle à l'impératrice elle-même, si S. M. a rien négligé pour témoigner à elle personnellement, et à l'empire de Russie, sa confiance et les sentimens pacifiques et amicals, qu'il regardait comme utiles aux deux empires. C'est cependant au milieu de ces soins, et tandis que le roi ne cessait de compter sur la constante union qu'il avait crue si bien établie, que le ministre de l'impératrice tâchait, par ses menées sourdes, et par ses propos et ses actions, de réveiller cet esprit de désunion et d'anarchie que le roi avait eu le bonheur d'étouffer au commencement de son règne, et qu'alors l'impératrice avait fomenté et soudoyé avec tant de soin : et, tandis que le comte rangés de manière à être finis en 1788.

Il est sûr que, dans l'apparence extérieure des actions de la feinte amitié du roi dont il fait mention ici, l'on ne voit qu'avec un sentiment de peine sa profonde dissimulation, d'autant plus qu'il dépeint cette conduite artificieuse avec une sorte de vanité, et paraît vouloir s'en faire honneur.

Si le roi avait eu des raisons fondées de se plaindre de la conduite du ministre de l'impératrice à sa cour, pourquoi ne les faisait-il pas parvenir à Saint-Pétersbourg ? Mais il n'en avait point ; et, jusqu'au jour de l'agression, aucune sorte d'affaire ne s'était passée entre la Russie et la Suède, qui eût pu y servir de motif légitime.

La déclaration dit *que le ministre de l'impératrice avait recours à des menées sourdes, et que, par ses propos et ses actions, il avait tâché de réveiller l'esprit de désunion et d'anarchie.*

Le roi ayant étouffé, au

de Razoumowski tâchait ainsi de troubler l'intérieur de l'État, et de changer le sacré caractère d'un ministre de paix en celui d'un perturbateur du repos public, il osait prêter au roi, dans ses rapports, les desseins les plus hostiles contre la Russie.

Le roi n'aimerait pas à dévoiler aux yeux de l'Europe des fautes que

commencement de son règne, l'esprit d'anarchie; il paraît que les efforts pour le réveiller auraient dû être une peine infructueuse : pour des alimens, on ne lui en fournit certainement pas.

La déclaration ajoute *que la Russie fomentait et soudoyait.*

14. ÉCLAIRCISSEMENT.

Comment ceci s'accorde-t-il avec les propres paroles du roi, qui, à la fin de la dernière diète, dit à plusieurs étrangers et personnes du pays, qu'il était d'autant plus étonné d'avoir trouvé auprès des états rassemblés tant de résistance, qu'aucune puissance étrangère n'y avait eu la moindre influence, ni pris le moindre soin pour contrecarrer la volonté du roi ?

Jusqu'ici la déclaration et la note s'accordaient ; ce qui suit est nouveau.

Il ne coûtera pas beaucoup de peine, en faisant un récit fort simple de la vraie marche

les soins continués et systématiques de la Russie, plus encore qu'un esprit de vertige, ont fait commettre à une partie de ses sujets. Le roi, accoutumé à les regarder avec des yeux d'un père tendre, à les chérir comme ses enfans, sent dans ce moment combien il en coûte à un père de découvrir à un tiers des fautes qu'il voudrait ensevelir dans un profond oubli; mais, comme rien ne met plus au jour la conduite de son puissant voisin, et les justes sujets de plainte du roi, que l'intérêt même de tous les Suédois exige que l'Europe connaisse les maux que l'on préparait à l'État, les complots faits contre la personne même du roi au milieu et sous l'ombre de la paix, et la véritable raison de la conduite en apparence si modérée de la Russie, qui cache des desseins des choses, de dissiper, comme un léger brouillard, tous ces jeux de mots.

15. ÉCLAIRCISSEMENT.

Le roi fit accroire à son sénat, à sa nation et à son armée, que la Russie voulait l'attaquer. Il montra, dit-on, des lettres, et les lut lui-même au sénat, qui contenaient de pareils rapports. On répandit le bruit, comme si l'impératrice avait même écrit des lettres au roi, de sa main, dans un ton haut et nullement convenable. Ce mensonge est suffisamment réfuté par cette simple vérité, que l'impératrice depuis 1785 n'écrivit pas une ligne de sa propre main au roi. Ensuite on fit circuler le bruit de la nécessité où se trouvait le roi de s'armer pour la défense de ses États; et en effet il passa, avec toutes ses forces de terre et de mer, de la Suède en Finlande. Mais, lorsque les Suédois et les Finois s'aperçurent que le roi de tous

bien plus funestes que les fléaux mêmes d'une guerre ordinaire, le roi se voit forcé de dévoiler la vérité, et de la mettre dans tout son jour. L'Europe y reconnaîtra la marche non interrompue d'un esprit d'agrandissement et de domination qui de tout temps fit le caractère du ministère russe; elle y reconnaîtra, sous des formes peu différentes, les mêmes démarches qui, il y a seize ans, perdirent la Pologne, asservirent la Crimée, et rendirent la Courlande presque dépendante de la Russie.

côtés commençait l'agression, et qu'il eut avancé jusqu'à Fredrichshamm, alors ses généraux, ses officiers et guerriers le firent souvenir des discours qu'il avait tenus, et lui représentèrent hardiment en face que cette guerre offensive était injuste, contraire aux lois du royaume de Suède, et incompatible même avec la forme de gouvernement que le roi, en 1772, avait dictée lui-même. Ceci le fâcha beaucoup; et, pour amener ses sujets à d'autres sentimens, il met à présent les mauvaises suites de son entreprise inconsidérée sur le compte du ministère de Russie et de sa prétendue envie de dominer. Mais, si le roi était resté tranquille chez lui, alors il aurait vu, lui, son royaume et l'Europe, que personne n'avait rien à craindre de la prétendue envie de dominer de la Russie.

La déclaration dit *qu'on a fait des complots contre la personne même du roi, au milieu et sous l'ombre de la paix.* On ignore, jusqu'à ce moment-ci, quelles pourraient être ces imputations odieuses; et, comme le roi ne saurait assurément les appuyer d'aucune preuve, de pareilles calomnies ou noirceurs, destituées de fondement, tombent d'elles-mêmes, et il existera toujours une vérité incontestable, c'est que du côté de la Russie rien de pareil n'a été entrepris. En vérité, quelque impoli que cela puisse paraître, il faut pourtant l'avouer, le roi de Suède, dans toute sa conduite et dans sa manière d'écrire, emploie des faussetés, des calomnies, des offenses sans aucune épargne.

Peut-être ceci paraîtra-t-il contraire au langage adulateur des courtisans flatteurs, et trop dur à leurs oreilles délicates; mais toute réfutation doit être désagréable à celui qui n'aime point la vérité, et combien plus encore à celui qui a placé la vérité contre lui? Aussi est-il impossible de combattre des absurdités sans qu'avec le texte la réponse ne devienne elle-même d'un genre désagréable.

Quoi qu'il en soit, nous suivrons cette route, et nous continuerons à faire des observations utiles et à donner des éclaircissemens historiques.

La déclaration dit: *Le roi se voit forcé de dévoiler la vérité et de la mettre dans tout son jour.* On s'attend donc à des vérités, à des incidens importans; mais l'on ne trouve que des paroles extrêmement sonores. *L'Europe, est-il dit, y reconnaîtra la marche non interrompue d'un esprit d'agrandissement et de domination qui de tout temps fit le caractère du ministère russe ; elle y reconnaîtra, sous des formes peu différentes, les mêmes démarches qui, il y a seize ans, perdirent la Pologne, asservirent la Crimée, et rendirent la Courlande presque dépendante de la Russie.*

Ce ne sont ici que des imputations de l'animosité et de l'envie. Ne devrait-on pas croire que la Russie voulait engloutir la Suède? et cependant il est notoire que la Russie ne pensait pas même à la Suède.

Il est tout aussi messéant d'imputer à la Russie le partage de la Pologne. Qui ne sait pas que les têtes inquiètes de la Pologne ne donnaient aucun repos à leurs voisins; qu'elles ne prêtaient l'oreille ni aux paroles, ni aux représentations, ni ne se portaient à aucune sorte de repos, jusqu'à ce qu'enfin les voisins se virent obligés d'en venir au partage?

Les circonstances de la Crimée étaient presque les mêmes; la Russie avait souffert durant des siècles des dévastations tartares: après la paix de Koutschouk Kainardgi, elle fut obligée d'apaiser, Dieu sait combien de fois, les troubles et les dissensions que la Porte excitait toujours de nouveau contre l'indépendance du Kan des Tartares; jusqu'à ce qu'enfin, pour assurer la tranquillité de son empire, et selon les propres souhaits et prières des hordes de la Crimée, l'impératrice se vit dans la nécessité de transformer ce repaire de voleurs en province, et par-là de mettre une fois fin aux troubles.

Enfin, quant au reproche qui concerne la dépendance du duché de Courlande de la Russie, on devrait presque attribuer l'humeur que le roi montre ici à la mauvaise réussite de ses projets sur ce duché, parce que l'historique du fait qu'il allègue est sans fondement, ce qui ne saurait être révoqué en doute. Sur ceci on peut fournir au public quelques anecdotes particulières et remarquables.

REMARQUES HISTORIQUES
SUR LA COURLANDE.

Lorsque la flotte suédoise, au mois de juin 1788, allait à pleines voiles de Carlscron à Helsingfors, et qu'elle eut atteint environ la hauteur de la Courlande, il vint dans ce duché des lettres de Suède avec la proposition d'élire le frère aîné du roi pour duc.

Ce projet du roi de Suède sur la Courlande devait être

soutenu par une révolte qu'on espérait qu'elle s'éleverait en faveur du roi en Livonie et Esthonie.

Quelques gentilshommes de ces provinces devaient devenir sénateurs suédois; d'autres devaient être décorés de l'ordre du Séraphin. Sur la flotte suédoise on attendit pendant plusieurs jours avec beaucoup d'impatience les députés de ces provinces; mais, comme ni les uns ni les autres n'arrivaient, ni ne montrèrent la moindre envie à ce sujet, et qu'au contraire les Livoniens et Esthoniens s'empressèrent de prendre les mesures les plus efficaces pour témoigner à l'empire de Russie, et à l'impératrice particulièrement, leur sincère et fidèle attachement, alors disparurent les chimères du roi de Suède et de son frère dès leur commencement; ce qui ne leur causa pas peu de mécontentement, comme on peut assez le remarquer par ce qui est dit ci-dessus.

16. ÉCLAIRCISSEMENT.

C'est une chose connue depuis plusieurs années, que, peu après la paix d'Abo, la Russie forma le dessein de séparer la Finlande de la Suède, et, sous le spécieux prétexte de rendre ce pays indépendant, n'en faire en effet qu'une province feudatrice de la Russie, telle que l'est effectivement aujourd'hui la Courlande. Il est triste de penser que ces mots sacrés de liberté et d'indépendance soient, comme le nom révéré d'un Dieu de miséricorde et de paix, presque toujours le signal des désordres et des calamités. Mais telle est la faiblesse attachée à l'humanité, que ce qui doit servir au bonheur des hommes n'est que trop souvent la cause de leurs malheurs et des désolations

La Russie conquit deux fois, dans ce siècle, toute la Finlande. D'après le deuxième article des préliminaires de la paix d'Abo (*voyez* n° 5), la maison royale de Suède d'à présent parvint à la couronne de Suède, et pour cela la Finlande, jusqu'à la rivière Kymen, fut rendue à la Suède.

Avec cette époque de la paix d'Abo finirent aussi les projets de rendre la Finlande indépendante. Car, comment la Russie pouvait-elle avoir l'idée, contre la teneur des traités solennels et au milieu de la paix, de renouveler de pareilles entreprises ?

Aussi n'y en a-t-il aucune trace; mais cette supposition a pu servir çà et là à la persécution particulière des gens en Suède; car, quand l'esprit de parti avait l'intention d'opprimer quelque la guerre traîne après elle. Ces projets de la Russie furent à la vérité, dans ce temps, étouffés dans leur naissance, plus peut-être par l'attachement des habitans à la Suède et par les dévastations exercées dans cette province par les Russes, durant les guerres de Charles XII et de 1741, dont le souvenir récent irritait encore les esprits, que par la modération de la Russie; mais les principes et les plans furent conservés par le cabinet de Pétersbourg, et la première occasion favorable fut saisie pour les mettre en exécution.

qu'un, alors on lui imputait des vues pareilles.

La déclaration dit *que la Russie forma le dessein de séparer la Finlande de la Suède, et, sous le spécieux prétexte de rendre ce pays indépendant, n'en faire en effet qu'une province feudatrice de la Russie, telle que l'est effectivement aujourd'hui la Courlande.*
Comme cela est dit légèrement! quoiqu'il soit connu que tout ceci ne contient pas un mot de vérité. Car, premièrement, la Finlande suédoise pourrait être parfaitement indépendante de la Suède et de la Russie, sans être une province feudatrice ni de l'un ni de l'autre de ses voisins. Sans doute il n'y aurait pas de miracle à cela, si, dans les circonstances du temps présent, les Finois donnaient place chez eux au souhait de devenir indépendans. Le roi sent cela, et, pour cette raison, il cherche à prévenir la chose. Secondement, s'il serait avantageux pour la Finlande suédoise d'être indépendante des deux

voisins, ou bien d'être opprimée, exténuée et ruinée par l'un, ou conquise par l'autre, c'est ce qui reste purement à juger aux Finois eux-mêmes; ils doivent savoir ce qui leur convient le mieux. Ce que la Suède tire par année de la Finlande, ce que la Finlande a souffert pour la Suède est connu : laquelle des deux reste débitrice de l'autre, est aisé à déterminer. La Russie n'a rien à demander à la Finlande suédoise, rien à espérer des Finois, excepté la tranquillité d'un voisinage sûr, qu'ils soient maintenant sujets suédois ou gens indépendans. Mais, si ce peuple, qui a continuellement besoin de produits de Russie, demandait, d'un commun accord, la protection de la Russie, il ne faudrait pas du tout s'en étonner, parce qu'il éloignerait par-là deux peuples de son territoire, qui a toujours été le théâtre de leurs guerres; de façon que, deux fois dans ce siècle, cette province a été conquise par la Russie.

La déclaration trouve à propos de nommer la Courlande très sérieusement une province feudatrice de la Russie. Ceci est faux dans le fait, et, comme il a été dit, est écrit par pure amertume et mécontentement de la mauvaise réussite des projets imaginés.

Ce qui suit est une saillie voltairienne ; la déclaration cherche par-là à égarer les Finois, et pour cela elle leur donne de belles exclamations au superlatif, qu'elles s'adaptent aux circonstances comme elles voudront. Le lecteur en pourra juger par les pièces n° 6, 7, 8, qui contiennent l'association formelle de l'armée suédoise et finoise contre la guerre offensive du roi avec la Russie.

Cette fermentation, qui donne à penser, s'est élevée sans la participation de la Russie, comme personne ne l'ignore, uniquement par la propre conduite du roi. Il s'ensuit que comme en Suède et en Finlande la constitution du royaume, les lois et les traités ont été sans contredit ébranlés et renversés par la déclaration de guerre injuste du roi, aussi bien que par d'autres infractions, chaque Suédois et Finois peut de droit et avec vérité demander à qui il doit obéir? où le pouvoir légal réside présentement? et qui mettra des limites au malheur qui menace l'État? Les deux nations de Suède et de Finlande désirent pour cela une diète, afin de prévenir les progrès du mal. Elles sont convaincues que le roi a rompu la paix avec la Russie arbitrairement; que la dernière, de même que son allié le Danemarck, sans une assemblée libre des états, ne sauraient traiter de la paix; car avec qui devraient-ils entrer en pourparler, là où les lois et les traités, comme il a été dit, ont été aussi perfidement enfreints?

17. ÉCLAIRCISSEMENT.

L'attachement des Finois à la Suède a été assurément très grand, car ils ont plus d'une fois donné et sacrifié eux-mêmes leur patrie;

leurs biens et possessions pour la Suède. Si la reconnaissance et les soins de celle-ci envers la Finlande ont été aussi illimités, c'est un autre point pour lequel il serait nécessaire d'avoir recours à des preuves. En attendant, ce qu'il y a de certain, c'est que, dans une grande suite d'années de disette, les Finois auraient éprouvé une famine peu commune, si la Russie ne leur avait ouvert ses greniers, et même les propres magasins de la couronne lorsque la disette augmenta.

La déclaration, quoique le souvenir en soit tout frais, ne fait aucune mention de ceci, mais bien des mauvaises suites des guerres qui ont eu lieu en Finlande il y a cinquante à soixante-dix ans, et qui ont été attirées par la Suède et par l'attachement de cette province à ce royaume.

La défection d'un officier distingué, qui avait pendant plusieurs

Il faut que du côté de la Suède il y ait eu une grande disette en motifs de guerre,

PIÈCES JUSTIFICATIVES.

années été honoré de la confiance de son souverain dans des départemens importans en Finlande, et qui, par un commandement des plus étendus dans ses provinces, avait été à même de se concilier la confiance de beaucoup d'habitans de ce pays, et qui, après avoir quitté le service du roi, et s'être lassé de celui d'une puissance étrangère, chez qui le roi lui avait fait avoir une place très honorable, avait passé au service de la Russie, fut l'époque où les plans ambitieux de la Russie se réveillèrent. Depuis ce moment, elle ne cessa de travailler à fomenter un esprit de zizanie et de révolte dans ce grand-duché. L'on vit même un des officiers généraux de cette puissance parcourir, vers la fin de l'année 1786, la Finlande, sous le prétexte de voyager,

pour insérer de pareilles particularités dans une déclaration. Aussi ne prouvent-elles rien, sinon que, comme le roi depuis long-temps couvait des pensées ennemies, chaque petit incident, quoiqu'au fond minutieux et peu signifiant, était saisi par lui avec ardeur et représenté dans le jour le plus odieux.

Tout ce qui est dit, dans la déclaration, de la défection d'un officier distingué (comme il plaît au roi d'appeler son entrée dans le service d'ici), mérite un examen plus exact.

18. ÉCLAIRCISSEMENT.

Cet officier, ainsi dénoté dans la déclaration, a des témoignages authentiques à produire, qui prouvent qu'il n'a rien fait sans le propre su du roi et sans sa permission. Le jour de son entrée au service de Russie, le ministre du roi, qui devait connaître les intentions de son maître, l'en félicita et témoigna à lui

reconnaître tous les postes ; les endroits attaquables, et ceux qui par leur situation étaient forts ; examiner les habitans, sonder les esprits, et, par son empressement à tout connaître, ne dénoter que trop les desseins secrets de sa cour.

et à d'autres aussi son contentement à cet égard ; et il n'a pas discontinué d'avoir avec lui une liaison très amicale.

Quand le roi eut attaqué la Russie, cette même personne quitta la capitale et demeura fort éloignée des frontières finoises. Mais, avant l'explosion de la guerre, ses propres affaires l'obligèrent d'aller aux frontières pour avoir des nouvelles de ses biens confisqués.

Si, au reste, des tournées sur les frontières et l'envie de s'instruire des généraux pouvaient servir de motifs de guerre, alors la Russie aurait pu payer le passage allégué dans la déclaration d'un tel voyage, par une dixaine et plus de griefs pareils ; car, dans le temps que la guerre éclatait, Pétersbourg et Cronstadt fourmillaient d'officiers suédois de tous grades, qui étaient pourvus de toutes sortes de plans et de projets, et qui allaient et venaient aussi comme courriers, sans faire mention de

PIÈCES JUSTIFICATIVES. 407

ce que la promenade favorite du secrétaire de la légation suédoise était d'aller une couple de fois par semaine de Pétersbourg à Oraniedbaum, et de là traverser par eau à Cronstadt, afin d'examiner de plus près et d'apprendre combien de vaisseaux mettraient à la voile, et de quelle force seraient les équipages.

Si le voyage de l'impératrice, qui se fit peu de temps après à Cherson, suspendit pour un temps des soins que le cabinet de Pétersbourg se donnait pour détacher la Finlande de la Suède, ces soins furent bientôt redoublés peu après le retour de cette princesse de son grand voyage, et les cabales que son ministre à Stockholm tâchait de former, jointes aux efforts secrets que le cabinet de Pétersbourg faisait de troubler la tranquillité de la Finlande, prouvent assez les pro-

La déclaration se donne en vain beaucoup de peine pour attribuer les représentations faites par les Finois au roi devant Frédrichshamm contre son agression injuste et inconstitutionnelle aux menées de la Russie; un pareil incident n'était pas à prévoir, et ne saurait être mis que sur le compte de la marche naturelle des choses, sans le conseil et le concours de la Russie, quoique la justice de sa cause y ait sans doute gagné, puisque excepté le roi seul, ses propres sujets ont tous reconnu, aux yeux de l'Europe, l'injuste agression et la conduite inconstitutionnelle du roi, et s'en sont montrés convaincus.

jets et les vues de la Russie ; vues directement dirigées contre la personne du roi et la tranquillité intérieure de la Suède.

La déclaration de guerre faite par la sublime Porte ottomane à la Russie, qui arriva sur ces entrefaites, fut un nouveau motif pour la Russie de redoubler ses efforts pour semer la

Mais quand il s'agit de noircir et de calomnier la Russie, la déclaration n'use d'aucune modération. Elle s'enhardit à dire *que les projets de la Russie, en temps de paix, étaient dirigés contre la personne du roi et la tranquillité de la Suède.* Ce sont des faussetés et des inventions qui font honte à leur auteur ; elles ne doivent servir que pour couvrir les vraies intentions du roi, ou, pour mieux dire, pour justifier la guerre qu'il a entreprise arbitrairement et sans raison.

Il sera parlé ci-après avec détail de la conduite du ministre de Russie, dont il est fait mention ici pour la seconde fois, et on y joindra tous les documens.

Ce qui est mis ici en avant : *Comme si la Russie, à la rupture avec la Porte, avait redoublé ses efforts pour semer la zizanie et le trouble en Suède,* est tout-à-fait contraire, sinon au sens commun, du moins au cours ordinaire

zizanie et le trouble dans le sein de la Suède qui, unie par un traité ancien et permanent avec la Porte ottomane, conclu déjà en 1739, et obligée par ce traité de ne point abandonner un aussi ancien allié, paraissait redoutable à la Russie.

des choses ; et, de plus, c'est une véritable imposture. La note remise par le comte Razoumowski (*voyez* n° 9) prouve suffisamment quelle était la conduite amicale de la Russie envers la Suède, et anéantit ces fausses accusations.

Enfin la déclaration commence à parler de la sublime Porte ottomane, et c'est ici que se développent tout d'un coup plus distinctement les véritables vues et les ressorts cachés du roi de Suède. Il semble lui-même avoir imaginé un prétexte juste de déclarer la guerre à la Russie, quand il se donne ici au public pour un allié de l'ennemi héréditaire de la Russie et du nom chrétien depuis 1739. Mais personne dans l'univers n'a mis en oubli que, dans l'article premier de la paix d'Abo conclue en 1743, (*voyez* n° 10), tous les traités contraires à ce traité de paix ont été déclarés nuls et non existans ; par où nommément ce traité turc de 1739, selon le protocole des conférences de cette pacification, était sous-entendu, sans faire mention encore de ce que ledit traité n'était que défensif, et que par conséquent il n'engageait la Suède à rien contre la Russie, dès que celle-ci était attaquée par la Porte. Ceci démontre très visiblement combien peu le roi se regarde lié par les traités, et jette un jour fort clair sur toutes les assurances d'amitié qu'il a données à l'impératrice depuis 1772, sur ses visites faites à Pétersbourg et Frédrichshamm où, depuis son agression perfide, Dieu a permis qu'il ait senti peut-être plus d'un remords de sa conduite doublement fausse. Oui, c'est à Dieu, à ses sujets, au monde et à la postérité qu'il sera responsable d'avoir sacrifié aussi légèrement le sang et la vie d'un peuple chrétien à l'ennemi de la chrétienté. Peut-être était-ce dans l'espoir peu noble de tirer de la Porte quelque argent : le temps montrera combien ceci était illusoire, et avec combien peu de fondement il prétend que l'alliance de la Suède avec la Porte paraissait redoutable à la Russie.

PIÈCES JUSTIFICATIVES.

19. ÉCLAIRCISSEMENT.

Dans cette alliance turque réchauffée, l'on voit le contraire de la conduite de Gustave-Adolphe, qui ne souhaitait rien tant que de combattre *contre* l'ennemi des chrétiens : Gustave III prend un autre chemin ; il combat *pour* lui.

Le roi n'a cependant cessé de faire les démarches les plus convaincantes pour persuader la Russie de ses sentimens pacifiques, sans cependant oublier un allié avec lequel la Suède se trouve unie par des liens aussi formels. Le roi a offert à la Russie par trois fois sa médiation pour pacifier les différends élevés entre elle et la Porte; médiation d'autant plus efficace, que l'Europe entière connaît le crédit de la Suède près de la Porte, influence qu'elle

L'amitié du roi de Suède, et particulièrement sa conduite sincère vis-à-vis de la Russie, doit être déjà trop clairement démontrée pour qu'il ne devienne très inutile d'en parler davantage.

La déclaration continue à faire mention de la prétendue union étroite du roi avec l'ennemi des chrétiens; mais elle ne dit pas un mot de ce qu'elle a été anéantie par la paix d'Abo.

Par trois fois, est-il dit, *le roi a offert à la Russie sa médiation pour pacifier les différends élevés entre elle et la Porte.*

a conservée depuis le long séjour que Charles XII fit dans ces contrées.

C'est dans ce moment que le comte de Razoumowski, mettant le comble à ses démarches offensantes, a, dans une note ministérielle conçue dans les termes les plus insidieux, sous les

Si la première vertu d'un médiateur est d'être impartial, le roi de Suède pouvait difficilement s'imaginer qu'on le choisît pour ce rôle; comme sa conduite en a suffisamment convaincu tout le monde.

Aussi son prétendu crédit et son influence à la Porte ont-ils été jusqu'à ce moment entièrement inconnus, quelque ancienne qu'en soit la date, comme la déclaration le dit.

Il est difficile d'assurer que tous les ministres turcs sachent même si Charles XII a vécu dans le monde, et qui est son successeur. Ce qu'il y a de bien connu, c'est que Charles XII était à charge aux Turcs, et qu'ils furent très contens d'en être quittés.

Ce paragraphe est derechef copié d'après la note du sieur Schlaff, et l'on voit sous quel faible prétexte le roi de Suède s'est avisé de léser, dans la personne du comte Razoumowski, ministre de Russie, le droit des gens d'une ma-

apparences de l'amitié, osé vouloir séparer le roi de la nation, en a appelé à elle, et a, sous le spécieux prétexte de l'amitié de l'impératrice pour la nation, tâché de rompre les liens sacrés qui unissent le roi et ses sujets; rien n'a pu mieux dévoiler les sentimens et les projets encore cachés de la Russie que cette démarche, et les phrases mêmes contenues dans la note en question.

Le roi a communiqué aux autres cours de l'Europe alliées ou en intime relation avec lui, les motifs qui ont dicté les démarches de S. M. Le roi n'a consulté dans ses démarches que ce qu'il devait à lui-même, à ses peuples, à la tranquillité publique, et a écarté de sa personne un particulier qui, en abusant du droit des gens, cessait d'avoir droit d'en jouir; et lorsnière aussi remarquable, et d'offenser grièvement l'impératrice et l'empire de Russie. Ce que la déclaration de guerre impériale russe en dit, on peut le voir dans cette pièce. (*Voyez* n° 11.) La note elle-même qui y donna lieu, et que le comte Oxenstierna, sous prétexte de soulager sa mémoire, après un entretien verbal, pria de lui donner, se trouve déjà citée ci-dessus, n° 9.

Peut-être est-ce pour la première fois encore, depuis que le monde existe, qu'il est arrivé qu'une cour ait donné à une autre des assurances de la continuation de son amitié et de ses sentimens pacifiques, et que le porteur des paroles de paix ait été maltraité pour cela. Est-il besoin d'autres preuves que le roi de Suède ne voulait point entendre parler de la paix, puisqu'il reçut les assurances solennelles de sa continuation comme une offense. Il sut promptement que S. M., en respectant encore en lui le caractère dont il mésusait, a mis dans la démarche que le roi devait à sa gloire tous les ménagemens possibles, S. M. croit avoir donné une dernière preuve de ses égards pour l'impératrice, et du respect que le roi porte au droit des gens.

faire servir cette circonstance à ses vues : il donna à cette note, remise à la prière du comte Oxenstierna, une tournure forcée ; il l'appela *une note ministérielle conçue sous les apparences de l'amitié, dans les termes les plus insidieux, qui avait osé vouloir séparer le roi de la nation, en avait appelé à elle, et qui, sous le spécieux prétexte de l'amitié de l'impératrice pour la nation, avait tâché de rompre les liens sacrés qui unissent le roi à ses sujets.*

Mais tout ceci sont des imputations exagérées qui ne se trouvent point dans la note. Les expressions n'en pouvaient être captieuses, parce que la Russie désirait d'éviter la guerre. L'on pouvait dire, sans séparer le roi de la nation, que celle-ci connaissait l'envie de la Russie de conserver la paix ; mais ceci était une vérité dont le son était désagréable aux oreilles royales, puisque décidément il voulait la guerre. De rompre les liens qui unissaient le roi à la nation, personne n'en avait l'idée, et il n'en existait aucune trace dans ces assurances amicales, dont l'unique but était de persuader à tous ceux qui avaient quelque part à l'administration de l'État, que la Russie, malgré les peines artificieuses que l'on se donnait près de la nation pour lui faire accroire le contraire, n'avait pas l'ombre d'une pensée hostile contre la Suède. Par conséquent ce tort de la rupture reste tout-à-fait à la charge du roi, lequel n'en saurait donner au monde ni à son propre peuple une seule raison juste et valable.

Posons qu'il eût été désagréable au roi de voir nommer sa nation à côté de lui (ce qui cependant ne devait fâcher aucun souverain, encore moins un roi de Suède; car s'il n'y avait point de peuples, point de nations, il n'y aurait point de souverains) : il n'était cependant pas en droit, d'après les lois fondamentales de la Suède et même de sa propre constitution de 1772, de regarder cela comme une offense.

La nation suédoise a appelé la maison royale d'à présent au trône : comment est-il devenu tout à coup si difficile à son chef de l'entendre nommer, et comment un ministre de Russie pouvait-il rompre les liens du roi et de sa nation ? Ce sont en vérité des paroles vides de tout sens.

Si le roi ou son ministre n'étaient pas contens de la note et n'avaient pas voulu la guerre, ils en auraient fait, même quand elle leur aurait déplu, un instrument de paix, et l'auraient fait servir pour la continuation de la bonne intelligence, ou bien ils s'en seraient plaints à la cour de Russie. Mais, au lieu de cela, le roi, contre le droit des gens, s'est porté à en agir avec le ministre de l'impératrice d'une manière incompatible avec sa dignité et celle de l'empire de Russie.

20. ÉCLAIRCISSEMENT.

Le maître de cérémonies de la cour de Suède demanda

au comte Razoumowski une heure, le jour même du départ du roi pour la Finlande ; et, lorsque celle-ci fut fixée, il vint chez le ministre de Russie, et lui communiqua de bouche ce qu'il lui laissa ensuite par écrit. (*Voyez* n° 12.) Ceci donc devait être la réponse aux assurances de paix de la Russie.

Dans le même temps le comte d'Oxenstierna remit ou envoya une note (*voyez* n° 13) aux ministres des autres cours de l'Europe, dans laquelle on leur faisait part des prétendus motifs qui avaient porté le roi à une pareille démarche.

Deux choses sont remarquables dans cette note du maître de cérémonies suédois : la première, que le roi y promet à l'impératrice une réponse dès qu'il sera arrivé en Finlande ; la seconde, les beaux complimens qu'il y fait faire au comte Razoumowski : il en sera parlé plus au long ci-dessous.

Il est singulier que la note du maître de cérémonies, de même que la déclaration, nomme le comte de Razoumowski *un particulier que le roi écarte de sa personne.*

Cette tournure, imaginée pour pallier l'infraction du roi faite au droit des gens, est et reste une peine infructueuse. Le comte Razoumowski était un ministre accrédité de la Russie et non pas un particulier ; il n'était pas dans le pouvoir du roi de le priver de son caractère public, parce qu'il n'avait aucun droit sur lui ; par conséquent tout ce qui s'est passé avec le comte Razoumowski, dans ce temps-là et jusqu'à son départ, est un tissu de violences, une infraction au droit des gens et une insulte avérée, faite à la dignité de l'impératrice et de son empire, par laquelle le roi s'est fait à lui-même un très grand tort dans l'esprit du public et de la postérité.

La déclaration dit *que le roi avait mis dans cette dé-*

	marche *tous les ménagemens possibles*. Qu'aurait-il donc voulu faire encore, ayant fait menacer le comte Razoumowski, à la bonne manière turque, d'arrêts (*voyez* n° 14), et l'ayant enfin mis dans la nécessité, sans avoir égard à ses protestations réitérées sur la violence ouverte de ses procédés, de partir de Stockholm sur un yacht royal, sous escorte militaire comme un prisonnier d'État ?
C'est dans ces circonstances que le roi s'est rendu en Finlande, à la tête de son armée, dans le dessein de s'expliquer avec l'impératrice,	*C'est dans ces circonstances,* dit la déclaration (c'est-à-dire après une violation aussi manifeste du droit des gens), *que le roi s'est rendu en Finlande, à la tête de son armée, dans le dessein de s'expliquer avec l'impératrice.*
	Ici l'on pourrait demander sur quoi ? Sur la violation susdite du droit des gens, et de l'insulte faite à l'*impératrice* dans la personne de son ministre ?
et de s'assurer de la tranquillité d'une province aussi importante.	La Russie ne troublait point la tranquillité ; mais il plaisait au roi de faire passer en Suède

les armemens de la Russie contre les Turcs, pour être dirigés contre son royaume.

Cependant alors il ne mit point encore en avant son alliance turque, parce qu'apparemment en Suède, comme en Russie, l'on savait bien que cette alliance de 1739 avait été annulée par le traité de paix d'Abo.

Le roi espérait d'obtenir, par des paroles amicales, la satisfaction qui lui était due d'un ministre qui avait abusé de son caractère sacré.

Ces paroles amicales du roi furent lues et présentées, le 1er juillet (vieux style) 1788, au vice-chancelier de l'empire, comte d'Ostermann, par le sieur Schlaff, dans une note signée par lui et citée ci-dessus.

Mais, comme le roi lui-même s'était vengé du comte de Razoumowski d'une façon aussi injuste qu'inusitée entre des peuples policés, il est difficile de comprendre pourquoi il se croit autorisé à demander encore ici une satisfaction particulière. Dans sa note il demandait même la punition exemplaire du comte.

Une triple punition paraît pourtant démesurée; et pourquoi encore? Parce que le ministre avait fait part des sentimens pacifiques de l'impératrice envers le roi et la nation suédoise; parce qu'il avait cité comme témoins le roi et tous les gens sensés en Suède, que les mêmes sentimens de sa cour avaient été invariables pendant un demi-siècle, et étaient restés même sans changement, lorsque la constitution garantie avait été renversée par violence.

N. B. Le roi a fait faire au comte Razoumowski, par la note du maître de cérémonies, de beaux complimens, et, dans celle du 1ᵉʳ juillet, il demande à l'impératrice la punition exemplaire du comte.

Le roi espérait pouvoir engager la Russie à accepter la médiation de la Suède, et par-là satisfaire aux engagemens qui liaient le royaume au sort de l'empire ottoman, sans être obligé

En vérité, voilà un médiateur fort impartial.

Ne doit-il pas paraître à chaque puissance indépendante, de quelque grandeur qu'elle soit, injuste, insultant, déshonorant ou du moins très

de combattre pour leur cause.	contraire à toute bonne harmonie, de recevoir un médiateur armé, et bien plus à la Russie qui jusqu'ici n'est pas accoutumée à se laisser prescrire des lois par le roi de Suède?
	Au reste, le lecteur verra dans la susdite note comment le prétendu médiateur faisait sonner les paroles amicales, et quelles propositions il osait faire à la Russie avec un ton de dictateur vraiment ridicule.
Le roi espérait enfin de la justice de l'impératrice d'être dédommagé des frais d'un armement que les circonstances l'avaient obligé d'effectuer;	Autant les deux premières demandes avaient été justes, autant il était équitable de demander à la Russie toute la Finlande pour dédommagement. Mais, si le roi s'est déclaré l'allié de la Porte, il en reçoit apparemment aussi le salaire. Il ne peut rien demander à la Russie pour cela; mais la Russie peut bien exiger de lui une satisfaction pour les insultes, et des dédommagemens pour les pertes qu'il lui a causées par la guerre et par les préparatifs accumulés, de même que pour l'expédition

retenue de la flotte pour la Méditerranée. Empêcher celle-ci de partir, c'était bien le but principal et favori du roi, comme allié de l'ennemi des chrétiens; et c'est pour l'atteindre qu'il n'a pas hésité d'exposer son royaume, ses sujets et lui-même, au plus imminent danger.

mais un enchaînement de circonstances peu prévues entraîna rapidement la rupture d'une paix dont le maintien avait, pendant seize ans, été le but où tendaient les désirs du roi.

Il faut avouer que la déclaration a des tournures qui, telles qu'elles y sont écrites, deviennent presque difficiles à deviner; ce n'est point un enchaînement de circonstances imprévues qui entraîna rapidement la rupture de la paix; mais la volonté arbitraire du roi, directement contraire à la constitution du royaume, rompit cette paix de dessein prémédité.

21. ÉCLAIRCISSEMENT.

Lorsque la flotte suédoise sortit au mois de mai de Carlscron, elle reçut du roi des ordres cachetés, avec la prescription de ne les ouvrir qu'à la hauteur de

Gothland, et, lorsqu'ils furent ouverts, la flotte apprit, non sans étonnement, qu'il lui était ordonné d'agir offensivement contre la Russie. Si le maintien de la paix, durant seize ans, avait été le but de tous les souhaits du roi, comme le dit la déclaration, alors la paix existerait bien encore, et de pareils ordres agressifs n'auraient pas été expédiés; mais il y a des preuves incontestables que les désirs du roi, ses actions et ses efforts ne visaient dans ce temps qu'à la guerre. La déclaration elle-même les tire de l'obscurité et les met au grand jour.

Des troupes légères russes avaient, dans le moment même, attaqué des postes avancés des Suédois en Savolax.

Voici encore une assertion fausse; car, dans les mois de mai, juin et juillet de l'année 1788, il n'y avait pas une ombre de troupes légères russes dans les environs de Savolax, et même il ne pouvait pas y en avoir. Mais aussi, s'il y en avait eu qui eussent commis des désordres, alors, avec des dispositions vraiment pacifiques, il y aurait eu sujet de porter des plaintes, et de demander si pareille chose s'était faite avec ou sans la connaissance des commandans.

Le brigadier qui commandait pour le roi dans les provinces éloignées, croyant la guerre commencée, et voyant des hostilités effectuées sur la frontière, suivant des ordres anciens, nécessaires en cas d'invasion, bloqua le château de Nyslott, et s'empara des postes importans qui seuls peuvent couvrir ces provinces éloignées de la dévastation des hordes barbares attachées au service de la Russie; provinces dont les frontières, rétrécies par la paix d'Abo, sont entièrement ouvertes, et impossibles à défendre sans se rendre maître des défilés situés dans la Finlande russe.

Les ordres de M. le brigadier (dont il est question ici) auront bien été de la même date à peu près que les ordres cachetés que reçut la flotte, lorsqu'elle sortit de Carlscron. M. le brigadier ne pouvait pas voir des hostilités où il n'y en avait point. Mais ce qui est une chose connue, c'est qu'il attaqua lui-même Nyslott au milieu de la paix. S'il existait là-bas d'anciens ordres de s'emparer, en temps de paix, de postes importans, à la première occasion, ceci démontre les vues hostiles de ceux qui les ont donnés, mais n'indique nullement que la Russie ait agi avec inimitié.

22. ÉCLAIRCISSEMENT.

Durant ce temps l'imagination du roi était fort occupée des troupes légères de la Russie. Il voulait à toute force les voir proche de ses frontières; il écrivit même avec humeur à sa légation de Pétersbourg, pourquoi on ne lui mandait pas que douze mille Tartares et Calmoucks étaient postés près de ses frontières. La légation suédoise, persuadée du contraire, ne devait pas être peu embarrassée sur ce cas, vu que la vérité contredisait la volonté du roi, et qu'il voulait être informé ainsi et non autrement.

CONTE SUÉDOIS.

Lorsque l'armée suédoise ne voulut pas passer la frontière, parce qu'elle ne trouvait point d'ennemis devant elle, et qu'elle ne vit aucune trace de ravage dont on avait répandu le bruit à Stockholm, on prit le parti désespéré d'employer la ruse suivante : on fit habiller vingt-quatre hommes en Cosaques russes, et on les envoya en Carélie pour y commettre des excès; l'ordre original en fut tout de suite retiré. Ceci, dit-on, fut exécuté de telle sorte, que la terre d'une veuve, qu'on nomme, fut réduite en cendres.

Ces nouvelles, portées à la flotte, entraînèrent de même ses opérations,

En vérité, voilà un grand saut de Savolax à la flotte. M. le brigadier attaqua Nyslott le 21 juin (vieux style), et la flotte prit les frégates d'avis *Hector* et *Jaroslaw*, à peu près deux ou trois jours après. Cette activité doit vraisemblablement être attribuée plutôt aux ordres du roi, donnés en même temps pour l'agression, qu'aux nouvelles arrivées de Savolax.

et bientôt une bataille navale, gagnée par le duc de Sudermanie, contre des forces supérieures,

Cette bataille navale se donna le 6 juillet (vieux style); les suites ont montré qui l'a gagnée, parce que la flotte suédoise est restée dans le port de Sweaborg où elle s'était retirée, bloquée par la flotte russe, tout l'été et les mois d'automne de l'année 1788.

décida de l'explosion de la guerre, malgré le soin du roi de l'éviter;

Toutes les paroles et les actions du roi, et plus particulièrement la note du 1er juillet, citée ci-dessus, ont suffisamment prouvé quels ont été les soins du roi pour éviter la guerre. C'est ce qui est encore fortifié par ce qui suit.

soin qui avait fait perdre le moment unique et favorable de se saisir de sept vaisseaux de guerre russes, entourés par la flotte suédoise.

Ceci n'est pas une preuve des dispositions pacifiques du roi, mais prouve bien plutôt qu'alors les ordres cachetés du roi n'avaient pas encore été ouverts.

En attendant, l'on pourra voir dans la déclaration de guerre de la Russie de quelle manière insultante on en a agi avec cette même escadre, d'après les ordres non cachetés du roi, sous l'ombre de la paix et contre la teneur du dix-septième article de la paix d'Abo; mais la déclaration suédoise n'a eu garde d'en parler.

23. ÉCLAIRCISSEMENT.

Malgré tant de griefs et malgré que le roi ignore ce qu'est devenu son ministre et le sort de deux officiers envoyés en courriers à Péters-

Lorsqu'à Pétersbourg on apprit ce qui venait de se passer à Stockholm avec le ministre de Russie, il fut signifié au ministre de Suède (*voyez* n° 15) de sortir de

bourg, S. M., n'abandonnant point ses inclinations pacifiques, est encore prête à la paix, pourvu que l'impératrice lui en offre une honorable, et que le roi soit admis et assuré de procurer à la Porte ottomane une paix sûre et stable.

A Helsingfors, le 21 juillet 1788.

la Russie; on lui donna autant de temps que le comte Razoumowski en avait reçu au commencement; mais lorsque, le 1er juillet, la fameuse note arriva, celui qui l'avait remise et tous les autres membres de la mission reçurent ordre de quitter l'empire, sans perdre de temps, pour la Russie blanche.

Au reste, les dispositions pacifiques du roi, après les scènes mémorables de Frédrichshamm, se sont bien éclaircies; car, après cet événement, il s'est adressé à beaucoup de cours de l'Europe avec l'instante prière de lui procurer la paix. Il promit à six d'entre elles environ que chacune serait chargée seule de la médiation ou pacification. Il porta ces soins partout, excepté à la cour dont il pouvait obtenir la paix. Pourrait-on avoir besoin de meilleures preuves pour voir combien peu les dispositions pacifiques du roi sont sincères, même à présent, et combien il est aisé de cette façon, et par de pareils moyens, de se procurer la paix, quand, de plus, le roi cherche à mêler sa propre cause avec celle de la Porte ottomane.

Finalement il est encore à remarquer que la date de la déclaration : Helsingfors, le 21 juillet 1788, est une date fausse; car cette déclaration antidatée a été écrite plus tard et pas avant le mois d'août. Deux raisons obligèrent enfin le roi à la publier : la première, parce que les armées suédoise et finoise se plaignaient de ce qu'il n'y avait point de déclaration de guerre, et qu'on leur ordonnait cependant d'attaquer; la seconde, parce que la cour de Danemarck demandait à la voir pour connaître les raisons que le roi pouvait avoir pour faire la guerre.

Le monde éclairé n'a qu'à décider maintenant si le roi, par sa singulière justification, a éloigné de lui le reproche bien mérité : 1° qu'il a rompu les traités de paix avec la Russie; 2° qu'il a renversé la propre constitution de son royaume; puisqu'il a entrepris, sans le consentement des états et de la nation suédoise, une guerre offensive contre la Russie; 3° que, par le traitement violent qu'il a employé vis-à-vis du ministre de Russie, il a autant lésé le droit des gens qu'agi contre sa propre dignité; 4° qu'il a commencé les hostilités avant que de déclarer la guerre, et la guerre sans en avoir de raisons; 5° qu'il a exigé des vaisseaux russes le salut contre la teneur des traités, tandis qu'il parlait encore un langage de paix; 6° qu'au milieu de la paix, il a renouvelé avec l'ennemi de la Russie et celui de la chrétienté une liaison anéantie pour attaquer la Russie; et enfin, 7° qu'il a porté au plus haut point ses offenses contre la personne sacrée de l'impératrice et contre l'empire de Russie.

Par tout ceci l'on voit clairement que la Russie a affaire à un voisin qui foule aux pieds les liens de la société et du bon ordre, et qui, par sa conduite arbitraire, a assez démontré qu'il ne connaît d'autres principes que ceux de sa propre volonté sans frein. Au mois de septembre 1788.

ANNEXES.

N° 1.

Note lue et remise au vice-chancelier de Russie, comte d'Ostermann, par le sieur Schlaff, le $\frac{1}{12}$ juillet.

(*Voyez* tome 1er, page 341.)

N° 2.

Lettre du comte de Panin au comte d'Ostermann, à Stockholm, datée de Saint-Pétersbourg, du 15 novembre 1772.

La révolution arrivée en Suède fixe sans doute l'attention de toutes les puissances, et il s'en trouverait difficilement une qui ne reconnût la nécessité, existante à plus forte raison pour ses voisins, de veiller aux suites possibles d'un tel événement. Il est vrai que les assurances données à ceux-ci par S. M. le roi de Suède, au moment même du changement dans le gouvernement, touchant la paix et l'amitié qu'il désire de cultiver avec eux, ont de quoi les tranquilliser et leur inspirer de la confiance; mais il ne reste pas moins pour elles, comme une obligation de la plus simple politique, et comme un droit naturel de défense, de ne point négliger les mesures qui peuvent les mettre à couvert de toute entreprise dans l'intérieur de leurs frontières. C'est dans cet état qu'on apprend les armemens considérables que fait la Suède, les mouvemens et l'assemblée des troupes dans la proximité de la Norwége et de la Fionie, et au milieu de cela le départ subit du roi pour se rendre sur les lieux mêmes, sous l'annonce du voyage royal usité dans ses provinces. L'impératrice, accoutumée pendant tout le cours de son règne à traiter toutes ses affaires avec toutes les puissances, avec la franchise et la bonne foi qui lui sont naturelles, et jugeant même qu'il est un devoir encore plus strict pour elle de ne s'en point écarter vis-à-vis de S. M. suédoise dans les liens du sang et l'amitié sincère qui l'unissent à elle, ne veut point lui dissimuler les vives alarmes que lui donne cet aspect des choses, et, sans vouloir pénétrer ni juger les intentions ultérieures du roi, elle croit n'avoir point de temps à perdre pour lui faire connaître que les engagemens les plus solennels lient tous les intérêts du Danemarck à ceux de son empire.

En conséquence, monsieur, l'ordre et l'intention de S. M. impériale, que je vous trace ici, sont qu'aussitôt après la réception de cette dépêche, vous vous rendiez auprès du ministère du roi, et que, vous ouvrant sans réserve à lui, et lui demandant d'en rendre compte d'abord à S. M. suédoise, vous lui communiquiez que, quels que soient les liens qui attachent personnellement S. M. impériale au roi de Suède, quelque sincère que soit l'amitié qu'elle lui porte, et l'intérêt qu'elle prend à sa prospérité et à sa satisfaction, elle ne saura voir indifféremment toute tentative, mouvement ou entreprise quelconque de la part de la Suède, au préjudice du Danemarck, et qu'elle regardera toute attaque contre cette couronne, en quelque lieu, sous quelque prétexte et de quelque manière que ce soit, comme une agression contre ses propres intérêts. Et S. M., ajoutant foi à des assurances si positives et si souvent répétées que lui a données le roi de son amitié personnelle, et de son attention à cultiver la bonne harmonie et la bonne union entre les deux États, est fermement persuadée qu'une communication aussi ouverte que celle qu'elle fait au roi de sa position, sera pour S. M. suédoise une preuve bien évidente et de ses sentimens personnels pour elle et de sa confiance.

N° 3.

Réponse du comte de Falkemberg sur la communication de la précédente lettre.

Le roi s'est fait rendre compte de la copie d'une lettre que M. le comte de Panin, grand maître de la cour de S. M. l'impératrice de toutes les Russies, a écrite à M. le comte d'Ostermann, envoyé extraordinaire près le roi, en date du 15 de novembre, et dont on lui a fait part.

Il y reconnaît la franchise et l'amitié dont il a été toujours persuadé que S. M. impériale serait pénétrée pour lui, et S. M. pense que cette sincérité, qui convient si bien entre des souverains parens et amis, doit également servir à fortifier l'union et la bonne harmonie qui subsistent entre eux.

Par une suite du même principe, le roi ne fait point de difficulté de s'ouvrir avec S. M. impériale, sur les vues qui ont déterminé et qui détermineront toujours sa conduite. Elles sont sans artifice, comme elles sont toutes tendantes à la paix du Nord et à celle de l'Europe qui en dépend.

Les armemens qui se faisaient dans la Norwége exigeaient des précautions de sûreté que le roi devait à ses

États et à ses peuples; mais elles ont été suivies par des explications si amiables de la part des deux cours, que le roi en a été entièrement rassuré, et que la confiance se trouve actuellement parfaitement rétablie entre lui et S. M. danoise.

L'exemple que le roi a donné prouve bien qu'il ne veut attaquer aucune puissance, mais que sa résolution est de se défendre contre quiconque voudra l'attaquer, sous quelque prétexte et de quelle manière que cela soit; et les dispositions équitables que S. M. l'impératrice vient de faire éclater en se déclarant contre celui qui se porterait pour agresseur, jointes à l'amitié particulière dont elle a donné des assurances positives et réitérées, le persuadent que S. M. impériale fera cause commune avec le roi pour maintenir le repos et la tranquillité publique.

N° 4.

Article VII du traité de paix de Nystadt.

S. M. impériale promet aussi de la manière la plus forte qu'elle ne se mêlera point des affaires domestiques du royaume de Suède, comme aussi de la forme du gouvernement unanimement agréée par les états et confirmée par serment, de même que de l'ordre de succession; de n'y assister personne qui que ce puisse être, ni directement ni indirectement d'aucune manière quelconque; mais que, pour prouver plutôt une amitié sincère et le bon voisinage, elle cherchera à prévenir et à empêcher de toutes les façons ce qui pourra y être entrepris de contraire, et dont S. M. impériale aura été informée.

ANNEXES. 437

N° 5.

Article II des préliminaires du traité de paix d'Abo.

Eu égard à la recommandation de S. M. l'impératrice et de S. A. impériale le grand duc de toutes les Russies, les états de Suède éliront et déclareront le sérénissime prince Adolphe-Frédéric, administrateur du duché de Holstein, évêque de Lubeck, successeur au trône de Suède, tout aussitôt après la réception du présent acte à Stockholm. S. M. et la couronne de Suède cèdent à perpétuité à S. M. l'impératrice de toutes les Russies et à ses successeurs la province de Kymenegord, avec tous les bras et les embouchures de la rivière Kymen, autrement appelée aussi Keltis, de telle manière que les pays et les habitans de la dernière embouchure de cette rivière, du côté de l'occident, resteront à la Suède, et du côté de l'orient et du nord, jusqu'aux frontières de Tavasthuus et de Savolax, à la Russie. Et outre cela les ministres de Suède cèdent encore *sub spe rati* à la Russie la ville et le fort de Nyslott avec la frontière à l'ouest et le nord, contenant deux milles suédoises, où plus ou moins, suivant la situation des lieux, et en tirant une ligne des distances mentionnées de deux milles du côté de l'orient jusqu'à la frontière de Carélie, et du côté du midi jusqu'à la frontière de Kymenegord.

N° 6.

Union de l'armée finoise, du 13 d'août.

L'armée qui se trouve ici rassemblée pour la défense des frontières du royaume contre l'attaque supposée de la part de l'ennemi, les ayant, conformément aux ordrès du roi, outre-passées, s'est approchée de Frédrichshamm. Ce fait doit être considéré comme une suite de la forme du gouvernement, qui porte que le roi a le droit de commander son armée, et comme un effet de nos lois militaires, qui ne nous permettent pas de rechercher quelles sont les bornes de l'obéissance. Mais, lorsque, étant sous les murs de Frédrichshamm, tous les arrangemens des commandans russes ne nous ont fait apercevoir que des mesures défensives, nous nous sommes convaincus, jusqu'à l'évidence, que l'agression a été faite de la part de la nation suédoise. Comme il nous importe de maintenir la sainteté de la forme du gouvernement à laquelle nous avons prêté serment, et qui réserve à la nation le droit de rechercher si une guerre offensive est nécessaire ou non, et comme d'un autre côté, en qualité de militaires, nous sommes tenus d'obéir à notre chef supérieur, nous nous sommes trouvés par-là dans la position critique pour d'honnêtes gens, de voir nos devoirs en opposition les uns avec les autres. Pour les accorder autant que possible, quelques-uns d'entre nous ont fait au roi sur cet objet de très humbles représentations, qui cependant, à notre regret commun, n'ont point atteint le but que nous nous y étions proposé. Mais depuis, ayant été forcés à nous retirer de Frédrichshamm après une expédition que de fausses mesures ont fait échouer, nous avons réfléchi plus particulièrement sur notre position. Nous avons renoncé à l'idée de regarder comme un honneur de combattre courageusement et de mourir, dès que la patrie n'y pourrait rien gagner, et lorsqu'elle se trouve plutôt dans des circonstances où elle a besoin d'hommes zélés et prudens pour être préservée d'une ruine totale.

N. B. Ces malheureuses circonstances consistent, à notre avis, en ce qui suit : « Les troupes qui se trouvent » sous nos ordres, et qui n'ont jamais été attaquées, » aussi long-temps qu'elles n'ont pas fait de démarche » offensive, étant persuadées que les hostilités ont » commencé de notre part, » sont mécontentes d'une guerre que nos puissans voisins semblent de toute façon vouloir éviter. Elles n'ont remarqué aucun avantage qui pourrait résulter de cette guerre pour le public, et la conviction d'une guerre nécessaire, laquelle fait d'un peuple né pour la liberté des combattans invincibles, a disparu dans l'esprit d'un chacun. Il en résulte que ces pauvres gens, soupirant après le repos, duquel on les a arrachés sans que l'honneur les en ait dédommagés, combattent à regret contre une nation qui, d'après leur conviction, désirerait être leur amie. Les haillons de leurs vêtemens, le manque total de rafraîchissemens, la difficulté d'avoir des provisions, qu'on remarquait déjà lorsqu'elles n'arrivèrent point au jour fixé, et les munitions à peine suffisantes, ont augmenté à l'excès le mécontentement et l'abattement des troupes. Il est vrai que nous croyions la frontière suffisamment gardée par nos troupes, et nous sommes prêts aussi à la défendre, dans le cas d'une attaque quelconque, jusqu'à la dernière goutte de notre sang. Comme cependant la triste nouvelle est arrivée de plusieurs côtés, que la flotte russe, incomparablement plus forte que la nôtre, croisait devant Sweaborg, et comme celle-ci a enlevé et brûlé un de nos vaisseaux à la vue de notre flotte et de notre armée (malheur qui a pu être vu des remparts mêmes d'une des plus considérables forteresses de l'État), nous devons croire que ces parages du royaume sont ouverts au fer et aux flammes; et penser avec désespoir que si la mort, le feu et la destruction ne dévastent pas notre patrie, ce n'est nullement à nos armes que nous en avons l'obligation, mais à l'humanité de la nation russe. Nous sommes également incertains jusqu'à quel point le colonel Hastfar peut avec son corps défendre le pays de Savolax contre l'invasion de l'armée russe, et, s'il arrivait qu'il dût céder au nombre, tout le pays serait alors ouvert, et nous n'aurions plus d'autre espoir que dans la générosité et l'humanité de nos vainqueurs.

En considération de cette effrayante mais véritable peinture, nous avons pris la résolution de recourir par la voie de l'annexe ci-jointe à S. M. impériale de toutes les Russies, pour l'informer de la façon de penser de la nation. Outre l'amour de la patrie et le soin de son bien, qui sont nos principaux devoirs, la fidélité et le dévouement que nous avons jurés au roi devaient nous engager encore à hasarder ce pas. Voyant S. M. inconsolable, et les personnes qui l'entourent dans l'abattement, nous avons pensé qu'il convenait à de braves Suédois de frayer un chemin à la négociation entre deux têtes couronnées; ce que nous croyions pouvoir faire, sauf l'honneur de la nation, beaucoup plus convenablement qu'une puissance étrangère quelconque; attendu que celle-ci ne pourrait traiter que sur des vues particulières et étrangères à l'État; tandis que nous, par contre, nous ne consultons que notre amour pour la patrie et notre fidélité au roi; sacrifiant ou au moins hasardant nos propres avantages.

C'est en considération de tout ceci, et avec une parfaite confiance dans le Tout-Puissant, qui voit la pureté de nos intentions, que nous, soussignés, jurons par son nom sacré et par notre honneur, que nous voulons chercher à prévenir, par le sacrifice de nos vies et de nos biens, les malheurs qui menacent notre patrie, et en conséquence de quoi nous avons formé entre nous par les présentes, sous le même serment sacré, une étroite union et confraternité dont le but est de nous seconder mutuellement, et de nous prêter du secours dans toutes les occasions où la sûreté publique et privée pourront se trouver en liaison entre elles; et au cas que S. M. impériale ne veuille pas se prêter à une paix honorable pour la nation, nous nous regardons dès cet instant, chacun en particulier, comme attaqués et obligés de ne point poser les armes vivans, que lorsque la paix, le repos et la sûreté seront rendus à la patrie.

N° 7.

Union de l'armée suédoise.

En considérant le danger dont notre chère patrie est évidemment menacée, tant par le mécontentement intérieur que par les ennemis étrangers, il est du devoir de chaque honnête concitoyen de veiller à sa conservation au risque même de sa vie et de son bien.

Entièrement convaincus de ce danger et pénétrés du plus vif amour pour nos concitoyens et la chère patrie, qui avec la vie nous a donné un cœur brûlant pour sa défense, nous, soussignés, nous nous sommes tous liés unanimement pour effectuer et observer tout ce qui est inséré dans les points suivans:

1° Nous continuons à insister sur la paix avec la Russie, et à cet effet nous persistons dans notre intention;

2° Que les états du royaume soient au plus tôt convoqués ;

3° Nous garantissons à ceux-ci tous leurs droits établis par la forme du gouvernement ;

4° Nous prions qu'une trève soit demandée pour faire cesser d'abord toutes les hostilités, et particulièrement parce que de cette seule manière peut être évitée une nouvelle guerre avec le Danemarck, ainsi que les dévastations sur les côtes suédoises de la part de la flotte ennemie ;

5° Nous prions aussi que l'armée soit renvoyée comme de coutume dans ses places et villes municipales, avant que la saison n'y mette d'obstacle, ou ne rende son retour impossible ;

6° Nous sacrifions tout, jusqu'à la dernière goutte de notre sang, pour la défense légitime de l'État. Nous déclarons en même temps que notre intention n'est pas de nous mêler d'autres affaires de gouvernement, ni d'occasioner des révolutions qui peuvent renverser le trône, et qui, en répandant le sang et provoquant à l'acharnement, tendent souvent à satisfaire une vengeance ou des intérêts particuliers, plutôt qu'à effectuer le bien général.

Notre intention est de rendre à la loi sa force ; au roi, sa puissance liée par les lois ; aux états, leurs droits intacts ; et à nous tous en général, la liberté, l'honneur et les mœurs, sous la plus sévère obéissance aux lois.

Nous ne nous ingérerons pas en conséquence d'aucune manière à examiner les actions de qui que ce puisse être, ou d'en agir avec violence vis-à-vis d'aucun de nos concitoyens, afin que le sang n'en rejaillisse sur nos têtes, et afin de montrer que la nécessité et non la désunion, ou bien des vues malignes et pernicieuses d'intérêt, nous ont suggéré l'idée sincère de la paix.

Pour effectuer cet ouvrage, nous invoquons dans cette attente le secours de la Providence par la confiance que nous mettons dans la pureté de notre intention, qui réunit parfaitement notre respect pour notre chère maison royale, avec le soin ardent et tendre pour le bien général.

Que celui parmi nous qui s'écartera de cette intention soit regardé comme malhonnête, et que le nom de celui qui osera rompre cet acte de confraternité soit couvert d'ignominie. Nous établissons cette confraternité au nom de la Trinité, et nous la confirmons par la présente; ainsi nous souhaitons que Dieu nous aide en corps et en âme.

N.º 8.

Publication de l'armée finoise, du 25 août.

Le commencement de la guerre présente est trop connu pour que nous ayons besoin de nous y arrêter. Nous avons appris avec joie que nos confrères les Suédois, avec leur corps, sont là-dessus du même sentiment. Guidés par ces considérations, aussi bien que par le mauvais succès d'une expédition où le manque de tous les moyens de nous procurer des secours quelconques s'est fait remarquer, autant que le défaut de bonnes dispositions, nous avons commencé à réfléchir sur la position du roi et sur celle de la patrie. Triste situation! elle n'est, hélas! que trop connue, pour nous y fixer un instant.

Comme militaires, nous avons obéi jusqu'à ce moment aux ordres qui nous ont été donnés; comme citoyens, nous avons réfléchi aux moyens d'apaiser l'orage qui s'élève sur notre patrie. Ayant été convaincus, par la réponse que S. M. royale a faite à nos très humbles représentations, qu'elle n'a pas voulu à cet effet se réunir avec nous; nous avons dû songer à d'autres expédiens, et nous avons cru avoir trouvé le meilleur, en procurant aux représentans de la nation l'occasion d'entamer des négociations de paix, et d'épargner au roi la nécessité du premier pas, qu'il ne peut faire, suivant notre opinion, sans blesser sa dignité.

Pour atteindre à la fois tous ces buts, nous avons désiré de savoir, par une note adressée à S. M. impériale, si nous devions regarder la nation russe comme amie ou ennemie; voulant, dans le premier cas, tout employer pour le rétablissement de la tranquillité, et assurant, par contre, dans le dernier, que nous étions prêts à défendre le roi et la patrie, tant en dedans qu'au dehors des frontières du royaume, au prix de notre sang et de notre vie.

Nous avons cru être d'autant plus en droit de faire ce pas, que tout autre moyen nous manquait pour avoir une connaissance certaine du véritable état des choses, et de la légitimité ainsi que de la nécessité de la guerre; connaissance absolument nécessaire à un peuple né pour la liberté, et sans laquelle ce peuple pourrait être confondu avec de vils automates, et serait mis hors d'état de procurer l'utilité qu'on est en droit d'attendre d'une véritable valeur dont l'empreinte est dans l'âme.

Nous avons reçu maintenant la réponse de S. M. impériale, par laquelle elle déclare que son intention n'a jamais été d'attaquer la Suède par la voie des armes; qu'elle est portée à rétablir la paix avec une nation pour laquelle elle a une estime particulière; que, pour mettre au jour cette estime, elle a donné ordre à ses troupes, immédiatement après l'arrivée de celui qui a été envoyé vers elle, de suspendre toutes les hostilités; qu'en revanche, elle exige que son pays soit abandonné par nos troupes, et que, supposant le roi peu porté à cette paix, elle était prête à entamer à cet égard les négociations convenables avec le corps qui représente la nation.

Nous faisons parvenir cette réponse de S. M. impériale à la connaissance de S. M. royale, la suppliant très humblement de convoquer au plus tôt les très louables états du royaume, et, après avoir consulté ses vrais et fidèles conseillers, de rétablir la paix et la tranquillité de l'État. Nous conjurons tous les patriotes, par le nom sacré de patrie, qu'aucun loyal Suédois ne prononça jamais sans être pénétré de sensibilité, de se réunir à nous dans cette prière que nous croyons digne de chaque bon citoyen, étant persuadés que c'est là l'unique moyen de sauver la patrie chérie, mais menacée d'un malheur que nous ne voulons pas nous représenter dans toute son étendue.

Nous croyons qu'il est superflu d'alléguer d'autres motifs: une cause juste n'a pas besoin d'éloquence, surtout quand on entretient des concitoyens éclairés sur leurs propres intérêts. Nous avons cru bien faire de rendre compte de ce que nous avons fait, dans une forme simple, et telle qu'elle convient à des gens de guerre; et nous sommes persuadés que rien ne saurait tant enflammer nos concitoyens suédois que la représentation du bien général, et que c'est là l'unique moyen de détourner un malheur inattendu et imprévu. Anjala, le 25 août 1788.

N° 9.

Note remise par le comte de Razoumowski au sénateur comte d'Oxenstierna, le $\frac{7}{18}$ juin.

A la suite des objets dont le soussigné, envoyé extraordinaire et ministre plénipotentiaire de la cour impériale de Russie, vient d'entretenir S. E. M. le sénateur comte d'Oxenstierna, il a l'honneur de lui en présenter une récapitulation succincte dans cette note.

Quelle qu'ait été la surprise de l'impératrice ma souveraine, lorsqu'elle fut informée des armemens qui se faisaient en Suède, S. M. impériale, ne voyant aucun motif légitime qui ait pu y donner lieu, avait résolu de garder le silence, tant que les mouvemens eussent été renfermés dans l'intérieur du royaume; mais, apprenant les motifs allégués dans la communication qui a été faite par M. le sénateur comte d'Oxenstierna au ministre de Danemarck, et dont celui-ci, par une suite de cette intimité qui règne entre les deux cours, a fait part au soussigné, S. M. impériale s'est déterminée à rompre ce silence, et a donné ordre au soussigné d'entrer dans les explications suivantes avec le ministère de S. M. suédoise.

Pendant vingt-six ans de règne, l'impératrice n'a cessé de donner des témoignages au roi et à la nation de Suède de son désir de cultiver avec elle un bon voisinage et une bonne harmonie, ainsi que la dernière paix d'Abo les avait établis entre les deux États. Si, au milieu du repos dont son empire jouissait du côté de ses autres voisins, S. M. impériale n'avait jamais conçu la moindre idée de troubler ou d'altérer le moins du monde cet ordre des choses, il serait hors de toute vraisemblance de la lui attribuer au moment où elle se trouve engagée dans une guerre que lui a suscitée injustement un ennemi puissant, et à laquelle elle ne saurait donner trop d'attention. Provoquée de cette manière à déployer tous les moyens qu'elle tient de la Providence pour repousser l'attaque de son ennemi, elle a eu soin d'en prévenir amicalement toutes les puissances de la chrétienté; et nommément elle a observé cette conduite lorsqu'elle a pris la résolution d'armer une flotte pour l'envoyer dans l'Archipel, et dont le soussigné, par son ordre, a communiqué l'intention au ministère de Suède. Toutes ces dispositions et ces préparatifs, se rapportant visiblement et uniquement à la circonstance dans laquelle se trouvait la Russie, n'étaient nullement faits pour alarmer ses autres voisins, qui ne nourriraient pas quelques desseins cachés de multiplier ses embarras et d'en profiter, en admettant pour un instant que la cour de Russie ait supposé de tels desseins à celle de Suède, quelque contraires qu'ils soient à la religion des traités qui les lient. La saine raison, ainsi que l'intérêt de la première, devaient borner toutes ses mesures au soin d'en prévenir les effets et non de les provoquer; et, en effet, celles que la prudence dicta, et qui furent adoptées sur les bruits qui se répandaient de toutes parts des armemens qui se faisaient en Suède, se réduisaient à un renfort très modique de troupes russes en Finlande, et à la destination de l'escadre ordinaire qui a coutume de croiser tous les ans dans la Baltique pour l'exercice des marins; coutume à laquelle la Suède n'a jamais porté attention, et qui ne lui a jamais causé d'ombrage. Cependant ses armemens avançaient et se renforçaient journellement, sans que la cour de Stockholm jugeât à propos de s'en ouvrir formellement vis-à-vis de celle de Pétersbourg. Lorsque enfin ils sont parvenus à leur maturité, M. le sénateur comte d'Oxenstierna, au nom du roi, n'a pas balancé de déclarer au ministre d'une cour intimement alliée à la nôtre, et supposée par conséquent ne devoir pas nous le cacher, que ces préparatifs étaient dirigés contre la Russie, dans la supposition que la Suède était menacée d'en être attaquée. Dans ces termes, l'impératrice ne balance pas non plus, de son côté, de faire déclarer, par le soussigné, au ministère de S. M. suédoise, ainsi qu'à tous ceux de la nation qui ont quelque part à l'administration, que S. M. impériale ne saurait lui donner une preuve plus solide de ses dispositions pacifiques à leur égard, et de l'intérêt qu'elle prend à la conservation de leur tranquillité, qu'en les assurant, sur sa parole impériale, que toutes les intentions contraires qu'on pourrait lui imputer sont destituées de tout fondement. Mais, si une assurance si formelle, si positive, jointe aux argumens simples et convaincans qui se présentent dans ce qui est exposé ci-devant, n'étaient pas suffisans pour rétablir le calme et la tranquillité, S. M. impériale est résolue d'attendre l'événement avec cette confiance et cette sécurité que doivent lui inspirer la pureté et l'innocence de ses intentions, ainsi que la suffisance des moyens que Dieu lui a mis en main, et qu'elle n'a jamais employés que pour la gloire de son empire et le bonheur de ses sujets.

C. A. DE RAZOUMOWSKI.

N° 10.

Article I du traité de paix d'Abo.

Il y aura dès à présent une paix perpétuelle, vraie et inviolable, par terre et sur les eaux, ainsi qu'une vraie union et un engagement d'amitié inviolable et perpétuel, qui subsiste et doit subsister entre S. M. impériale la sérénissime très puissante dame Élisabeth Ire, impératrice et autocratrice de toutes les Russies, etc., etc., etc., entre les héritiers et successeurs au trône impérial de toutes les Russies, comme aussi entre tous les pays, villes, États et domaines, vassaux, sujets et habitans, d'un côté; et, de l'autre, entre le sérénissime très puissant prince Frédéric Ier, roi de Suède, des Goths et des Vandales, etc., etc., etc., le royaume de Suède et les héritiers et successeurs de S. M. au trône de Suède, provinces, pays, villes, vassaux, sujets et habitans, situés tant en dedans qu'en dehors de l'empire romain; de manière que les deux hautes parties contractantes non-seulement n'entreprendront rien d'hostile ou de contraire l'un à l'autre, que ce soit en secret ou publiquement, directement ou indirectement, par les siens ou par d'autres; mais qu'ils prêteront encore moins des secours aux ennemis de l'un contre l'autre, sous quelque titre que ce puisse être, ni ne contracteront des engagemens qui pourraient être contraires à ce traité; bien au contraire, s'il en existait de tels avec quelque autre puissance, elles veulent et doivent les abandonner entièrement sans délai, et cultiver et maintenir entre elles une fidèle amitié et voisinage, et une paix sincère; veiller et avoir attention à l'honneur, à l'avantage et à la sécurité réciproques, et détourner tout dommage et mal, autant qu'il sera en leur pouvoir; afin que la paix qui vient d'être rétablie, et une tranquillité constante, puissent être conservées et maintenues pour la prospérité et l'agrandissement des deux États et de leurs sujets. A quelle fin les deux hautes parties contractantes, après l'entière confection de ce traité de paix, songeront particulièrement à des engagemens plus étroits.

N° 11.

Déclaration de guerre de la cour impériale de Russie.

PAR LA GRÂCE DE DIEU, nous, CATHERINE II, impératrice et autocratrice de toutes les Russies, etc., etc.

Savoir faisons à tous nos fidèles sujets :

Les traités de paix éternelle entre la Russie et la Suède, réciproquement confirmés à Nystadt et à Abo, n'ont été d'aucune manière enfreints de notre part. En vertu du dernier, notre oncle le duc de Holstein, Adolphe-Frédéric, monta sur le trône de Suède; il s'ensuit que son fils et notre cousin le roi Gustave III, aujourd'hui régnant, est redevable de sa succession aux mêmes efforts zélés de la Russie pour sa maison.

Les liens du sang, ainsi que la reconnaissance pour le passé, devaient d'autant plus resserrer les nœuds d'amitié et de bon voisinage de la couronne de Suède envers notre empire. Qui ne sera donc pas surpris, au milieu de ces engagemens naturels et publics, de l'artifice, de la violence et de la perfidie qui se manifestent dans les entreprises malicieuses du roi de Suède contre la Russie? Pour constater nos dispositions pacifiques, observons ici que, lorsque le roi renversa en Suède, de force ouverte, la constitution qui assurait le pouvoir du sénat et la liberté de la nation, et qu'il parvint ainsi à la souveraineté, nous n'avons cependant pas usé, jusqu'à ce moment, du droit que nous avions de nous y opposer, comme à une infraction manifeste des engagemens clairement articulés dans le traité de Nystadt, confirmé dans toute son étendue par le dernier traité d'Abo, dans l'espérance que cet événement ne troublerait pas le bien-être de la Suède, ni n'influerait sur la tranquillité de ses voisins. Cependant, peu de temps après, nous nous aperçûmes de l'intention déterminée de ce roi, de vouloir troubler le repos du Nord; car il s'adressa tantôt à nous, et tantôt à la cour de Danemarck, offrant à chacun secrètement d'entrer avec lui en alliance, dans l'idée de rompre, par ce moyen, celle qui subsiste entre nous et cette puissance. Nous rejetâmes ces tentatives, en répondant brièvement que nous étions prête d'entrer en toute alliance qui n'aurait pas en vue d'interrompre le repos dans le Nord. Cette mauvaise réussite ne fut pourtant pas en état d'arrêter les entreprises de ce souverain, qui ne respirait que la guerre.

Celle dans laquelle nous nous vîmes enveloppée avec les Turcs, fit enfin prendre l'essor à ses vues iniques. Au moment où nous étions occupée à expédier pour la Méditerranée notre flotte, destinée à y seconder nos armes contre l'ennemi de toute la chrétienté; et que nous avions prévenu à temps de cette intention la cour de Stockholm, ainsi que celles de toute l'Europe, il commença d'abord par semer des bruits sourds hors de son royaume, et d'y répandre secrètement, comme si notre intention était d'employer notre armement contre la Suède, et captiva surtout, par cette invention, l'esprit de son peuple, à l'instant où il commença à s'armer, sous prétexte de se mettre en état de défense. Le véritable but dans lequel nous préparions nos forces navales, était connu d'un chacun : aucune cour n'ajouta foi à cette calomnie, suivie encore d'une autre, non-seulement sur le compte des puissances avec lesquelles nous sommes en bonne harmonie, mais même sur celui de notre allié le roi de Danemarck, savoir, que celui-ci, de concert avec les autres, défendrait les entreprises du roi.

Pour détruire, à la face de l'univers entier, les intentions qui nous sont supposées aussi injustement par le roi, et que nous n'avons jamais eues au préjudice de son État, nous pourrions nous étendre sur les dispositions tout-à-fait contraires et amicales que nous avons témoignées à la Suède, en lui fournissant, dans ses besoins, du blé, et en établissant encore à la frontière, pour son avantage, un commerce de vivres exempt de tout droit ; mais il peut nous suffire de dire ici qu'ayant été, bien malgré nous, obligée à prendre les armes contre les Turcs, qui ont rompu la paix avec perfidie, nous ne nous sommes nullement attendue à une pareille action de la part de ce voisin ; et, nous reposant particulièrement sur la sainteté des traités qui le lient, nous n'avons point muni nos frontières situées de son côté, ni de garde, ni de munitions de guerre, ainsi qu'une rupture prochaine l'aurait exigé, si nous avions pu la supposer.

Persévérant ainsi, de notre côté, dans les meilleures intentions, le roi de Suède manifesta son inimitié ouverte contre nous, en envoyant d'abord sa flotte dans la mer Baltique; et, lorsqu'au commencement de ce mois, trois de nos vaisseaux de guerre, détachés de l'escadre destinée pour la Méditerranée, passaient à la hauteur de l'île de Dago, une frégate de la flotte suédoise aborda notre vaisseau, sur lequel se trouvait le vice-amiral Van-Desin, et exigea le salut, déclarant que le duc de Sudermanie, frère du roi, était présent à leur flotte. Notre vice-amiral, se référant au 17e article de la paix d'Abo, par lequel il est convenu que les pavillons des deux puissances ne se salueraient pas, refusa cet honneur, comme n'appartenant point au pavillon suédois; mais il salua la personne du duc de Sudermanie, en sa qualité de notre cousin et de frère du roi, par une décharge de treize coups de canon, et envoya un de ses officiers pour en faire le rapport à ce prince, qui répondit « que bien qu'il fût au fait de la convention sus-
» mentionnée entre la Russie et la Suède, cependant
» il avait ordre du roi d'exiger, en toute occasion,
» cette attention pour le pavillon de sa flotte. » Nous n'avions pas eu même le temps encore d'entrer en explication au sujet de cette démarche, qui tendait à insulter la dignité de notre pavillon (ce qui pouvait déjà être considéré comme une provocation à la guerre), lorsque nous reçûmes encore une autre nouvelle, que le roi de Suède avait ordonné au comte de Razoumowski, notre ministre résidant à sa cour, de s'en retourner en Russie, et cela dans un moment où ce ministre donnait au ministère suédois les assurances

les plus énergiques de notre désir inaltérable de continuer à cultiver la meilleure intelligence avec le roi et son État. Aux expressions qui développaient ses sentimens, il donna une interprétation gauche, prétendant qu'elles le séparaient d'avec la nation, quoique d'ailleurs nul souverain ne se fût assurément trouvé offensé, si l'on supposait à ses sujets les mêmes bonnes intentions qu'à lui. Nous aurions toutefois espéré encore que le roi s'adresserait à nous à la suite d'une pareille démarche, quelque extraordinaire qu'elle ait été d'ailleurs, et qu'il donnerait lieu par-là à une explication, afin de détourner ainsi ce qui venait de se passer de désagréable; mais, tout au contraire, nous apprîmes incontinent après, de nos frontières de Finlande, que les troupes suédoises les avaient outrepassées, qu'elles s'étaient saisies de notre garde postée à la douane sans armes; qu'elles avaient tué un officier et deux soldats, en tirant sur eux au moment où ils allaient en bateau en pleine sécurité; que le 21 de ce mois, elles étaient entrées par force dans les faubourgs de Nyslott; qu'elles avaient mis le siége devant le château qui s'y trouve, et qu'elles avaient fait jouer leur artillerie contre celui-ci.

C'est ainsi qu'avant d'avoir appris le moindre motif de cette guerre, nous en voyons déjà les effets exercés sur le territoire de notre empire d'une manière propre seulement à des Barbares, et nullement usitée entre les puissances éclairées de l'Europe, qui ne recourent jamais aux armes sans annoncer les motifs qui les y engagent. En conséquence, nous avons ordonné à notre armée, qui se trouve ici sous le commandement du général comte Moussin-Pouschkin, d'aller à la rencontre de l'ennemi qui vient d'assaillir notre territoire, et à la flotte, commandée par l'amiral Greigh, d'agir contre les forces navales de la Suède. En donnant part à tous nos fidèles sujets, le cœur navré de chagrin, de cette perfidie criante, nous les exhortons à joindre leurs prières ferventes à celles que nous ne cessons d'adresser à l'Être suprême, afin que sa bonté toute-puissante bénisse nos armes, et que, par un arrêt de sa justice, il accorde à la valeur des descendans, par la défaite de l'ennemi qui vient d'attaquer la Russie innocente avec une violence si outrageante, la même gloire avec laquelle autrefois leurs ancêtres, en défendant la patrie, ont triomphé de lui. Donné à Sarskoe Selo, le 30 juin l'an de grâce 1788, et de notre règne la vingt-septième année.

L'original est signé de la propre main de S. M. impériale, ainsi :

CATHERINE.

(L. S.)

Imprimé à Saint-Pétersbourg, près le sénat, le 1er juillet 1788.

N° 12.

Première communication verbale lue au comte de Razoumowski par le maître de cérémonies de Bédoire.

Par la note du 18 juin, que l'envoyé extraordinaire et ministre plénipotentiaire de Russie, le comte de Razoumowski, vient de remettre, S. M. n'a pu voir sans le plus grand étonnement la manière avec laquelle il affecte de distinguer le roi d'avec la nation, et les assurances des dispositions pacifiques de l'impératrice à *leur* égard, aussi bien que l'intérêt qu'elle prend à la conservation de *leur* tranquillité. Quoique le roi reconnaisse, dans ce langage, des principes que la cour de Russie a souvent énoncés dans d'autres pays, S. M., ne pouvant concilier ces sentimens d'amitié de l'impératrice avec une insinuation qui tend directement à le séparer d'avec son peuple, et fermement résolue de ne jamais admettre les principes qui en résulteraient, ne saurait croire qu'une telle déclaration lui ait été prescrite par la cour de Russie : le roi aime mieux ne l'attribuer qu'au ministre même qui réside auprès de lui. Mais, surpris autant que blessé du langage irrégulier et contraire au repos de l'État qui s'y fait remarquer, il ne peut plus, après ce moment, reconnaître le comte de Razoumowski dans la qualité d'envoyé extraordinaire et ministre plénipotentiaire à sa cour, se réservant, après son arrivée en Finlande, de répondre à l'impératrice de Russie sur les autres points de la déclaration, par son ministre à Pétersbourg. S. M. se voit cependant obligée d'exiger le départ du comte Razoumowski, en lui annonçant qu'elle ne saurait plus permettre à ses ministres de traiter avec lui, comme ayant manqué, dans son écrit, aux principes du gouvernement et aux égards dus à la personne du roi. Les bontés dont le roi a honoré ce ministre, depuis le temps qu'il l'a connu, servent de garans du regret avec lequel il prescrit ce départ, et il a fallu des motifs aussi forts que ceux de sa gloire personnellement offensée, et de la tranquillité de l'État, qui serait troublée par les principes qu'on n'a pas balancé de laisser paraître, pour contraindre S. M. de souhaiter l'éloignement d'une personne qui réunissait tant de titres à sa bienveillance.

En faisant connaître son intention au comte de Razoumowski, qu'elle ne reconnaîtra plus comme ministre public, S. M. lui laisse une semaine pour les arrangemens nécessaires. Elle a même donné ses ordres pour des vaisseaux, ainsi que pour tout ce qui doit servir à la commodité du trajet pour Pétersbourg.

N° 13.

Note remise au corps diplomatique, à Stockholm, par le comte d'Oxenstierna, le $\frac{12}{23}$ juin.

Pendant que le roi, soigneux de maintenir la bonne harmonie avec tous ses voisins, n'a rien négligé pour la cultiver avec la cour de Russie, il n'a pu voir qu'avec étonnement le peu d'effet que ces sentimens ont produit sur la conduite du ministre de cette puissance; et le langage qui, depuis quelques mois, accompagne ses démarches, paraît encore porter l'empreinte du système de division que ses prédécesseurs se sont transmis, et qu'ils ont toujours travaillé à étendre. Le roi cherchait encore à se faire illusion sur ces objets : il souhaitait de pouvoir douter des efforts que faisait l'envoyé de Russie pour ramener la nation suédoise aux erreurs qui l'avaient séduite pendant le temps de l'anarchie, et pour répandre de nouveau dans le sein de l'État cet ancien esprit de désunion que le ciel et les soins de S. M. ont su heureusement éteindre, lorsque enfin le comte de Razoumowski vient de lever, par sa note du 18 juin, tous les doutes que le roi aimait encore à conserver à cet égard. A la suite des assurances d'amitié de l'impératrice pour le roi, dont cette note est remplie, ce ministre n'a pas hésité d'en appeler encore à d'autres qu'au roi seul. Il s'adresse à tous ceux qui ont part à l'administration, ainsi qu'à la nation même, pour les assurer des sentimens de sa souveraine et de l'intérêt qu'elle prend à leur tranquillité. La Suède ne la devant plus qu'à sa propre union, le roi n'a pu voir qu'avec la plus grande surprise une déclaration conçue dans ces termes, et n'y reconnaît que trop la politique et les discours des prédécesseurs de ce ministre, qui, peu contens de semer la division parmi les sujets de S. M., auraient encore voulu opposer d'autres autorités au pouvoir légitime, et saper les lois fondamentales de l'État, en appelant au secours de leurs assertions des témoins que la forme du gouvernement ne peut reconnaître. S. M. chercherait vainement à concilier les assurances d'amitié de l'impératrice de Russie d'un côté, et l'interpellation des sujets suédois de l'autre. Chargé de déclarer les sentimens de ses maîtres, tout ministre ne doit, ne peut les annoncer qu'au souverain seul, auprès de qui il est accrédité. Toute autre autorité lui est étrangère, tout autre témoin lui devient superflu. Telle est la loi, tel est l'usage constant de tous les cabinets de l'Europe, et cette règle n'a jamais cessé d'être observée, à moins que par des insinuations captieuses on n'ait pour but, comme autrefois en Suède, de brouiller les choses, de tout confondre et d'y relever de nouveau les barrières qui séparaient jadis la nation et le souverain. Blessé de cette manière par l'endroit le plus sensible à sa gloire, et n'apercevant plus chez le comte de Razoumowski le langage d'un ministre, chargé jusqu'à présent d'annoncer les sentimens amicals de l'impératrice, mais ne pouvant non plus se figurer que des expressions aussi contraires aux lois fondamentales de la Suède, et qui, en séparant le roi et l'État, rendraient tout sujet coupable, lui ayant été prescrites, le roi aime mieux les attribuer aux sentimens particuliers du ministre de Russie qu'aux ordres de sa cour.

Cependant, après ce qui vient de se passer, après des déclarations aussi contraires au bonheur du royaume qu'aux lois et aux égards dus au roi, S. M. n'est plus en état de reconnaître le comte de Razoumowski dans la qualité de ministre, et se voit obligée d'exiger son départ de la Suède, en confiant à son ministre à la cour de Russie la réponse aux autres points de la note qui vient d'être communiquée. Il n'a pas fallu moins qu'une attaque aussi directe à la gloire du roi, de la part du comte de Razoumowski, pour le résoudre à demander de se séparer de quelqu'un qu'il a honoré de sa bonté particulière. Mais, se voyant à regret réduite à cette nécessité, S. M., par une suite de son ancienne bienveillance, a cherché à diminuer ce que le moment avait de désagréable, par les soins qu'elle vient de prendre pour le départ du comte de Razoumowski, et par les attentions qu'on aura, à l'égard du temps et de sa commodité, dans le voyage et le trajet de Saint-Pétersbourg.

Stockholm, le 23 juin 1788.

Le comte d'Oxenstierna.

N° 14.

Seconde communication verbale lue au comte de Razoumowski par le maître de cérémonies de Bédoire, le $\frac{8}{19}$ août.

Par ordre exprès du roi, je dois avertir M. le comte de Razoumowski que si, dans trois jours, à compter du jour d'aujourd'hui, il ne s'embarque sur le vaisseau destiné à le conduire hors du royaume, on lui donnera une garde dans sa maison, en lui ôtant toute communication avec les sujets du roi, comme étant d'un pays avec lequel la Suède se trouve actuellement en guerre.

F. DE BÉDOIRE.

N° 15.

Communication verbale lue au bureau de Nolken par le conseiller d'État de Koch, le 23 juin et 4 juillet.

L'impératrice, ayant été informée du procédé étrange qu'on a tenu à Stockholm à l'égard de son envoyé extraordinaire et ministre plénipotentiaire le comte de Razoumowski, et dont M. le baron de Nolken est sans doute également instruit, ne peut se refuser à la juste réciprocité que la circonstance exige de sa part. En conséquence, S. M. impériale lui fait notifier que dès ce moment elle cesse de le reconnaître dans sa qualité d'envoyé extraordinaire de S. M. le roi de Suède, et qu'elle a défendu à son ministre de traiter désormais avec lui. C'est par une suite de cette résolution, et pour se conformer en tous points à la conduite qu'on a suivie à l'égard du comte de Razoumowski à lac our de Stockholm, que S. M. impériale croit devoir exiger aussi l'éloignement de M. le baron de Nolken. Elle lui accorde une semaine pour prendre les arrangemens nécessaires pour son départ, laissant entièrement à sa disposition de faire sa route par terre ou par mer. Dès que ses intentions à cet égard seront connues, l'impératrice donnera ses ordres pour que le voyage de M. le baron de Nolken, jusqu'à telle frontière qu'il choisira lui-même pour sortir de l'empire de Russie, se fasse avec toute la commodité qu'il pourrait désirer.

FIN DU SUPPLÉMENT.

www.ingramcontent.com/pod-product-compliance
Lightning Source LLC
Chambersburg PA
CBHW070534230426
43665CB00014B/1691